아들에게 남기는
어머니의 마음공부

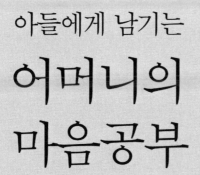

아들에게 남기는

어머니의
마음공부

붓다의 가르침, 세상에서 가장 값진 유산

최혜자 지음

운주사

어느 날 문득 아들이 말했다.

"어머니, 어머니가 하시는 그 공부를 저도 볼 수 있게 적어 두시면 좋겠습니다. 책으로 보기는 힘들 것 같으니까, 어머니가 매일매일 조금씩 알기 쉽게 설명해 주셨으면 좋겠어요. 잘은 모르겠지만, 어머니의 그 공부가 꽤 괜찮은 공부구나 하는 생각이 들거든요.

어머니를 제일 잘 알고 있는 아들인데, 옆에서 어머니의 변해 가는 모습을 지켜보면서, 그 공부의 힘이 대단하구나 하고 느껴져요. 도저히 바뀐다는 것은 상상도 못해 본 어머니의 강한 성격이 조용히 변해 가는 모습을 보게 되니, 어떻게 저렇게 될 수 있을까?……

어떤 때는 오히려 제가 가슴을 조이면서 지켜보는 때가 많아요. 구체적으로 말하자면, 제 결혼을 앞뒤로 해서인데, 서로 다른 풍속이나 생각으로 어머니의 감정을 상하게 하는 일이 생겼을 때, '이것은 우리 어머니가 절대로 조용히 넘길 수는 없겠다' 하고 마음을 조이고 있노라면, 이상할 정도로 어머니가 조용하고, 그러는 동안에 어머니는 그것을 스스로 삭여내시는데, 마치 몸살을 앓듯이 오슬오슬 앓기 시작하다가 결국은 아주 몸져누워서는 근 십여 일을 넘게 심하게 앓고 나서 맥이 다 빠진 모습으로 일어나시니, 옆에서 지켜보는 저는 죄송하고 얼마나 가슴이 오그라들었는지 몰라요.

강한 성격을 꾹 참으면서 스스로 이겨내려고, 그것도 이미 중병으로 오래 앓고 계신 몸으로 저런 고통을 참고 견디시니 옆에서 저는 차라리 어머니의 강한 성격대로 모두 흔들어 놓고 시원해하시는 당당한 모습을 보는 편이 훨씬 낫겠다는 생각을 했어요. 그러는 동안에 어머니의 얼굴 피부는 모두 들뜨고 정말로 아주 큰 병을 앓고 난 퀭한 그 모습은 쳐다보기가 민망하고 죄스럽고 위로할 수도 없는데, 그러는 사이에 날짜도 지나가고 문제들이 어느 정도 조용히 가라앉기는 하지만, 이런 경우를 몇 번 지나게 되니까, 우리 어머니의 공부의 힘이 대단하구나 하는 생각이 저절로 들게 되었어요.

아직은 제가 나이도 젊고 해야 할 일들이 너무 바쁘니까 어머니의 공부를 차분하게 할 수는 없겠지만, 언젠가 저도 나이가 더 들고 생각도 깊어지면 어머니의 공부를 하는 게 좋겠구나 하는 생각이 들었어요, 그런데 그때 만약 어머니가 제 옆에 안 계시면 그 이해하기 어려운 걸 누구에게 질문해야 하지요?……

그러니까 지금부터 조금씩, 역시 저를 제일 잘 알고 계시니까 저를 위해 어머니의 공부를, 그 과정을 설명해 주시는 게 제일 좋은 참고서가 되리라고 느껴요. 그냥 조금씩 써두시면, 저는 언제나 '내 엄마하고 같이 있는 마음'으로 그 공부를 들여다볼 것이고, 그러다 저도 어머니처럼 정말로 그 공부를 하게 될지도 모르는 일이고……."

다섯 살에 고국을 떠나온 이래 학교에 다니게 되면서부터 매일 아침마다 학교 가는 길에 우리 모자가 손을 꼭 잡고 걸으면서 주기도문을 함께 외우던 때부터, 오늘날 이미 두 아이의 아버지가 되어 학부형이 된 지금까지 하루도 빠지지 않고 하나님 앞에 예수의 이름으로 기도를 하고 있는 아들의 부탁이다.

낯선 외국 땅에서 기댈 곳이라고는 오직 하나님뿐이었던 그 시절, 참으로 열심히 기도하고 오직 성경에만 매달렸었던 그런 시절이 근 15년 정도 계속되었던 것 같다. 그 후 나는 어느 계기를 통하여 처음으로 부처님의 가르침을 만나게 되었고, 불교를 공부하고 배우며 나의 삶에 익히고자 노력하며 살아가는 부처님의 학생이 된 지는 30여 년이 넘어간다. 아들은 계속하여 예수의 어린 양으로 남아 있다. 우리 모자는 비교적 종교에 대한 이야기는 안 한다. 어느 땐가 각자가 자기의 인연이 닿는 길을 통해 마음의 평화를 찾는 것일 테니까…….

우리가 살고 있는 프랑스 땅에서, 특히 지식 열이 높은 사람들 사이에 불교에 대한 관심이나 연구가 폭넓게, 그리고 깊게 퍼져가고 있다. 그래서인지 아들이 가끔씩 내게 불교 용어나 또는 불교 교리의 한 부분의 뜻이나 내 생각을 물어올 때가 있다. 그런 때 나는 그것을 극히 담담한 마음으로 욕심 없이 그냥 성실하게 설명해 줄 뿐 그 이상을 건드리지 않는다. 아들 쪽에서 볼 때엔 오히려 이상할 정도로 묻는 것 외에는 더 이상 설명에 주를 달지 않는다. 아무리 내가 낳고 기른 자식이라도 종교는 권하거나 강요되는 것이 아니라고 본다. 내 아들도 타고난 인연에 따라서 자기의 길을 가는 것이 아니겠는가? 다만 나는 간절한 에미의 사랑으로 내 아들 앞에 옳은 모습을 보임으로써 생생한 모델이 되고 싶어서 열심히 노력을 하고 있는 중이다.

가끔 가다가 아주 좋은 책이 있으면 그것의 영어판이나 불어판을 구해서 슬쩍 아들의 책상 위에 갖다 놓았다. 불경의 불어판이 아니라, 물리학을 전공하다시피 한 사람이니까 물리학과 관련된 불교 혹은 현대사상이나 철학과 관련된 불교이론 등등의 것인데 전혀 들여다보는 것 같지가 않았다. 그래서 어느 날 내가 "너는 저런 책엔 취미가 없는 것 같구나" 했더니 아들이 말했다.

"어머니, 저는 아직 저런 책을 읽을 준비가 되어 있지 않아요. 아직은 너무 젊었다고 할까, 아니면 회사에서의 책임이 너무 바쁘다고 할까, 아니면 현실적으로 너무 가난한 우리 집안에서, 증조할아버지 때는 독립운동을, 할아버지 할머니 때는 사상싸움 때문에 비록 동경 유학을 했어도 빛을 못 보셨고, 외할머니는 당신의 철저한 희생으로 어머니 형제를 국내에서는 최고의 교육을 받게 하셨고, 또 어머니는 저를 국제적으로 이렇다 하고 내놓을 교육을 받게 해 주셨지만 우리 집안은 항상 정말로 지독하게도 가난하게만 살아왔으며, 지금 세상은 경제적인 힘 없이 반듯하게 일어서기란 거의 불가능한 형편이니, 저는 저의 자식 대를 위하여 집안의 경제적인 바탕을 조금은 높여 놓아야겠다고 마음을 다졌어요.

생활을 제대로 이끌고 아이들을 바르게 키워 가는 데 필요한 기초잡이를 위해서 우선 저의 노력과 마음을 써야 하는 것이 당장 코앞의 일이니, 그것부터가 제가 해야 할 일이고요, 그러자면 현실의 이 자리를 잘 지켜 나가고 또한 잘 견뎌 나가고, 그러면서 앞자리에서야 하고, 큰 회사의 간부 직원으로서 인종이 다른 사람들과의 유대 관계를 매끈하게 이어가야 하는 등등의 것……

어머니도 아시다시피, 저는 뒤에서 정치를 하고 경쟁을 해서 누구를 누르며, 그러면서 남보다 앞서려고 하는 그런 재간은 하나도 없는 천성이에요. 그리고 제가 맡고 있는 일에 충실하고 항상 정신 차려서 스스로를 발전시키지 않으면 그 부분의 전문가로서의 자리 보존을 하지 못해요. 그 분야에서 계속 앞서고 잘 지키고 그리고 새로운 것을 내놓을 수 있어야 하고, 동시에 아랫사람들 관리도 잘해야 하고…… 이런 것들이 모두 원활하게 이어져야 제가 거기서 떳떳하게 버텨낼 수 있는 것이 아니겠어요?

어디든지 그렇겠지만, 뒤에서 알게 모르게 찌르고 끼어들고 앞서려 하면서 저를 흔들어 놓는 위험들이 많아서, 거기에 당당히 대처하자니 참으로 많은 스트레스를 받고 어려움이 있고 그런 입장이에요. 좋은 것만 골라서 갖고 잠을 편히 자고 그럴 수만은 없는 세상이지요.

왜 그런 말 있지요? 메뚜기도 한철이라고, 지금 제 위치가 그와 비슷한 형편이라고 생각해요. 좀 더 나이 들고 좀 더 철이 들고, 그러면 저도 좋은 정신적 영양을 찾아야 하겠지요. 그런 날이 있을 테니 염려하시지 마세요.”

그것으로 그런 책을 사다 놓는 일이 없어졌다.

“네게 부탁이 있는데, 저기 있는 내 책들 말이야, 하나같이 구하기가 쉬운 것들이 아니야. 내가 떠난 후에, 우리 가족 가운데서도 혹시 저 책들이 필요한 사람들이 나타날지도 모르는 일이니 그냥 버리지는 말아다오."

"어머니! 제가 저 책을 다 읽겠다고 약속은 못 드려도요, 저 책들이 제게 얼마나 귀중한 보물인지 아세요? 그것들 중에 어느 것도 버릴 수 없고 함부로 누구에게 빌려줄 수도 없어요. 귀중하게 보관하겠다는 것 약속드립니다. 분명하게요!"

이 정도까지가 우리 모자 사이에 나눈 종교에 대한 대화였다고 말할 수 있다.

그런 아들의 부탁이다.

다시 나의 마음을 정리하고 다듬는다.

글쎄, 올바르게 써 나갈 수 있을지 다소 두렵기도 하지만 그냥 대화를 나누듯이, 보통 이야기를 하듯이 이어가리라 마음먹고, 오로지 인생의 선배로서 성실하게, 그리고 어머니로서 모든 사랑을 다 기울여 새로이 주어진 임무에 임하고저 한다.

그런데 또 하나의 문제는 아들의 한글 실력이다. 소설책은 다 읽어 내지만 어려운 종교 글들을 어찌 설명하고 이해시킬 수 있느냐 하는 또 다른 어려움이 있다. 쉬운 말 풀이까지 함께 하면서 써 나가야 하는데, 나라는 사람도 이미 고국을 떠난 지가 사십 년 가까이 되어 내 인생에서 절반 이상을 타국에서 살아온 형편이라, 내 한글 실력도 어떠할지 큰 믿음이 안 간다. 거기에다 내가 이미 중병이 들어 앓고 있는 지도 또 삼십 년이 훨씬 넘어가고 있으니, 과연 이생에서 이것을 완성시킬 수 있을는지도 미지수인 형편이지만, 오로지 아들을 위해 부처님 가르침의 참뜻을 쉽고 가깝게 설명해 두자는 의미에서 내가 하는 공부의 과정과 마음과 정신자세, 불교의 가르침에 대해서 내가 받아들이는 방법과 나의 생각을 밝히고, 아울러 불교의 교리 설명을 위해 여러 선배들의 전문적인 책에 의지하며 마치 대학생의 정성들인 노트처럼 이어 가려고 한다. 한마디로 사랑하는 아들을 위한 어머니의 노트라 하겠다.

주변에서, 이 글을 출판하기 위해서 이렇게 하시오, 혹은 저렇게 합시다 하는 조언들도 있었으나, 내게는 버젓하게 내놓을 타이틀도 없고 큰 학위도 없는 처지라, 그냥 평생 살아온 그대로 순수하게 아들에게 전해주는 자세로만 남기로 했다. 그것이 나의 본뜻이고 또한 나의 성격을 그대로 표현해주는 것이기도 할 것이다.

나이도 많고 늙은 형편이라, 책의 페이지만 넘기면 앞의 것은 벌써 까맣게 잊어버리는 그런 머리로 여러 책을 필요에 따라 이것저것 섞어서 읽어 가는 처지이니 어느 것이 어느 책에서 왔는지 알 수도 없다. 다만 불교를 설명해 가는 책이라면 그것이 어느 누구의 어느 책이든 간에 모두 부처님의 가르침에 따라 그 뜻을 설명한 것들일 테고, 나는 또 나대로 정성을 다 기울여 아들을 위해 부처님의 가르침을 공부해 가는 나의 길을 설명해 주고자 이 글을 써 나간다. 단순히 '어머니의 간절한 사랑의 노트'일 뿐이다.

정성과 사랑을 다하여 모든 마음을 다 기울일 것을 다짐하면서 옷깃을 여민다.

파리에서

죽림형 최혜자

하나

내가 택한 내 마음의 공부

하나

내가 택한 내 마음의 공부

| 불교 공부

불교는 마음의 종교이며, 마음 탐구의 역사라고 한다.

불교를 공부하려면 먼저, 우리가 이 사회에서 닦아온 학벌이나 지식, 사회적인 지위라는 것이 여하튼 간에, 무언가 아는 게 많다는 생각부터 털어내 버려야 보다 편안하게 공부해 나갈 수 있다. 좋은 학벌이나 천재 의식은 무엇보다 앞서서 깨끗이 지워버려야 한다. 이런 것이 의식 속에 있으면 교만이 앞서서 쉽게 공부의 진척을 보지 못하여 자기 스스로 견디기 어려워서 속을 태우느라 더욱 초조해지며, 마음공부에 커다란 방해가 된다. 불교 공부는 머리로 하는 공부가 아니기 때문에 사회의 지식이나 천재 의식은 아무런 소용이 되지 못한다. 오히려 그런 것들을 하루속히 나의 의식 속에서 싹 털어내 버려야만 자기 속에 웅크리고 앉은 스스로의 방해 작용으로부터 자유로워지면서 고요한 마음으로 이 공부에 임할 수 있게 된다. 물론 쉬운 일은 아니다. 그러니까 마음공부가 아니겠는가.

불교 공부란 우리의 삶을 바람직하게 바꾸어 감을 말하는 것이고, 몸과 마음이 그냥 자연스럽게 조화를 이루어 가면서 살도록 노력하는 것이다. 자신을 조용히 안으로 들여다보면서, 바로 자기 스스로가 자신을 수행해 가는 것이다. 특별히 기대하거나 도움을 청할 신이 없는 이 길은 철저하게 혼자서 찾아 나서고 스스로가 스스로를 닦아 나가는 것이다. 예수를 믿을 때는 하나님이나 예수에게 기도하고 도움을 청하고 용서를 비는 등, 마치 어떤 보이지 않는 커다란 보호의 테두리 안에서 부모에게 끝없는 어리광을 부리듯이 의지하고 기대어 오던 것이, 불교로 종교를 바꾸고부터는 황폐한 들판의 고독한 야생동물처럼 스스로 헤매며 찾아 나서고, 닦고, 다지고, 갈고 하는 완전한 혼자가 되었다. 처음에는 마치 길가에 버려진 어린 고아와 같은 신세처럼 외롭기도 하였다.

세례자 요한이 황폐한 들판에서 메뚜기와 석청을 먹고 생활을 하면서 종교생활과 전도를 하였던 기억을 상기해 보았다. 종교 공부란 그러한 각오가 따라야 하는 것이구나 하면서……

그러나 보호를 받고 있다고 생각할 때에는 직접적인 책임감을 가슴 깊이 느끼기가 어렵고, 반면에 보호 속에 있다는 의지감 때문에 자기가 저지른 잘못에 대해서도 진실로 마음 깊은 아픔을 느껴 보기는 어렵다. 왜냐하면 기도로써 울고 빌고 하고 나면 이미 내가 지은 잘못은 용서되어 버린 것이니까. 용서 받기가 그리 힘든 것도 아니고 가슴이 아픈 정도도 별로이고 크게 뉘우칠 일도 없는 것이니, 그 다음에 또 같은 잘못을 저지르는 것에 대해서도 별다른 의식 없이 그냥 이어지게 되는 것이다.

그러나 고아가 된 완전히 혼자인 삶에서는 모든 것이 내 스스로가 하고, 받고, 책임지고 하는 것이니 한 번 잘못을 저지르면 그것에 따르는 결과는 전적으로 나만의 것일 뿐만 아니라 어디에도 누구에게도 도움이나 협조를 청할 데가 없는 것이다. 그 잘못에 대한 용서는 그 잘못을 저지른 나 자신이 스스로 해결해 나가야 하는 것이니, 내가 나 스스로를 용서한다는 것은 사실 용서 중에서도 아마 제일 어렵고 아프고 냉정한 벌일 것이다. 두 번 다시 생각하기도 싫은 경험을 갖게 되니 같은 일로 또다시 같은 잘못을 저지르게 되지는 않는다. 그러니 비록 고아의 신세라 하더라도 나 아닌 남에게 빌고 매달릴 필요도 없고, 알지도 못하는 넝쿨 속에 끼어들어 죄인의 무리 속에 스스로를 쑤셔 넣을 필요가 없어진다.

모든 것은 내 자신이 눈 반짝 뜨고서 해 나가고 거기에 대한 결과도 내가 받는 것이니, 누구를 원망할 필요도 없고 부러워할 필요도 없고 오히려 떳떳하다.

༄

오랫동안 기독교의 교육을 받아온 사람으로서 제일 처음 마음에 걸리는 것은 부처님의 형상에 절을 하는 것이다. 사람이 만들어 놓은 저 모형에 나는 과연 허리를 굽히고 무릎 꿇고 절을 할 수 있겠는가?……

그러한 느낌을 가진 채로 불교 교리 공부를 계속해 왔는데, 지금은 나도 사람이 만들어 놓은 부처님의 모형에 지극한 마음으로 절을 한다. 나의 빳빳한 머리를 깊이 숙여서 보다 더 겸손해지고자 아무런 주저함 없이 몇 번이라도 절을 하고 있다. 이렇게 절을 하는 것은 일종의 나 자신과의 다짐이고 스스로의 채찍이라고 말할 수 있겠다.

부처님께서는 "그러므로 아난다여, 지금이나 또 내가 죽은 뒤에 나 수행자는 항상 스스로를 의지하고 스스로를 의지처로 삼고, 법-우주의 진리라고 나는 풀이한다-에 의지하고 법을 의지처로 삼되, 남을 의지처로 삼지 않는 사람이야말로 우리 교단에서 최고의 경지에 있는 사람이다."(『장아함경』, 『대반열반경』)라고 말씀하셨다.

그리고 필요한 것은 법을 공유하는 벗이지, 차별적 권위를 가진 지도자가 아니라고 하였다. 법 앞에서는 부처 자신을 포함한 모든 사람이 평등하다고 생각했다. 또한 석존은 어떠한 권위와 우상도 부정하였다. 부처께서는 가르침을 설하였으나 그것은 먼저 깨달은 '벗'으로서 설한 것이지, 권위 있는 자로서 설한 것이 아니다.

현재 부처를 믿는 사람들이 불상을 만들어 그에 경배하는 것은 우상을 거부한 석존의 사고와는 사실 좀 다르다. 다만 인간은 눈에 보이는 것에 쉽게 반응하기 때문에 일종의 숭배물을 필요로 하는지는 모르겠으나, 이런 것들은 실은 석존의 가르침과는 거리가 있는 것도 사실이다. 법을 보지 못하고 불상만 경배한다면 석존의 가르침을 제대로 따른다고 말할 수 없을 것이다.

몇십 년 동안 병을 앓고 누워서 지내던 몸이라, 외부와는 거의 두절한 상태에서 오로지 성경에만 매달려 하루에도 몇 번씩 기도하면서 삶을 이어가던 시절에 나를 제일 난처하게 한 것이 '염치'의 식이었다. 내가 하는 기도의 내용을 들여다보면 한결같이 '도와주십시오, 인도하여 주십시오, 용서하여 주십시오' 등등으로 거의 모두가 '주세요, 주세요'로 달라는 것뿐이지 않은가? 냉정히 생각해 보면 이미 자랄 만큼 다 자란 처지요, 이젠 스스로가 생각도 제법

해낼 때가 지났는데도 언제까지나 엄마의 젖꼭지를 물고 늘어질 것인가 하는 염치로 부끄럽고 괴로웠으며, 그 다음에 또 그런 식의 기도를 하기가 대단히 쑥스러워 주저하게 되었다. 혼자 독립하여 아무런 보호의식이나 울타리 없이 허허벌판에서 걸어갈 길이 두렵지 않은 것은 아니었으나, 나는 이런 염치 의식의 부끄러움으로부터 진심으로 독립하고 싶었다.

불교는 혼자 일어서고 혼자 닦아 나가야 하는 길이고, 바로 자기 자신이 해놓은 일의 결과를 그대로 자기가 받는다고 하니, 바로 자기가 자기를 책임진다는 것이다. 그 결과에 대한 책임은 피할 수도 없고 다른 사람이 대신 받아줄 수도 없는 나만의 몫이다. 철저하게 나 자신이 책임을 지고 거기에 따라 내가 살아가야 한다. 나의 반듯한 판단이나 실행에 의해 나는 내 삶을 살아간다!

그러니까 나는 항상 눈을 반짝 뜨고 깨어 있어야 실수 없는 삶을 살 수 있고 따라서 괴롭지 않은 결과를 받을 수 있는 것이니 누구에게 빌 것도 없고 청할 것도 없고 원망할 것도 없는, 스스로가 자기 자신을 책임지고 살아야 하는, 정신적으로나 영적으로나 어른이 되는 길이라 내 마음이 보다 편하다.

일상생활에서 우리가 길을 걸을 때, 이쪽도 휘둘러보고 저쪽도 휘둘러보면서 설렁설렁 걷다 보면 웅덩이에 빠지기도 하고 돌에 걸려 넘어지기도 한다. 그러나 앞을 똑바로 보고 한 걸음 한 걸음 주의하며 걷노라면 별다른 실수 없이 목적지에 무사히 도착할 수 있는 것처럼, 우리에게 주어진 인간의 삶이라는 길을 걸어가는 것도 그와 같다. 이런 일 저런 일 참견하며 이런저런 재미들도 적당히 맛보다 보면 얻는 것보다 결과적으로 잃는 것이 더 많다는 것도 어른이라면 거의 누구나 일상생활 가운데서 자주 경험하여 아주 잘 알고 있고, 때로는 부끄러워도 하고 후회도 하면서 살아가고 있다. 정신 바짝 차려서 내 마음을 똑바로 들여다보며 마음이란 놈이 철없는 야생마처럼 제멋대로 뛰쳐나가지 않도록 잘 잡아가면서 주어진 내 몫을 실수 없이 이끌어 가는 것이 불교 공부를 해나가는 수행의 길이다.

그런데 불교로 바꾸고 보니, 여기에는 웬 만들어놓은 보살과 부처들이 이렇게도 많단 말인가? 거기에다 절을 하면서 공부도 잘 안 하는 아들이 대학시험에 붙게 해 달라, 남편이 승진하도록 도와 달라, 심지어는 돈을 많이 벌어 부자가 되게 해 달라고 비는 걸 보면서 '아차, 내가 찾아 나선 길은 이것이 아닌데' 하면서 당황한 적도 있었다. 그러나 불교 교리 공부를 하게 되면, 거기에 대해 하나하나가 너무도 분명하고 뚜렷이 설명이 되고 이해가 되기 때문에 그 다음을 이어 가는 데 전혀 다른 생각이나 의문이 생기지를 않는다. 왜냐하면 하나하나에 대한 해설이 너무도 또렷하고 분명하고 또 그 하나하나를 내 자신이 맑은 정신으로 이해와 납득을 한 후에야 믿음이 이어지는 공부이기 때문이다. 절대로 무조건 믿고 따르라 하는 것이 아니다.

부처님 가르침의 뜻이 얼마나 높은 수준인가를 알고 보면, 이 가르침의 참뜻을 선뜻 쉽게 이해하고 올바르게 받아들일 수 있는 사람들이 과연 몇이나 될 수 있을까. 그렇구나! 사람들의 이해 가능성의 층을 생각하지 않을 수가 없지 않겠는가?

그러한 사람들에 대한 자비에서 생각해 보아야 한다.

각자의 욕심에 차서 절을 하고 애원하는 마음들이 저렇게 간절히 빌고 있으니, 애원하는 그동안 만이라도 그들은 얼마나 순수한가. 그러한 시간이 길어지고 자주자주 계속해 가노라면, 어느 날인가 그들에게도 고운 업들이 잔뜩 쌓여질 수 있지 않겠는가!

그렇게 고운 업이 계속하여 이어져 가는 한은, 이생에서 아니 되면 내생에서라도 이루어 볼 수 있을 희망은 그들에게 분명하게 있겠다.

길상사 파리 분원이 처음으로 생겼을 때의 이야기다.

그때 스페인에서 사업을 하고 있다는, 지금은 이름도 기억을 못하지만, 무척 지식이 반듯해 보이는 거사님 한 분이 사업 관계로 파리에 올 때마다 파리 길상사에 나오고 있었다. 그는 조용하고 학자같은 분위기이면서도 언제나 주저함 없이 마치 식구 중의 한 사람처럼 자연스레 말없는 봉사를 구석구석 해가는 그런 사람이었다.

그때의 나는 교리 공부만 혼자서 십 년 넘게 해오고 있다 뿐이지 절 생활에는 그때나 지금이나 전혀 무식한 초보자였다. 어느 날 그 사람에게 "불교는 자기가 닦고 자기가 수행해 나가야 하는 공부라고 하는데 저처럼 무조건, 예를 들어 공부도 안 하고 빈둥대는 아들의 대학입시를 빈다든지, 한눈만 팔고 다니는 남편의 출세를 빈다든지 하는 것 등이 이루어질 수 있다고들 하는 것에 대해서 거사님은 동의하십니까?" 하고 물었다. 그 거사님은 오십을 조금 넘었을까 하는 사람인데 내 질문에 잠깐 침묵하더니, 조용한 미소가 보일 듯 말 듯한 얼굴로 그 기도가 이루어질 수 있다고 분명하게 대답을 했다. 그때 나는 속으로 대단히 놀랐다. 저렇게 학식이 높아 보이는 남자가 저런 허황한(?) 대답을 하다니…….

만약 지금 누가 내게 같은 질문을 하면은 나도 그 거사님과 똑 같은 대답을 주저 없이 해줄 것이다. 나는 그때까지 이론 공부만 해 왔었지, 불교의 가르침 속에 있는 실체에 대해서는 가슴속으로는 감을 잡지 못했던 것이다.

사람이 진실로 한마음으로 온갖 정성을 다 기울여서 하는 기도가 계속되어 갈 때에 거기에는 본인 자신이 쌓아 가는 염의 기는 물론, 우주의 거대한 기운이 몰려들 수가 있지 않겠는가 하는 생각이 든다. 그렇게 계속해서 염원해 가는 한 오로지 거기에 따르는 기가 쌓여갈 것이고, 이생이 아니면 내생에서라도 그 간절한 염원이 이루어질 수 있을 것이라 생각한다.

사람이 여러 층이다 보니 배우고 알아듣는 길도 역시 여러 층이어야 하겠다.

석가모니 부처님이 가르침을 주실 때는 대기설법을 사용하셨는데, 대기설법은 상대방에 따라 법을 설한다는 매우 구체적인 방법이다. 상대방의 상태를 보기도 하고, 번민을 직접 듣기도 하면서 즉석에서 도움이 될 만한 답을 하는 것이 대기설법이다.

석존께서 가르치신 방법이 듣는 사람들의 층에 따라 여러 가지로 다양해야 했던 이유가 여기에 있었고, 그로 인해 오늘날 우리에게는 팔만대장경이라는 가장 귀한 보물이 남겨지게 된 것이다.

이와 같이 이해하는 마음이 오고가는 동안에 나는 또 나와 인연이 맞는, 공부하는 길도 찾게 되었고, 그 외의 다른 방편들도 이해가 늘어가고 있는 중이다.

　　　　　　　　　　ᕬ

　'불교' 하면 우선 어려운 철학, 혹은 알아듣기 어려운 것, 아니면 절에 가서 돈을 좀 내놓고 부처님의 모형에 절이나 얌전히 하고 절밥을 얻어먹고 스님한테서 무슨 부적이나 받아 오는 걸로 알고 있는 사람들이 꽤 많다. 놀랍고 딱하기도 하지만 그렇다고 그들의 생각이나 수준을 잘 알지도 못하면서 이래라 저래라 하고 나설 형편도 아니고, 아직 타인 앞에 나설 능력을 충분히 못 갖춘 나로서는 가슴만 답답하다.

　부처님께서는 남의 말이나 글자를 통해서 알아들은 것으로는 남에게 말하지 말라고 하셨다. 본인이 실지로 직접 겪은 산 경험을 통해서 알게 된 것이 아니면 말을 이어 가는 도중에 나타날 여러 가지 사항에 대한 갖가지 질문에 충분하고 시원하게 답변을 해주기가 어려운 것이다. 그러나 자기 자신이 쓰고 아픈 산 경험을 겪으면서 찾아낸 지혜는 어떤 경우에 어떤 질문을 해도 막힘없이 시원하게 답을 할 수 있는 무한한 보고이다.

　가난하고 자식이 병이 든 여인의 고통을 위로할 때나, 금방 남편을 잃은 여인의 혼자 살게 된 당황스러움에 대해서나, 이러한 이들에게 아무리 좋은 성경의 구절로 위로를 해주어도 한쪽 귀로 들어와서 다른 쪽 귀로 흘러 나갈 뿐이지 가슴에 확 닿아 잡아당겨 주지도 못하고 큰 위로도 되어주질 못한다. 왜냐하면 인간은 각자가 절대로 똑같지 않은 삶을 가지고 똑같지 않은 성품과 능력으로 각자의 인생을 이끌어가고 있으니, 거기에 따르는 슬픔이나 아픔이나 기쁨이 결코 같은 공식의 테두리 안에 들어맞을 수가 없기 때문이다. 나는 이빨이 아프고 저 사람은 배가 아픈데, 어떻게 같은 약을 두 사람에게 똑같이 사용할 수 있겠는가?

진통제로 아픔을 잠시 잊어버리게는 해줄 수 있겠으나 치료는 불가능한 것이다. 이런 경우에는 차라리 삶의 경험을 통해 내 자신이 직접 느끼고 깨달은 것에 비추어 설명하고 위로하고 인도하는 것이 훨씬 사람의 아픈 마음을 따스하게 해줄 수 있다고 본다.

지난날 나와 어린 아들이 오로지 하나님을 따라서 성경의 가르침에 우리 둘의 삶을 몽땅 다 맡기고 살아갈 때의 이야기이다. 그때 우리가 방콕에서 세를 들어 살던 집은 망고나무로 가득 찬 꽤나 넓은 마당이 있는 조그맣고 하얀 이층집이었다.

방콕 시내에 두시타니 호텔이 제일 높았던 시절엔, 사톤가에도 마당이 넓은 집들이 많았고 오히려 수쿰빗은 쏘이 20을 지나면 시골 같은 느낌이 들던 시절이다.

망고나무 숲속에 조그마한 하얀 집, 아가하고 엄마하고 둘이서만 사는 집

조그마한 집속엔 조그마한 행복이, 아가하고 엄마하고 둘이서만 사는 집……

그때 유행하던 노래의 곡에 맞추어 내가 콧노래를 하면 어린 아들은 번번이 그 노래를 못 부르게 했다. 왜 이 노래를 싫어하느냐고

물으니, 그게 너무 슬프다는 것이었다. 그 어린 가슴에도 우리의 생활은 슬픔이 툭 터져 나오기 직전의 삶이었던 것이다. 하여간에 그 집은 지나가는 바람소리와 새들의 수다스러움 때문에 아침이 밝아오기 시작하면 잠을 더 잘 수가 없었고, 잔바람이 나뭇가지를 스치고 지나가는 소리가 사각사각 들려오는 곳이었다.

망고 철이 되면 집의 지붕 위를 확 덮고 위로 쫙 퍼진 그런 나무들이 열 그루도 넘는데, 거기에는 망고 열매들이 그야말로 주렁주렁 매달려 있었다. 분명히 세를 들 때에는 집과 마당을 함께 얻었는데, 망고 철만 되면 그게 아니었다. 주인집 할머니가 하인들을 데리고 와서 잠자리채 모양의 큰 채로 그 많은 망고들을 따서 대바구니들 속에 가득가득 채워가지고 가면서 우리 모자에게는 달랑 몇 개를 주고 간다. 그것을 받아드는 나의 가슴속은 무어라 표현할 수 없는 슬픔과 섭섭함이 가득 찼었다.

그런데 다음날 아침에 문을 열고 마당에 나서던 나는 '어마, 저것……,' 그러니까, 아주 높은 꼭대기에 매달려 있어서 그들이 미처 못 따간 열매들, 그들이 따간 열매들은 마치 감을 익히듯이 하나하나 신문지에 싸서 바구니 속에 차곡차곡 넣어둔 채로 뜸을 들여서 익히는 것인데, 마당에 떨어진 것들은 태양의 열로 익어서 더 맛좋은 것들로 아침마다 대여섯 개씩 떨어져 주는 것이었다. 우리는 그것을 망고라 부르지 않고, 여호와가 이집트에서 탈출해 나오던 이스라엘 백성에게 매일같이 내려주던 만나를 연상하고 '우리 집의 만나'라고 불렀다. 그렇게 질 좋고 커다란 망고를 매일 대여섯 개씩 먹을 수는 없는 것이라, 가난한 우리도 친구들에게 나누어줄 수 있는 것이 생겼던 것이다.

그때 나는 이미 이름도 모르는 큰 병이 들어서 외출이 자유롭지 못했고, 아들은 겨우 여덟 살이었다. 그런데 우리 집의 가장은 앓고 누워 지내는 나 자신이었고, 우리 둘의 생활을 해결해야 할 사람도 바로 나 자신이었다. 그때 우리의 생활이란 역시 하나님이 내려주시는 '만나'로 연명하고 사는 것과 같은 형편이었으니 우리 두 모자의 기도는 너무도 간절할 수밖에 없었고, 또 실지로 우리 모자는 기도에 의지하고 매달려 살 수밖에 없는 삶이라, 오직 성경의 가르침에 따라서 살고자 하는 그것뿐이었다. 종이 한 장도 아껴 쓰고 지나가는 바람 소리에도 신경을 쓰면서 조심하고 살던 우리의 눈에 비쳐지던, 소위 모범적으로 추앙받는 교회의 신심 깊다는 지도급 어른들의 번드르르한 모습과, 가장된 미소로 만나는 사람들에게 '기도 하시요, 기도 많이 하세요'라는 말들…… 내가 얼마나 진심어린 기도를, 그것도 온 생명을 다 바치다시피 기도를 하고 있는지 상상도 못하면서 던지는 교회 지도자의 말, 그리고 그의 대인관계나 사업상의 모순들, 교회 내에서는 그리도 쉽게 외쳐대던 '할렐루야'도 어찌된 건지, 밖에서는 사람들이 그를 가리켜 '사기꾼'이라고 손가락질을 해대니. 하여간에 그런 사람들은 교회에서 환영을 받고 교회 건축 헌금도, 십일조도 많이 낸다. 그래서 그는 신앙심이 좋은 신자인 것이다. 그리고 얼마 지나 보면 남의 돈으로 하던 사업은 거덜이 나 빚쟁이들을 피해 다니던 그들은 결국 그곳을 도망치듯이 떠나가 버리는 경우가 자주 있었다. 겉으로 가식된 천사의 미소와 뒤로는 냄새나는 그들의 처세, 십일조와 교회 건축 성금을 잘 내는 그들을 마치 특별한 귀빈처럼 떠받들던 교회의 목사님들, 그러한 모순을 볼 때마다 회의와 심한 외로움을 느끼면서 "하나님, 그럴 수도 있습니까?……" 하던 기도가 나중에는 원망의 소리로 바꾸어지는 것이었다.

"하나님, 당신께서는 당신의 모든 종을 똑같이 사랑하신다고 하셨습니다. 내게는 왜 아니십니까? 일찍부터 내게서는 아버지도 앗아가셨습니다. 그리고는 말이나 글로써는 표현할 수조차 없는 어려운 삶을 주셨습니다…… 그리고 남편마저도 가져가셨습니다. 그러나 자식을 주셨습니다. 자식을 주셨음은 어미 된 저로 하여금 저 아이를 가르치고 키워야 하는 의무도 함께 주신 것이 아닙니까? 당신께서 잘 보시고 계시듯이, 저는 일을 하고자 열심히 노력하고 있고, 어떤 때 어떤 일이 오더라도 해낼 수 있는 준비를 병으로 앓고 누워서 지낼지언정 항상 하고 있습니다. 그런데 당신은 제게 재운을 전혀 허락하시지 않았습니다. 저 아이를 무엇으로 어떻게 키우는 것이 당신의 뜻입니까? 모든 것에 돈이 드는 세상이라는 것도 당신께서는 너무도 잘 알고 계시지 않습니까? 저는 학벌이라든가 그런 것도 다 접어두고 저 아이를 위해서라면 노동이라도 기꺼이 하려고 했으나 그것도 당신은 허락하지 않았습니다. 그리고 당신께서는 제게서 건강마저도 앗아갔습니다. 당신의 말씀에 따르면 우리에게 허락된 삶이란 오직 한 번뿐입니다. 한 번뿐인 인생입니다. 또 어떤 것을 더 주시겠으며 또 어떤 것을 더 앗아 가시렵니까?……

당신께서 죽으라면 죽을 수밖에 없는 우리 두 모자입니다. 지금 죽는다 해도 저는 저대로, 어린 제 아들은 그 아이대로 그렇게 성실하고 열심히 살고자 했던 것도, 결코 당신께서는 부인하실 수 없으실 것입니다!

만약에 제가 지금 죽는다면 손해 보는 쪽은 당신이십니다. 왜냐하면 한 인간을 이만큼 철저하게 야박스럽도록 훈련시키기도 쉬운 일은 아니니까요. 우리 두 모자의 죽고 사는 문제는 당신의 뜻에 달렸습니다. 당신의 뜻대로입니다."

실컷 큰소리로 기도하고 방에서 나오노라면, 내 가슴속은 시원한데 방문 밖에서 가슴을 조이고 있던 어린 아들이 "엄마 기도는 순 깡패 기도야!" 하면서 눈을 흘긴다.

하나님이 누구신가?

하나님이 어떤 위치에 계신 분인데 이처럼 깡패 기도를 할 수 있단 말인가?

그때의 내 생각엔, 우리 모자가 그토록 성실히 살아가는데 불경죄로 결코 벼락을 내려칠 수는 없을 것이다는 배짱도 있었지만, 그만하면 어려운 처지에 처한 인간으로서 충분히 깨끗이 똑바르게 살아가고 있다는 자신이 있었을 뿐만 아니라 오히려 당당했었다.

어찌되었든 간에 하나님은 우리 모자에게 틈틈이 죽지 않을 만큼의 '만나'를 주셨지만, 나 같은 깡패는 영 골치가 아프셨던 것 같다.

전혀 뜻하지 않은 우연한 기회에, 태국에 살고 있는 내게 태국 왕실에서 왕위 계승권을 갖고 있는 마하짜끄리시린톤 공주의 불경 시집을 번역 출판하라는 왕실의 출판 허가서가 내 이름으로 떨어졌다. 태국의 공주는 대단한 불교 학자이기도 하고 국민들의 절대적인 사랑과 신망을 받고 있는 사람으로, 그녀의 시집은 『법구경』을 위주로 풀이한 것이었다. 그때, 그 책의 번역을 맡았을 때 나의 불교 실력은 부처님의 이름이 석가모니이고, 인도 어느 나라의 왕자 출신이라는 정도였다. 피할 수 없는 환경이었으며, 더욱이 종교를 내 삶의 가장 중요한 의지처로 하고 사는 사람이 남의 종교를 함부로 취급할 수는 없는 것이라 우선은 내가 불교 교리를 어느 정도라도 공부해야 하는 운명이었다.

물론 나는 그것을 하나님께 기도로 시작하였다.

"하나님, 저는 지금 불경을 공부해야 하는 위치에 놓여 있습니다. 저 혼자의 힘으로는 피할 수도 없고 굳이 피하고 싶은 마음도 없습니다. 그러나 당신께서 허락하지 않으신다면 이제까지 당신께서 저에게 보여주셨듯이 거부의 뜻을 나타내 주시면 저는 미련 없이 이 일에 대한 의욕을 끊겠습니다."

계속해서 매일 같은 기도를 하였고, 또한 불교 공부도 계속 이어 갔다.

그동안 내가 하고자 했거나 해온 일은 아무리 나 혼자 계획하고 추진해 왔다 하더라도 거의가 태국 정부나 한국 정부의 허락을 받아야 하는 것들이라 대체적으로 까다롭고, 기다려야 하고, 복잡하고, 그러그러한 일들이었다. 우선 일의 취지서를 관계 부처에 제출해 놓고 혼자서 그 일을 진행시켜 나가지만, 언제나 '하나님의 뜻에 따릅니다'였다. 기도와 함께 시작하는 나의 일은 한 번 거절당하면, 다시 재검토하여 두 번째로 다시 제출한다. 그러는 동안에도 나는 그 일을 계속 추진해 나간다. 거기서 또 거절당하면 나는 다시 재정리하여 세 번째로 제출한다. 그런데 세 번째에도 또 거절당한다면 그것은 하나님께서 허락하지 않는 것이라 보고, 그 일이 그동안 거의 매듭 단계에까지 진행되어 왔다 하더라도 그냥 깨끗이 단념해 버린다. 사실 그 단계에는 이미 대단한 정열이 투자되어 있고, 하고자 하는 일도 거의 마무리 단계에 와 있는 형편이다. 이렇게 온갖 심혈을 기울여 하던 일을 미련 없이 단숨에 단념해야 한다는 것은 굉장히 가슴 아픈 노릇이지만 그분의 뜻이라 믿고 보면 어쩔 수 없는 일이 아니겠는가!

그렇게 모두 접어 버리고는 언제 내가 그 일에 매달렸었더냐는 식으로 오로지 아들과 둘이서 열심히 놀고 지낸다. 내일 아침의 때꺼리야 있건 없건 간에……

그렇게 몇 달이 지나다 보면, 그와 같이 참고 지내온 나에게 마치 커다란 상이 내려오듯이 보다 더 큰 다른 일이 자연스럽게 주어지고, 그때 내가 미친 듯이 매달려서 하고자 했던 그 일을 계속 했더라면 손해나 다른 다침이 있었을 것이라는 것을 신문이나 다른 경로를 통하여 알게 된다. 왜 그렇게 되었는지는 모르나 이러한 경우가 몇 번씩 있다 보니 우리 모자는 그것을 크게 느끼고, 자연히 기도에 의지하면서 살게 된 것이다.

그런데 이번에는 나의 불교 공부가 제법 잘 익어가고, 필요한 경비 문제 등등이 아무런 막힘 없이 해결되어 나갔으며, 책임진 불교 시집의 번역도 끝나서 책이 출판되어 나올 때까지 조그마한 걸림도 없이 아주 순탄하게 이루어졌다.

이 책은 불교 교리책을 번역 출판하는 것에 머물지 않고 태국과 한국의 민간외교 문제까지 포함되어서 오랫동안 신문과 TV에 떠들썩했었다.

몇 년 후, 파리에 아직 길상사가 생기기 전에 파리를 방문 중이던 법정 큰스님께서 이 책을 읽으시고서 "『법구경』 풀이를 잘해냈어……"라고 말씀해 주셔서 얼마나 감격했는지 모른다. 청학 스님도 그 자리에 함께 계셨다.

그 책의 번역을 위해 불교 공부를 하는 동안에 나는 이제까지 성경 공부에서 잘 납득이 안 가던 종교적인 문제들이 확, 하고 열려지는 것이 "아, 그것이 그렇게도 해석이 되는구나!" 하고 가슴속이 시원하고 후련해지는 것을 자주 느끼게 되었다. 따라서 나의 마음속에서는 자연히 변화가 일기 시작하였고, 그 후부터는 나 혼자서의 괴로운 기간이었다. 그동안 우리 모자가 어떻게 매달려 온 하나님인가?!

가장 어렵고 힘들 때에 오로지 순수하게 기도할 수 있는 힘이 있어 우리의 생활이 유지되어 올 수 있었던 것이라면, 그건 하나님께서 우리 모자에게 '만나'처럼 겨우 연명해 나갈 수 있을 만큼씩 일을 주셨다는 뜻도 있겠지만, 다른 한편으로는 우리 모자의 기도하는 힘의 정신력이 그만큼 강했었다는 의미도 있다. 무섭도록 강한 정신력이 있었기에 병석에 누워 죽음이 오락가락했던 나도 강한 생명력을 이끌어낼 수 있었고, 에미가 있었어도 마치 고아와 같이 외롭고 무서웠을 어린 아들은 그럴수록 바른 길과 옳은 길로 꾸준하게 노력해 온 정신력으로 오늘의 자리에 이른 것이라고 믿는다.

불교 공부는 계속해 갔지만, 내 마음은 그리 쉽게 훌쩍 떠날 수가 없었다. 두 종교를 놓고 방황하던 시기가 한 칠 년여나 되었던 것 같다. 그 사이에 나는 쉽게 다른 종교로 빠져드는 방황을 식히는 방법으로 힌두교 책들을 읽어갔다. 여기에서는 이해가 갈 듯 말 듯 하면서 크게 가슴에 와 닿는 것은 없었다. 이때 태국인 친구의 주선으로 태국 이슬람본부에 나가서 이슬람교 공부를 하게 되었다. 이번에는 그 교리에 빠져들어 교리 공부 책을 써서 탈고는 했지만 내가 그 공부를 그만둠으로써 그때의 원고들은 지금 내 서랍 속에 있을 뿐이다. 근래에 와서도 가끔 이슬람교도들을 만나면 그들과 함께 그들의 종교 이야기를 나눈다. 또 다른 이들이 이슬람교에 대한 오해의 말을 할 때는 기꺼이 그것을 정정해서 설명해 준다. 내가 그때 그 종교를 공부하면서 느꼈던 바에 의하면 유태교, 천주교, 개신교, 이슬람교가 모두 한 탯줄의 종교들이나 그중에서 이슬람교가 가장 인간적인 가르침이라고 기억한다. 특히 나같이 외롭고 가난한 사람들에게는……

　우리가 파리로 이사한 후에도 나는 하나님을 완전히 떠나지 못하여 불경을 계속 공부하면서도 육체는 교회엘 나갔는데, 2년여를 그렇게 보냈던 것 같다. 어느 날 병든 몸을 이끌고 교회에 가서 일요예배를 본 후 일어서려는데 머리가 어찔하면서 그대로 주저앉았다. 얼굴이 하얗게 되어 반쯤 쓰러져 있는 내게로 목사의 부인이 다가와서 인사를 했다. 그것은 바로 전 주에 목사네 가족이 내가 살고 있는 아파트로 이사를 오면서, 같은 교인의 집인 우리 집에 드나들며 필요한 것을 가져가고 가져오는 일들이 있었던 터라 하는 인사이지만, 막상 쓰러지다시피 하고 있는 나를 보고 어디 아프냐고 물었고, 마침 그때 옆으로 다가오는 남편인 목사에게 나를 보이며 편찮으신 것 같다고 했다. 목사의 얼굴엔 미소가 스치는 듯 마는 듯 하면서 더 이상 내 쪽은 쳐다보지도 않은 채 그 자리를 떠나갔다. 그들에겐 물론 자동차가 있었고 바로 나와 같은 건물의 아파트에 살고 있었다. 나는 한참이나 더 누워 있다가 일어나서 비실거리며 밖으로 나와 지하철을 타고 오면서 생각을 해보았다. '이게 무슨 짓인가?…… 내 마음은 이미 떠나 있는데, 옛정이나 의리로 병든 몸을 끌고 왔다가 쓰러져 버리면 극히 타산적인 저들의 인심은 저와 같고, 통탄하고 당황할 사람은 아직 학생인 내 아들뿐이다. 이제는 내가 기독교를 졸업할 때가 되었구나.'

그 후부터 나는 아주 가벼운 마음으로 기독교와의 인연을 졸업하게 되었다. 자연히 기회가 주어져서 그렇게 된 것이다. 그러나 지금 지나온 나의 생을 되돌아보면 그때 하나님께 매달려 기도함으로써 살 수 있었던 과정은, 나의 정신세계나 종교세계를 위한 아주 단단한 기초를 다져온 시기로서 참으로 중요하고 가치 있는 시기라 생각한다.

나는 내 멋대로 종교를 다른 사람에게 권하지 않는다. 적어도 자기의 종교는 스스로가 죽을 것 같은 아픔을 통한 직접적인 인연 없이는 권유에 의해 따라와 보았자 그 뿌리는 깊을 수가 없는 것이고, 종교란 각자의 인연에 따라 스스로가 찾아내는 것이어야 자기 것이 되는 거라고 생각한다. 종교는 권하는 것이라기보다는 자기 자신의 방황과 고통과 괴로움을 통해서 직접 찾아내야 하는 것이다. 거기에다 독하고 무서운 용기와 자기 훈련을 함께 하여 그러한 고통을 딛고 그 위에 일어설 수 있을 때에 이루어지는 자기 승리요 평화의 길이며, 이렇게 해서 찾아낸 길이라면 참말로 단단하고 뿌리 깊고 흔들림이 없는 '나의 길'이고 '나의 종교'인 것이다.

＄

불교 공부란 바로 나 자신의 마음을 고요하게 닦아 가는 훈련이다. 그렇게 자신의 마음을 닦고 훈련해 가노라면 하루하루의 삶 속에서 배우고 익히고 변해 가는 자신 속의 무엇인가가 눈에 띌 듯 말 듯 하면서 쌓여져 감을 느끼게 된다.

그렇게 하면서 배우고 깨달아지는 것은, 바로 내가 삶을 살면서 함께한 아픔과 경험을 바탕으로 하면서 그 위에서 스스로 눈떠지는 것이다. 이처럼 하나하나에 눈이 떠질 때의 기쁨이 얼마나 크게 벅차오르고 황홀하고 맛있는가는 바로 그 길을 향하여 참고 인내하며 닦아온 자들만이 아는 것이다.

특별히 깊은 선정에 들지 않더라도 일상생활 중에서도 집중해서 보는 형상과 집중을 풀고 보는 형상과는 많은 차이가 있다. 눈에 보이는 형상도 그때그때의 기분이나 마음 상태에 따라 다르게 보인다. 이와 같이 깨어 있으면서 옳게 보고 바르게 나아가면 중생의 조건이 바뀌게 되는데 이것을 수행이라 한다. 바로 마음공부를 해가는 길이다. 이렇게 하면서 무엇인가를 알아가는 것이다.

외부로 나타난 그때그때의 행동이나 나타나지 않은 흐름이나, 우리의 삶 자체는 항상 변화의 흐름뿐이라고 한다. 이런 모든 것을 중생도 알고 있고 불보살도 알고 있다. 허나 중생은 닫힌 마음으로 알고 불보살은 열린 마음으로 안다고 한다. 열린 마음의 흐름은 우리의 참 모습이며, 닫힌 마음의 흐름은 중생이라는 전제 조건에서만 나타난다. 중생은 하나밖에 모르고 불보살은 전체를 안다. 열린 세계는 연기실상이고, 실상은 매순간 변화 속에 있기 때문에 순간순간 모습이 바뀌어 영원히 같은 모습으로 존재하는 것은 없다는 뜻이다. 이와 같이 매순간 유사한 바뀜의 흐름을 고정된 틀로만 생각하는 것이 우리들 중생의 버릇이다. 이처럼 고정화하는 것은 의식의 작용, 즉 여러 생을 통해온 일종의 습관화된 고집이므로, 바로 우리들 생각의 세계이기도 하다.

어떠한 환경 속에 처해 있다 할지라도 그냥 그 자리에서 수행의 길을 걷는다. 나처럼 항상 앓고 누워 지내는 사람은 누워서 앓고 있는 그 상태 그대로에서 석존의 가르침을 공부하고 자기 자신을 들여다보는 수행을 하면 되는 것이다. 처음엔 나도 앓고 누워 지내야 하는 신세가 슬프고 원망스럽기도 했지만, 현실을 바꿀 재간도 없고 도망갈 수도 없는 나로서는 누워서 앓는 그대로라도 공부를 계속할 수밖에. 그렇게 하는 공부라도 계속 밀고 나가다 보니 무언가 바뀌고 변해 가는 것이 분명히 있음을 스스로도 느끼게 되고 옆에서도 느껴지는 것이다.

한 생각이 일어나고 사라지는 것을 계속해서 보고 있노라면 생각이 흘러감을 느끼게 되고, 계속 그렇게 지켜봄으로써 '지켜보는 힘'이 생기면서 스스로가 무언가 느끼고 알아 가는 것이 있음을 알 수 있게 된다. 문득문득 느껴지고 깨달아지는 조그마한 앎이 계속 일어나는데, 하나를 느꼈다고 그 다음이 바로 연결되어 또 느끼고 깨달아지는 것은 아니다. 우리 인생은 매일매일의 일반적인 속된 생활 속에서 살고 있는 관계로 옆에서 오는 방해도 많고, 나 자신의 마음 상태도 수시로 홀딱거리며 춤을 추는 탓으로 수행의 힘이 대단히 높지 않고는 계속해서 깨달음이 이어진다는 것은 거의 불가능한 노릇이다. 이런 상태에서 내 마음이 홀딱거리지 않고, 또 환경이나 주위에서 오는 방해가 없다면 수행이 계속되는 한 희망이 분명히 있다고 본다. 깨달음을 이룰 수 있는 희망이……

깨달은 삶이란 외부에서 내게로 주어지는 것이 아니고 여기에 있는 내가, 바로 나 자신이 한 생각 하고 움직이는 그 속에서 일어나는 것이다. 흔히 기적을 별난 것으로 상상하여 무슨 벼락 치는 소리가 울리고 빛이 번쩍번쩍 하면서 나타나는 것으로 알고 있지만, 기적이란 우리들의 매일매일의 속된 생활 속에서도 크고 작은 사건으로 지나가듯이 나타난다. 다만 우리들이 그걸 느끼지 못하거나 그냥 대수롭지 않게 흘려보낼 뿐이다. 허나 매사에 감사의 마음을 갖고 사는 사람이라면 매일매일이 기적의 연속임을 알 수 있다.

조용히 명상을 하면서 자기 자신을 돌아보라.

오늘의 내게, 내 주위에 있었던 일들을 하나씩 되씹어가면서 생각해 가노라면 무의식적으로 뒷목덜미가 화끈해지는 순간이 있다. 그러면 사람들은 그것을 더 이상 생각하고 싶지 않아서 거의 무의식적으로 획 하고 넘겨버리고 곧 뒤이어 다른 생각이 자동적으로 뒤를 잇는다. 그리고는 뒷목이 화끈하던 그 문제를 더 이상 기억하려 들지를 않는다. 여기에서 이것을 이렇게 덮어버리면, 언젠가 우리는 똑같은 실수를 아무런 의식 없이 다시 저지르게 된다. 그러나 그 뒷목이 화끈하던 바로 그 순간에 그 문제를 꽉 움켜잡고 그때 그것이 어떻게 해서 그렇게 되었었던가를 제삼자의 입장에서 하나하나 냉정히 들여다보면 내 목덜미가 혼자서 화끈했던 이유를 알게 된다. 목덜미가 화끈했던 것은 양심의 소리이니, 나의 양심을 부끄럽게 했던 그 원인을 분석해서 알게 되면 적어도 그런 실수를 다시는 더 하고 싶지 않다는 마음이 스스로 의식 가운데에 자리 잡게 되는 것이다. 이것이 바로 마음공부가 제자리로 자리 잡기 시작하는 길이다.

～

자기 자신을 조용히 들여다보고 있노라면 우선 나 자신의 잘잘못이 보이고, 끊임없이 홀딱거리는 마음의 물결 속에서 잠시라도 그 흐름을 잡았다 놓았다 할 수 있게 된다. 이러한 노력이 계속되다 보면 그 잡을 수 있는 순간이 더 길어질 것이다.

결코 생각처럼 쉬운 노릇은 아니지만, "깨어 있으라, 잠들지 말고 깨어 있으라"(마태 25장 13절), 특히 마태복음 26장 41절에 "시험에 들지 않게 깨어 있으라"는 예수의 가르침의 뜻이 이것이구나 하고 느낀다. 우리에게 주어진 이생을 바르게 살아 후회 없는 삶을 가진다는 것은, 나에게 일어나는 작은 것도 한 번 더 생각해가며 사는 것, 항상 깨어 있는 자세와 정신으로 살아가야 큰 실수 없는 삶을 가질 수 있게 되는 것이다. 이것이 바로 자기 마음을 바로 잡아가면서 이어 가는 자기 훈련이요 자기 수행이 아니겠는가.

눈 반짝 뜨고 바른 생각이 또랑또랑 하면 실수를 저지르는 경우는 거의 없다. 바짝 깨어 있어서 나를 스쳐 가는 운을 놓치지도 말고, 무엇보다도 할랑할랑 까불면서 드나드는 마음의 장난질에 휘말리지 않으며, 내가 양심의 주인이 되어 그놈을 잘 다스려 나가려면, 항상 정신 차려서 깨어 있어야만 하는 것이다. 그래야만 실수로 빠져들려는 나 자신을 실수 바로 직전에서 구해낼 수 있게 되는 것이다. 이런 것은 이론으로도 잘 알고, 더욱이 실지로 가끔씩이나마 생각을 정확히 잡아내어서 실수를 막아내는 기쁨을 맛보았음에도 불구하고 '아차차' 하는 순간에 그 흐름을 놓쳐서 눈 뻔히 뜨고 실수를 저지를 때도 적지 않다. 이것은 깨어 있는 중에 잠시 한눈을 팔았기 때문이다. 잠시 다른 생각이 퍼뜩 지나가는 사이에 당하게 되는 일이다. 잘 알고 있으면서도 항상 깨어 있음을 지속하지 못하기 때문에, 오늘도 내일도 스스로를 훈련하는 마음수행의 공부를 계속하여야 하는 것이다.

불교의 특징은 처음부터 끝까지 자기 훈련을 하는 것이다. 스스로를 닦고 익혀서 열린 삶을 이루려는 것이고, 자기의 몸과 마음으로 겪어본 실지 경험과 현상들을 통해서 지혜가 깊어져야 한다. 즉 불교를 공부해 가는 길이란 깨어 있는 삶의 길을 의미하고, 중생(보통의 우리들)이란 바로 이 길을 잃고 사는 사람들이다. 깨달은 삶이란 이 길을 바로 찾아서 살아가는 것이다.

우리가 고민하는 갈등의 원인은 개인적이건 사회적이건 국가적이건 간에 그 모두가 자기 자신을 너무나 절대화하고 나만의 세계를 단단히 하고자 하고, 내 것이라는 것을 주장하는 데서 생겨나는 것이 대부분이다. 그러한 나의 욕심에서 나의 주장을 강하게 밀고 나가자니 나 자신도 힘들고 내 주위에서도 알게 모르게 이것으로 인해 손해보거나 다치는 이들이 늘어나게 되며, 따라서 원망과 미움과 갈등이 생겨난다. 이러한 갈등의 원인들을 떠날 수 있는 것은 오직 나의 욕심, 나의 소유를 조금씩이라도 줄여나가는 것이다. 그렇게 하려면 잠시 잠깐이라도 정신을 놓아두고 있으면 안 된다. '아차' 하는 순간에 실수가 일어나기 때문이다. 이렇게 집중력과 관찰력을 바탕으로 하는 수행은 우리들 중생을 중생의 조건인 아와 법의(나와 너로 구별 짓는 버릇) 이름으로부터 떨어져 나오게 해준다.

수행은 우리가 이 사회에서 보통 살아가는 버릇과 같은 고정된 습관의 틀을 이탈하고 나와서 '자비와 지혜의 열린 세계'로 들어가는 데에 그 뜻이 있다.

세계 뉴스를 보고 있노라면 참으로 답답하다. 어쩌면 서로가 저리도 고집스럽고 미련스러운가? 그렇게 긴 세월 동안 고통을 당해온 사람들이라면 정신적으로 한참은 저 위에 있어야 할 형편인데도, 자기들이 당해 왔던 그런 고통을 다른 이들에게 쑤셔 넣어 주면서도 저처럼 뻔뻔스러울 수가 있을까?

내 식구 하나가 다치거나 죽는 것은 저토록 분해서 아우성을 쳐대면서도, 남의 식구 열, 아니 백을 죽이는 것은 너무도 뻔뻔하고 당당하다. 그들의 끝없는 욕심을 보면서, 저것이 어느 날 운명적으로 회전을 하였을 때 자기들이 다시 당할 수도 있다는 것을 전혀 상상도 못하는 것 같은 인간의 무지가 한심스럽고 비참하다.

삶의 흐름이란 개체의 상속과 공간의 상속 관계 속에서 존재하는 것이다. 공간은 개체와 함께하고 공간은 개체에서 자기를 나타낸다. 공간 생명이라는 것은 그 어떤 다른 것과 만나고 부딪치는 데서 나타나는 것이다. 만남 그 자체가 '생명 현상'으로 서로서로 생명을 주고받으며 함께하는 것으로 이것이 무량광불(그 이익이 삼세에 두루 미치는 아미타불)의 생명 교류라고 한다. 개체만이 생명이 아니라 관계 자체가 생명의 모습이다. 관계하고 있는 모든 인연이 같은 생명으로 살아가는 것이며, 공간 생명의 연기(서로 얽혀서 존재하는)이다. 불교는 이교도의 가르침 속에서 보기 쉬운 배타적이고 타율적인 삶을 벗어나는 길을 일러주고, 또한 스스로 수행하여 그것을 이루어 내어서 평화롭고 안락한 삶을 사는 길을 제시한다.

우리는 결코 완전무결한 존재가 아니다.

이것저것 허점이 많고 여러 가지 어려움과 혼미 속에서 살고 있는 존재이다. 이 모든 어려움을 그냥 조용히 바라보면서 분석해 나가고 찾아내 보고 하면서 안으로 안으로 꾸준히 파고 들어가면서 수행해 나가라는 가르침이다.

자기에게 주어진 삶을 진실로 성실하게 열심히 땅을 디디고 살아온 사람이라면, 그러한 사람은 이미 이 세상을 살아가는 동안에 고통과 아픔의 맛을 깊이깊이 겪어온 사람이다. 그리고 그런 것들을 올바르게 이겨온 사람이라면 아직 본인이 느끼지 못하고 있다 하더라도 상당한 삶의 지혜를 이루어 왔고 이미 그의 주위에 편안한 느낌을 전하고 있는 사람이니, 그런 사람에게는 이웃의 아픔이 저절로 가슴에 와 닿을 것이다. 이러한 사람이 옆에 있어 그가 조용히 전해주는 말은 같은 고통을 받고 있는 사람들에게는 전파처럼 가슴에 와 닿을 뿐만 아니라 어떤 청량수보다도 더 시원함을 느끼게 하고 용기를 갖게 해준다. 이론으로만 익혀온 것이 아닌, 실지로 삶의 현실에서 자기 자신의 아픔을 통해 터득한 삶의 지혜에서 나오는 위로의 말은 살아 있는 금은보화인 것이다. 기운이 다 빠진 듯 지쳐 보이는 노인들에게서 때로는 놀라운 지혜의 말을 들을 수 있다. 늙는다고 해서 모든 능력이 다 쇠퇴하는 것은 아니다. 인생을 오래 산 사람은 생활의 지혜를 가지게 되며, 인생을 관조하는 능력과 인자한 마음이 더욱 풍성하게 된다.

| 자비

자비란 것을 어떻게 설명할 것인가?

글자를 풀이한다면, 자慈는 사랑하는 마음이요, 비悲는 상대의 아픔을 같이 아파하는 마음이라 하겠다.

너와 나의 구별 없는 마음이란, 마치 할머니의 약손처럼 그렇게 자연스레 뻗쳐 나올 수 있는 그러한 마음에서 나오는 그것이다. 주는 이도 받는 이도 없는 듯이……

큰 병원에 중병환자가 입원을 하면 담당 의사가 사랑과 친절로 보살핀다 하여도, 의사는 환자가 아니기 때문에 그 환자의 아픔을 속속들이 알 수는 없는 것이다. 만약에 의사가 의사임을 떠나서 환자의 입장에 서서 생각하고 치료한다면 그 의사와 환자 사이에 색다른 인정이 오고가기 때문에 환자의 고통을 더 깊게 느낄 수 있을 것이고, 그래서 더 정확하게 치료할 수 있을 것이다. 신체를 관찰하는 일이 환자의 마음에까지 미치고, 마음을 관찰하는 일이 신체에까지 미칠 수 있을 때 비로소 그 환자의 전체를 파악해갈 수 있다. 의사와 환자가 구별이 없는 하나로서 함께 치료를 하는 것이 될 테니 치료의 효과는 상상을 초월할 것이라고 본다. 그것을 자비가 앞선 치료라고 할 수 있을 것이다. 물론 요즈음 같은 세상에, 병원마다 환자가 넘쳐 나는 판에 무슨 잠꼬대 같은 소리냐고 하겠지만, 그러나 본래의 의사의 정신은 그와 같음이 제대로 된 자리라는 뜻이다.

자비스러운 행동을 일으키는 것은 인간의 마음과 느낌이나 정서 등에서 시작되는 자연적인 인간 양심의 작용이다. 자비는 마치 어머니가 자신의 외아들을 보호하듯이, 할머니의 약손처럼, 사마리아인의 보살핌처럼 그와 똑같은 마음으로 자비의 마음을 기르라고 하는 것이다. 이와 같이 나 아닌 남을 생각하고 사랑하는 마음은, 자신을 생각하고 보살피는 마음의 자연스러운 연장으로 나타나는 것으로서, 자신을 보살피는 마음에서부터 시작한다. 원인이 자비로운 마음에서 나온 행동은 그 행동이 나타나는 방식 또한 자비로운 방법으로 나타날 것이고, 그 행동의 목적은 자연히 자비라는 복덕의 실현에 있게 될 것이다. 더욱이 부처님이 말하는 자비는 인간 마음의 본래의 의식이면서도 바로 인간 자신의 행복을 위한 것이다. 생활 속에서 항상 말을 부드럽게 하고 모든 행동은 자애롭게 행하는 것을 뜻하며, 따라서 자비스러운 성품을 갖게 된 사람은 가는 곳마다 자신의 행동 속에서 자비의 성품을 밖으로 나타낼 수밖에 없는 것이어야 한다. 이러한 사람에게 자비는 어떤 것에도 걸림이 없이 그냥 스스로 밖으로 나오게 되는 것이라 하겠다.

윤회설에서 볼 때 자신과 타인, 자신과 다른 종족들이 지나온 생에서 어떤 형식으로든지 관련되어 있었고 앞으로 미래의 삶 속에서도 관련될 수 있다는 것을 암시하고 있으므로, 타인과 다른 종족에 대한 자비의 마음을 가질 수밖에 없는 것이다.

～

불교의 가르침에서 '자기 억제 또는 자기 관리'는 마음수행 공부에 있어서 반드시 필요한 것이다.

①자비의 마음은 세상에 대한 탐욕스러운 마음을 갖지 않는 것이고, 탐욕스러운 마음을 갖지 않는다는 것은 자신과 타인의 복지를 위하여 올바른 욕심을 분수에 맞게 갖는다는 것을 의미한다.

②자비의 마음은 어리석은 마음을 버리는 것이다. 너와 내가 하나 속에서 함께라는 생각으로, 분별의식이 전혀 없는 마음속에서 진정한 자비가 있을 수 있다. 여기에는 연기성에 대한 이해와 이런 것이 습관적으로 몸에 배어들게 길러야 한다는 점에 주의를 하여야 한다.

탐진치를 버린다는 것은 항상 자비의 상태에 머무르며 자비의 성품을 갖는다는 것을 말하며, 탐욕을 없앰으로써 성냄(미워함)을 없애고 성냄을 없앰으로써 어리석음도 없어진다고 한다. 그런데 탐진치를 버리는 것 중에서도 탐욕스러움과 어리석음을 버리는 것은 마음의 해탈을 얻는 것과 직접적으로 관련이 있고, 이 두 가지를 이루는 데는 불교 특유의 명상법인 사마타와 위빠사나의 수행이 요구된다. 탐욕스러움과 어리석음을 없애는 것은 각각 사마타와 위빠사나를 닦아 나가는 것을 기반으로 하여 얻어지며, 그 결과로써 마음의 해탈과 지혜의 해탈을 얻게 된다.

사마타와 위빠사나 수행은 마음의 해탈과 지혜의 해탈에 있어서도 중요하지만, 자비를 습관적으로 몸에 배어들게 하는 데 있어서도 필수적이다. 자비를 습관적으로 몸에 배어들게 하는 것은, 꿰뚫어보는 정신집중으로서의 위빠사나와 명상적 정신집중인 사마타 수행을 통해 자신의 성품을 점진적으로 바람직한 방향으로 변화시켜 가는 과정에 의해서 가능하다. 이때 가장 중요한 내용이 바로 자비가 습관적으로 몸에 배어들게 하는 것이라고 본다. 자비가 습관적으로 몸에 배어든다는 것은 어떠한 상황에 처하더라도 자비의 행동을 드러낼 수 있는 자비로운 성품을 기르는 것이다. 자비를 습관화해 가는 과정에 있는 사람은 주의 집중이라는 명상적 수행을 통해 자비로운 태도를 자신의 몸과 마음속에 항상 갖추어, 자연스럽게 행동을 통해 저절로 자비로운 태도가 드러날 수 있게 되어야 한다. 자비의 다른 짝인 지혜는 자비의 선택에서뿐만 아니라 자비의 실천 과정 하나하나에 대한 자율적 주체의식 내지는 주체적 각성을 전제한다. 지혜 없는 자비는 목적이 없는 것과 같기 때문에 자율적 주체의식이 전제되지 않는 자비는 맹목이라 하겠다. 자비의 수용과 실천은 주체적 인식과 주체적 신념을 요청하기 때문이다.

불교의 이런 정신은 전통이나 관습의 모습으로 강요하는 어떤 형태의 타자화된 도덕도 거부할 것을 요구한다. 불교가 강조하는 자율적 주체의식은 이 세상의 모든 실상에 대한 주체적 이해와 이에 따른 주체적 삶의 토대로서 그 의미가 넓고도 풍부하다. 불교윤리는 타인을 사랑하고 보호하라는 도덕의 요청에 있어 신의 계명이나 선험적 도덕법칙 혹은 사회적 관습 등에 의존하지 않는다. 인간이 갖는 자기보존과 이로움 추구의 욕구와 정당성을 인정하고, 이러한 욕구를 타인도 나와 마찬가지로 똑같이 가지므로 타인의 그것에 대해서도 적극적으로 배려하라고 말하고 있을 뿐이다. 자비의 원칙에 의하면 우리는 자신을 이롭게 하며 동시에 타인을 이롭게 하여야 한다. 늘 양자를 함께 배려해야 한다. 그래서 타인만을 위한 자기희생도 자기만을 위한 배타적 이기주의도 옳지 않다. 자리와 이타는 시간적으로 실질적으로는 동시적일 수도 있지만 논리적으로는 늘 전자가 선행한다. 타인배려는 자기배려에서 출발하며, 타인을 이롭게 하는 행동도 나를 이롭게 하는 것이 무엇인가를 알고 난 후라야 가능하다고 보기 때문이다. 이 원칙은 적극적 자기배려는 물론 적극적 타자배려도 요청되고 있다는 것이다. 설령 너와 나의 위치가 바뀐다고 하더라도 무아설의 입장에서는 너도 나도 결국엔 하나 속에 함께 존재한다는 것을 이해하면 된다.

사마타와 위빠사나, 그리고 주의 집중적 명상이 자비를 습관적으로 몸에 갖추는 것과, 이때 우러나는 성품의 평정 상태를 이루게 한다는 것은, 불교 명상수행의 목표가 신비적인 깨달음을 얻기 위한 것이며 일신의 해탈을 위한 것이라는 해석이 옳지 않음을 보여준다. 홀로 조용한 곳에 앉아 명상하는 것도 자신과 함께 다른 존재들에 대한 복지나 깨달음을 동시에 고려하는 자비를 습관적으로 몸에 배어들게 하기 위한 수행이라 하겠다.

어디에도 집착하지 말아야 한다는 무집착의 개념은 불교 교리의 핵심이기 때문에, 무집착은 우선 자비의 행동 자체에 애착심을 갖지 않고 자비의 대상에 대해서도 애착심을 갖지 않는 것이다. 자비는 타인의 괴로움을 함께 느껴 이를 제거하려 하고 타인의 즐거움에 공감하는 것이지만, 괴로움과 즐거움 자체에 빠져들게 되거나 탐닉하는 것은 아니다. 항상 그 상자 밖에서 볼 수 있는 제삼자적인 자세를 잃지 않아야 한다는 것을 명심해야 한다. 자비를 행하는 자는 자비를 받는 대상과 함께 느끼고 공감하여 대상과 하나가 되지만, 주의 집중적 명상에 의해 일순간도 놓치지 않고 자신이 갖는 느낌을 대상화시켜서 관찰한다. 자신의 느낌을 대상화한다는 것은 느낌 그 자체, 자비의 대상, 자비의 과정에 대하여 집착하지 않는 것을 의미한다.

자비를 행동에 옮기는 데에서도 중도의 원리가 역시 중심이 되어야 한다. 예를 들어 모든 생물이 자비의 대상이라고 하여 공기 중의 세균까지도 보호하려고 든다면 이것은 극단적 자비이다. 중도의 원리를 벗어난 자비는 바람직한 것이 아니다.

무아설의 관점에서 볼 때 자비는 '무아'의 인식에서 시작되고 '무아'의 실천에서 완성된다고도 볼 수 있다. 우리의 삶에서 자비를 막는 것은 너와 나를 구별하는 마음이 있어서이다. 이것은 제7식인 말나식의 힘에 의한 것이다. 마음수행을 계속해 나가면 서로를 가로막던 벽이 무너지고 마음이 열리면서 나의 세계가 넓어진다. 이렇게 열린 세계에서 나타나는 행위가 자비이고, 자비와 지혜는 참된 삶의 양면으로서 자비를 통해 열린 삶이 표현된다. 수행이 계속되어 마음이 차차로 열리면서, 먼저 자기 자신으로부터 자유로워지고 이러한 힘은 다른 대상에까지 퍼져 나가는데, 자기의 마음으로부터 시작하여 이웃으로 옮겨가게 되어 있는 것이다.

"가장 옳고 바른 깨달음을 낸 선한 남자와 선한 여자는 어떻게 살아야 하며, 어떻게 마음을 다스려야 하는가?"

석존께서 권하시는 삶은 일상생활의 한 중심에서 단 한순간도 방일(함부로 행하거나 게으름)하지 않는 삶이다.

"비구들이여, 세상에는 도가 여러 가지 있지만 그것들은 모두 불방일(게으르지 않고 항상 꾸준히 노력함)을 근본으로 삼는다. 그러므로 온갖 착한 법 가운데서도 불방일이야말로 최대의 것이고 최상의 것이다. 비구들이여, 방일하지 않는 비구는 반드시 거룩한 팔정도를 지키며 그것들을 실현하리라는 것을 기대할 수 있을 것이다. …… 모두 불방일을 근본으로 삼는다."

불방일은 항상 정신을 집중하고, 한눈팔지 않고 노력하는 것을 말한다. 이렇게 불방일로서 끝없는 정진이 필요한 것은 악마가 자신의 밖에 있는 것이 아니라 자신의 안에 있기 때문이다. 불방일은 법을 깨닫고 자비의 마음을 갖는 결과의 성취를 위한 과정이다. 결과는 과정 없이 존재할 수가 없는 것이다. 어떤 점에서는 결과보다 과정이 더 근본적이라고 볼 수도 있다.

석가모니 부처님은 불방일을 최대의 법, 최상의 법으로 거론하셨다.

공자도 자신을 항상 모자라는 자로 여겼다. 그래야 계속 노력할 수 있기 때문이다.『논어』곳곳에서 공자가 자신을 '노력하는 자'로 규정하는 것을 발견할 수 있다.

수도하는 자는 '알려고 무한한 노력을 하는 자'이다.

석가모니 부처님의 위대함은 자신에 대한 성찰을 평생 동안 조금도 게을리 하지 않았다는 점에 있다.

석존께서는 육체가 내 것이 아니고, 자아도 나의 본질이 아님을 깨달음으로써 육체에 집착하지 않기를 바랐다.

……라다여, 우리의 몸이 우리를 방해하고 교란시키고 불안하게 하니 그것이 바로 악마다. 그러므로 라다여, 몸을 병이라 보고, 가시라 보고, 고통이라 생각하라. 그렇게 생각하는 것이 바로 보고 바르게 생각하는 것이니라.

라다여, 우리의 감각은 우리를 방해하고 교란시키고 불안하게 하니 그것이 또한 악마이다. 그러므로 라다여, 감각을 병이라 보고, 가시라 보고, 고통이라 생각하라. 그렇게 생각하는 것이 바른 생각이니라.(『잡아함경』)

놀랍게도 석존께서는 악마가 우리의 밖에 있는 것이 아니라, 우리의 안에 있다고 말씀하시고 있다.

……색에 집착할 때 악마에 붙잡힌다. 집착하지 않는다면 악마로부터 풀려난다.(『상응부경전』)

석존이 악마의 유혹에 맞서 싸운 것으로 묘사된 대목은 결국 자신의 내부에 있는 나쁜 마음과 싸운 것이다. 악마가 자신의 밖에 있지 않고, 자신의 내부에 있다는 것은 매우 중요한 철학적 과제를 낳는다. 누구나 내부에 천사와 악마를 품고 있다는 것이며, 그것은 시시때때로 유동한다. 악마가 자신의 내부에 있음을 아는 자는 더욱 수행에 정진하게 된다. 수행이란 자기 안에 있는 나쁜 마음과의 치열한 싸움이기 때문이다. 석존은 육체에 대한 집착에서 벗어남으로써 고통의 늪과 죽음의 두려움에서 벗어날 수 있다고 본 것이다.

석가모니 부처님의 가르침은 마음공부라 하며, 마음 탐구의 원형은 부처님이 보여주는 진리의 가르침이다. 인간의 마음을 주시하며, 인간의 마음을 파고 들어가며, 인간의 마음속에 새로운 인생을 탐색하며, 그것을 바로 찾아낸 것이 석존의 가르침이다. 석존의 가르침은 존재의 진상을 밝히는 데서부터 시작된다.

모든 것은 어떻게 존재하는가?

자기라는 것은 어떠한 존재인가?

이 세상의 모든 것은 어떠한 모습으로 존재하고 있는가?

여기에 대답하는 것이 석존의 가르침으로서 바로 '제법무아', '제행무상'이다. 세상의 모든 존재는 인연에 의해 생겨나고 또 인연이 다하면 없어진다. 모든 것은 옮겨지며 변하여 간다. 이 세상의 어떤 것도 고정되어 멈추어져 있는 것은 없다는 뜻이다. 간혹 선천적으로 마음이 대단히 착한 사람이 있다. 선천적으로 선한 사람들은 자연스레 주위를 편하게 해주고, 양보도 잘하여 타인을 기쁘게는 해줄 수 있겠으나, 커다란 고통과 어려움 속에서 허덕이는 사람을 인도하거나 구해줄 수 있는 지혜를 갖고 있기는 쉽지 않다. 스스로가 직접 인생의 어려운 고난에 부딪치고 헤쳐 나오면서 이겨낸 사람, 이런 사람들은 겉으로는 강하고 딱딱하게 보일지라도 이런 사람만이 타인의 아픔을 제대로 이해해줄 수도 있고 또한 그 아픔을 어루만져줄 수도 있으며, 그것으로부터 벗어날 수 있는 지혜를 일러줄 수도 있는 것이다.

그것은 자기가 직접 걸어서 이겨낸 길이니까.……

석존이 말하는 '무상'은 인생의 허무함을 뜻하는 것이 아니다. 부처님의 무상은 '항상 똑 같은 상태로 이루어져 있는 것은 없는 것', 즉 만물이 서로 의지하여 변하면서 이루어 가는 법칙을 말하는 것이지, 허무의 정서와는 먼 것이다. 오히려 석존은 누구보다 인생을 소중히 여겼으며, 해탈을 이루기 위해서는 두 가지 잘못된 견해, 즉 영원불멸의 사상과 허무주의를 극복해야 한다고 하였다. 어떠한 견해나 가치에 집착하지 않는 사람은 허무함을 느끼지 않는다. 만물은 서로 의지하여 발생하고 소멸할 뿐이며, 그것이야말로 세계의 본질이다. 무상함을 아는 사람은 갈대가 바람에 무심히 흔들리듯이 반응할 뿐 특별한 감정을 가지지 않는다. 연기 법칙을 깨달으면 영원불멸의 사상과 더불어 허무주의 역시 극복할 수 있다. 의존적 발생의 원리, 연기의 원리는 영원불멸의 사상과 허무주의 양 극단을 벗어난 중도이다. 모든 사물은 생성되고 소멸되며 끊임없이 변화할 뿐이다.

인간은 만물과 함께 무상한 것으로 존재하고 있는 것이다.

불교에서 '무아無我'라는 것은 '모든 사물이 서로 의지하며 지탱하고 있다'는 존재의 본 자리를 뜻한다. 이 경우의 '아'라는 것은

'나'라는 1인칭을 말함이 아니라 '실체'의 뜻이다. 그 자체로서 변하지 않으며 움직이지 않는 것, 그것이 '아'이며, 다른 어떤 것에 의해서 지탱되어 있는 것이 아니다. 그 자체로서 존재가 완전히 끝나 있는 것이다. 따라서 '무아'란 그러한 변하지 않고 움직이지 않는 실체는 아니라는 것이며, 이것이 불교의 존재론이 되는 것이다. 다른 것과의 관련을 끊고 홀로 존재하는 것이 없는 일이기 때문에 존재하는 모든 것은 모두 '무아'로서의 존재다. 다시 말해 무상이란 모든 것은 항상 변한다는 것이며, 무아란 어디에도 고정된 자아란 없다는 것을 뜻한다. 연기의 법칙에서 이끌어낸 존재와 자아에 관한 원리이다. 참된 자기를 확립하기 위해서는 망상을 버리고 진상을 파악하라는 것이다. 다른 존재에 대한 존엄한 생각이나 자애 가운데 그러한 존재의 진상에 대한 깊은 인식이 있어야만 되는 것이다. 석존의 가르침은 존재의 진상에 기본을 둔 예지의 인생이다.

그러므로 존재를 물을 때 가장 손쉬우며 확실한 존재는 바로 지금 여기에 살고 있는 '자기'이며 '자기의 마음'이다.

우리들은 '무상·무아'의 것으로서 '무상·무아'의 존재 중의 하나로서 존재하고 있지만, 그 자기를 '무상·무아'의 것이라고 스스로 깨닫는 것은 자기 자신 이외에는 없는 것이며, 자기 자신이라고 말한다 해도 그 자기 자신의 의식에 의해서이다.

석존의 가르침의 첫 번째는 괴로운 인생을 자각하며, 괴로운 인생에서 해탈하는 것이다. 두 번째는 그 괴로움의 원인은 외부의 환경에 의하는 것이 아니며 자기의 내면, 자기의 마음에 있다는 깨달음이다. 석존의 종교를 마음의 종교라고 부르는 이유가 여기에 있다.

삼법인이란 우주 삼라만상의 절대적인 운행법칙을 의미하는 불교의 근본교리 가운데 중요한 부분으로, 제행무상·제법무아·열반적정이 그것이다. 여기에 일체개공을 합쳐 사법인이라 하기도 한다.

우주만유가 모두 변화하는 것이라는 진리를 간단하게 표현한 가르침이 바로 제행무상이다. 이러한 대자연의 법칙에 어긋날 경우 몸과 마음은 고통을 초래할 수밖에 없다. 제행무상이 모든 것이 옮겨지고 변한다는 시간의 계열 위에서 존재의 진상을 나타내는 것이라면, 제법무아는 존재의 서로 얽혀 있는 관계를 나타낸다. 모든 것은 서로 관련되고 의지하고 연결되면서 존재하고 있다는 것이다.

인간은 사회적 동물이며 고립되어서는 살 수 없는 동물이다. 이 세상을 홀로 사는 듯한 독선이나 아집, 혹은 극도의 고독감은 마음의 질병을 초래하게 된다. 이와 같이 대자연의 리듬에 순응하고, 사회 전반과 조화를 이루며 살아갈 경우 마음과 몸은 안정을 얻게 되는데 이를 열반적정의 차원이라 하겠다.

이 세상의 모든 사물은 모두가 공이라는 하나의 근원에서 만들어지며, 만들어져 나오는 온갖 것은 모두가 서로 의지하며 돕고 있으며, 홀로는 있을 수가 없다. 이것이 바로 일체개공의 뜻이다. 조화를 이룰 때는 안정을 찾고 조화가 깨지면 일그러진다. 그리고서는 또다시 조화를 찾아 안정을 이룬다. 이 세상 온갖 것이 변화하여 감은 그 조화를 이루려 함이며, 그래서 움직이고 또 변하고, 이런 움직임이 끝이 없는 것이다. 이러한 네 가지 근본원리가 우주 삼라만상을 지배한다고 한다.

삼라만상이 이와 같이 떨어질 수 없는 삶의 현상에서, 나를 위해 남을 파괴한다는 것은 결국 스스로도 파멸의 길로 접어들게 되는 것이다. 여기서 상호 긴밀성을 제법무아라 하는데, 이때의 연관성은 궁극의 안정을 위해 나아가는 것이다. 이것이 열반적정이다.

사법인은 대자연과 우주의 운행 및 법칙성을 지극히 과학적으로 구성해 놓은 참 진리 중의 진리라 할 것이다. 어느 때 어떠한 사건이 일어나도 그것이 절대 돌발적인 경우는 없다. 전체적인 흐름 가운데서 파생되며 상호 긴밀한 연관성을 가지고 있다. 그래서 석존은 '부분이란 전체 속의 부분이고, 부분이 모여 전체를 이룬다'는 가르침을 주신 것이다. 그리하여 깨달은 이들은 모든 인간과 우주를 대단히 긴밀한 관계로 파악해 왔다.

모든 존재의 근원은 바로 우주적이고, 우주 대생명이고, '마음'이라 보았다. 부처님의 가르침을 글자로 또는 말로서가 아니라, 자기 자신의 마음으로, 직접 부딪치고 닦아 나감으로서만이 깨우쳐 갈 수 있다는 가르침이다.

'인간의 존재 역시 만물의 운동 과정에서 생겨난 한 현상에 지나지 않는다'는 현대과학의 결론은 놀랍게도 이미 2,500여 년 전의 석가모니 부처님의 가르침 속에 들어 있었던 것이다!

아들네는 홍콩에서 살고 있고 나는 파리에서 혼자 살고 있다. 이렇게 떨어져서 살아야 하는 이유는 내가 가진 대여섯 가지의 병 치료가 모두 파리의 병원에 매여져 있기 때문이다. 그래서 여름방학

때면 아들네 식구가 파리로 오고, 구정 때면 내가 아이들의 세배를
받으러 홍콩으로 가서 함께 보낸다. 물론 서양 사람인 며느리도 한
국식으로 한복을 입고 세배를 한다.

아들네가 홍콩으로 이사를 간 후 첫 번째로 맞이하는 연말이었
다. 내가 거기에 갔을 때, 아들네 집에는 가정부로 사십 중반의 필
리핀 여인이 있었는데, 그녀의 인상은 가을철에 말라비틀어진 삭
정이 나무와 같았다. 쳐다보기만 해도 슬픔으로 숨이 막히는 듯한
그런 표정의 여인이었다.

매주 일요일이면 홍콩 중심가엔 마치 철새들이 까맣게 몰려드는
것처럼 공원은 물론 육교나 큰길가 모서리, 어지간한 큰 건물의 주
변마다 그런 여인들로 꽉 차 있으니 어떤 길은 아예 일요일에는 자
동차도 못 다니게 한다. 모두 돗자리를 펴놓고 삼삼오오 몰려 앉아
서 갖고 온 음식들을 먹기도 하고 한쪽에서는 옷가지들을 펴놓고
장사도 하고 음악을 틀어넣고 춤도 추고 카드놀이도 하면서 어득
어득한 저녁때까지 그렇게들 보낸다.

그런데 이들이 제일 싫어하는 사람이 주인집 할머니들이다. 왜
냐하면 심심치 않게 현지 신문에 중국인 할머니들의 가정부 린치
사건들, 즉 가정부를 때리거나 다리미로 생살을 지지거나 하는 기
막힌 사건들이 가끔씩 실리고 있기 때문이다. 그러니 같은 동양인
인 내가 그녀에게는 작지 않은 공포거리였을 것이다.

그녀의 남편이 거의 연년생인 세 아이들을 버리고 집을 나간 이
후로 그녀는 그 세 아이를 친정에 맡기고 홍콩으로 와서 가정부 일
을 한 지가 십팔 년이 넘는다고 한다. 그것도 아래 두 아이는 남편

하고 살 때 돈이 없어 거의 굶기다시피 하여 일종의 정신박약아 상태였다. 큰아들만 젖을 제대로 먹고 자란 덕에 그나마 정상적으로 성장했고, 에미가 그렇게 벌어서 대학엘 보내어 그해 졸업을 하게 되었다. 하지만 에미의 큰 기대와는 달리 연애를 해서 여자가 임신을 했다고 결혼 독촉을 하니, 그 아들이 대학만 졸업하면 취직을 하고 고향으로 돌아가 아이들과 함께 살겠다던 바람은 물거품이 되고 일종의 배신감마저 느끼고 있는 형편인데, 만년 여섯 살짜리인 둘째가 큰 병이 들어 입원을 해서 에미만 찾고 있다고 하니, 그녀의 표정이 그러한 건 이해가 가고도 남는 노릇이다. 그 여자의 고통은 듣기만 해도 너무 질려서 마주 쳐다보기가 힘들었다. 아들 내외는 젊은 사람들이니 그녀의 고통을 깊이 이해할 수야 없다 해도 이웃을 사랑하는 마음으로 그녀에게 특별휴가를 주고 비행기 표까지도 사 주었는데, 비행기의 좌석이 만원이라 며칠을 더 기다려야 하는 그 기간은 그녀에게 정말로 고통스럽고 미칠 지경이었던 것이다. 그녀가 움직이며 집안일을 하는 건 마치 검불이 흔들리는 것 같았다. 그런 어느 날 아침, 아들이 출근을 한 후에 내가 그녀를 불렀다. 집안청소는 나중에 하고 나와 함께 바닷가로 산책을 나가자고 했다.

주인집 할머니는 병이 든 노인이라는 것을 알고 있으니 보살펴야 한다는 의무감에서 표정 없이, 감정 없이 그저 따라 나서주는 그녀를 앞세우고 집 앞 길 건너 바닷가에 도착해서 말했다.

"엘시(그녀의 이름), 나는 여기 있는 이 벤치에 앉아 있을 테니 너는 내 걱정은 말고 저기 저쪽에 사람들이 얼마 없는 곳으로 가서 네

힘껏 소리를 지르다가 와라. 내가 여기서 기다릴 테니.”

잠시 무슨 뜻인지를 몰라서 눈을 껌벅거리고 있던 그녀가 “오, 그랜마(할머니)!” 하더니 땅에 털썩 주저앉는 것이다.

“그랜마, 어떻게 아셨어요? 이 답답한 내 가슴을……, 나는 하루에도 수없이, 미친 사람처럼 얼마나 소리치고 울부짖고 마구 뒹굴고 싶었는지 몰라요. 그런 걸 참고 또 참고……”

말이 이어지지 않고 눈물이 펑펑 쏟아지는 그녀를 달래서 바닷가를 혼자서 걷게 한 다음, 커피 한 잔 사 먹여서 데리고 돌아왔다.

고향에 다녀온 후부터 그녀는 아무런 두려움 없이 내게 가까이 온다. 성경은 한 구절도 읽은 적이 없다는, 모태 가톨릭 신자인 그녀를 위로할 겸 해서 내가 들려준 말이다.

“네가 왜 지금 이토록 어려운 삶을 가져야 하는가? 그것은 너의 전생에서 지은 카르마 때문이다. 전생에서 네가 만든 업으로 받아 지닌 이 고달픈 삶은 피할 수도 없고, 도망칠 수도 없고, 다른 사람이 대신해줄 수도 없고, 언제 어디서 간에 오직 너만이 해내야 하고 또 너만이 해낼 수 있는 너의 숙제와 같은 의무야. 지금 이생에서 네가 안 하고 지나가면, 이 숙제는 다음 생으로 이어져 넘어 가면서 이자가 붙듯이 더욱 커져서 너를 따라 다니는 거야. 그렇다면 비록 어렵고 힘이 들더라도 지금 이생에서 다 해치워버려야 다음 생을 새롭고 깨끗한 것으로 시작할 수 있는 것이니, 한탄하고 탄식만 할 사이가 없어. 마음을 강하게 잡고 어서 속히 끈질긴 업보들을 해결해 가야 하는 거야.(지난날 나 자신도 이렇게 생각하고 지독하게도 질겼던 그 어려운 난관들을 헤집고 나왔다.)

식모살이의 어려운 일을 어떻게 하면 덜 어렵고 덜 힘들게 해나
갈 수 있는가 하면, 이왕에 너만이 해야 하는 것, 피할 수도 없는 이
힘든 숙제들을 차라리 즐거운 마음으로 해나가도록 해 봐. 어떻게
하느냐? 걸레질을 할 때는 네 입으로 '내 빚은 내가 다 갚는다. 이
생에서 다 갚는다. 내생은 나도 깨끗하고 편안한 삶을 갖겠다. 묵
은 빚은 여기서 다 갚는다' 하면서, 그 묵은 때를 씻어내는 마음으
로 걸레질을 해 봐. 같은 걸레질이지만 훨씬 더 쉽고 편할 거야. 한
숨을 쉬고 짜증을 내면서 하는 일은 몇 갑절 더 힘든 법이야. 결국
은 네가 해야 하는 것이니, 묵은 때를 벗겨낸다, 묵은 빚을 다 갚는
다 하면서 해 봐."

이것이 내가 그녀에게 준 선물이다.

그런 며칠 후, 그녀는 "그랜마!" 하면서 내 옆에 오더니 "요새 제
얼굴이 좀 밝아졌지요?" 한다. 그리고 일을 할 때 아예 노래를 부르
듯이 "'이 힘든 일들은 내가 전생에서 진 빚이다. 이것은 나만이 풀
어버릴 수 있는 나의 숙제다. 나는 이것을 모두 해결해 치워버릴 것
이다. 이생에서 나는 다 갚아버릴 것이다. 그리고 나는 새로운 내생
을 찾을 것이다.' 이렇게 생각하고 일을 하니까, 힘도 덜 들고 모든
원망도 짜증도 가라앉아 가요"라고 하였다. 그러고 보니 그녀의 얼
굴에서 미소를 보게 되었다.

어느 날엔 불쑥 자기도 조금만 더 젊었으면 미국인 영감한테 시
집을 가서 제 아이들을 덜 고생시킬 텐데 한다. 외국에 나와 남의집
살이를 하는 필리핀 가정부들 사이에 가장 큰 성공의 예가 미국인
남자와 결혼을 하는 것이다. 그렇게 되면 자기 아이들도 미국으로

데리고 가고 형제자매들도 미국행을 하게 되는 것이다.

"너의 그 마음은 그리 좋은 것이 아니야. 시집도 가기 전에 미국 영감의 돈부터 이용할 생각을 한다는 것은 좋은 양심이라고는 보아줄 수가 없구나. 내 보기에 너는 아직도 젊고 그리고 이쁘게 생겼어. 네가 결혼하고 싶은 마음이 있고, 너와 결혼해 줄 미국 영감이 있다면, 너는 그 영감을 진실하고 성실하게 모시고 받들어 그 영감부터 행복을 느끼도록 노력해야 해. 그 영감이 너로 인해 행복을 느끼게 된다면 그 영감도 역시 너를 중하게 생각할 것이 아니겠니? 그렇게 두 사람이 서로 사랑하고 행복을 느낄 수 있다면 그 영감이 어떻게 너의 아이들을 모른 척할 수가 있겠니? 그러니 그 영감부터 행복하게 해드리겠다는 너의 각오가 단단해야 너나 네 아이들에게 복이 오는 것이란다."

"그랬마, 맞았어요. 저는 오직 제 괴로움만 생각했어요. 아, 지독한 에고!"하면서 제 머리를 툭 친다.

이런 시시한 이야기까지 나누게 되니, 그녀에게 매일의 생활은 여전히 어려워도 마음 놓고 다가서서 제 마음을 털어놓을 내가 있어서 도움이 되었던 것이다. 내가 파리로 오면 그녀는 편지도 가끔씩 보내오고 또 나는 답장을 써 보내고 했는데, 그때부터 만 팔 년이 더 지난 2009년, 정말로 그녀는 인터넷으로 알게 된 미국 영감과 결혼 수속이 끝나서 미국행을 하였다.

༄

참다운 종교란 억지로 권한다고 받아들여지는 것이 아니겠고, 시절인연이 닿아서 어떤 계기에 번쩍 하고 눈이 떠지듯이 자기의

62

가슴에 꽝 하고 울려오는 변화가 주어졌을 때라야 가슴속으로 전해져 오고, 또 그렇게 받아들여진 것이라야만 항상 변함없이 나와 삶을 같이 할 수 있는 나의 종교라고 본다.

이 길은 누가 권해서 얻는 것이 아니고, 본인 스스로 갈고 닦아서 차곡차곡 쌓여져 가는 것으로, 어느 것과도 바꿀 수 없는 것이다. 그리고 이 정도의 길에 들어선 사람이라면 옳고 그름에 대한 바른 느낌의 눈은 이미 떴을 것이고, 남의 권유나 환경적인 조건으로 종교를 바꾸니 어쩌니 하는 대상의 저 바깥쪽 세상에 서 있는 사람이다.

인간은 자기가 쌓아올린 과거에 의해서 오늘의 자기와 인식의 영역이 정해진다고 한다. 자기가 어떻게 과거를 쌓아 왔는가는 그 사람이 보고 듣는 세계를 결정한다. 우리의 마음은 능동적으로 자기의 세계를 변화시켜 가고 있는 것이다. 아뢰야식에 쌓인 것이 풍부하면 그 사람의 세계가 풍부하게 부풀어진다. 그런 점에서 아뢰야식은 개체의 원점이라고도 할 수 있겠다. 물론 개체만의 원점은 아니다. 인간의 공통점도 가지고 있는 것이 당연하다. 부처님의 교설이 현대인에게도 자연스럽게 그 뜻이 있음은 인간의 삶의 본질은 언제나 같다는 보편적인 사실이 있기 때문이다. 인간의 본바닥에 있는 공통성은 옛날이나 지금이나 변함없는 것으로 있다는 것이다. 인식의 심층 존재의 상태가 결정적인 힘을 가지고 있다는 것을 지적해준다.

아뢰야식이란 유식에서 말하는 제8식으로서 우리가 매일 매순간 말하고 생각하고 움직이는 모든 것이 그대로 녹음되어 있는 우리의 심층의 의식인데, 이 의식에 의해서 우리는 어제와 오늘의 생활이, 또 내일의 생활까지도 연결되어 가는 것이다. 이는 의식의 거대한 창고라 하겠다. 절대로 감출 수도 없고 피할 수도 없는, 내가 만들어 놓은 숙명의 버릇이고 내 삶의 모든 경험의 종자인 것이다. 내가 무엇을 보고 무엇을 들으며 무엇을 생각하면서 살고 있는가. 거기에서 내 삶의 과거, 현재, 미래 모두가 선명하게 나타나고 있다고 말할 수 있다.

삶이란 과거에 있는 것도 아니고 미래에 있는 것도 아니다. 내가 숨을 쉬고 있는 바로 이 순간에 있다. 의식의 전6식, 제7식, 제8식이 동시에 작용하면서 변화하는 현재 이 순간에 있다는 것이다. 실지로 우리의 삶은 매순간 일어나는 변화 자체가 전체의 모습이고 이 속에는 시작과 끝이 구별될 수 없으며, 모든 흐름이 한순간의 절대적인 생명 속에서 살아 있을 뿐 그것 외의 시간이란 없는 것이다. 기억과 추상도 현재의 마음작용의 하나일 뿐이다. 현재 바로 이 순간의 삶은 우리들의 과거가 저축한 습관의 표현이라면, 미래는 우리가 현재에 행하고 있는 삶의 경험의 축적으로 만들어져 가는 것이다. 현재 바로 이 순간이란 우리들 인간이 과거의 여러 생에서 훈습되어 온 잘못들을 바꾸어 갈 수도 있고 미래의 삶을 빛나게 만들어 갈 수도 있는 중요한 포인트라 하겠다. 그래서 현재 바로 이 순간은 대단히 중요한 것이고, 불교의 가르침은 우리가 현재 바로 이 순간에 왜 눈을 반짝 뜨고 올바르게 살아가야 하는가를 구체적으로 하나하나 일깨워주는 가르침이다.

인간은 끝없이 향상할 수 있는 가능성과 함께 끝없이 전락하고 후퇴할 수 있는 가능성도 있다. 전자를 택하느냐 후자를 택하느냐는 전적으로 자기 자신 마음의 결정에 달려 있는 것이다. 지나온 많은 생에서부터 쌓여 축적되어 있는 경험의 흐름이 가장 강하게 나타나는 현실의 작용 위에 있는 지금, 마음의 눈을 크게 뜨고 옳고 바른 쪽으로 자기 자신을 이끌어 가는 것은 물론이고, 과거의 잘못된 경험으로 축적되어 있는 나쁜 버릇까지도 제대로 가려 가면서 나의 업을 바르게 잡아 나가자는 것이 우리가 수행을 하는 목적이다.

　우리가 일체의 선입견을 갖지 않고 호흡을 고요히 가다듬으면서 몸과 마음의 변화를 보고 있으면, 일어나고 있는 현상이 반드시 무엇과 상대해서 흐르고 있다는 것을 알 수 있게 된다. 그러나 우리는 그와 같이 상대해서 흐르고 있는 것을 놓치고 자기만의 세계를 쌓으며 살아가고 있다. 모두 연기실상의 세계에서 더불어 살고 있음에도 불구하고 여기에서 자기를 떼어내어 자기만의 삶으로 바꾸는 힘인 치심(어리석은 마음)이 생기고, 이에 따라 탐심(욕심)과 진심(화내는 마음)이 저절로 일어난다. 이것들을 탐진치라 하는데 모두 번뇌장이다. 즉 본래적인 의미를 잃고 다른 상태로 가고 있는 것이다. 이것이 우리의 현실이다. 108가지의 번뇌와 고통, 업장 등은 인간이 살아서 겪어야 할 숙명적인 것이다. 이것은 인간이 찾아낸 심리적인 현상이다. 그럼에도 불구하고 주어진 여건에서 열심히 성실하게 살아간다면 사실 번뇌니 업장이니 하며 말하고 느낄 필요가 그리 없다. 함이 없는 함을 수행해 가는 것이 가장 자연스러운 것이고, 이는 또 올바른 청정심으로 깨달음을 이룰 수 있는 길이다.

불교는 갈등의 원인을 찾아서 해결해 나가는 공부를 가르친다. 우리의 삶을 구체적으로 분석 설명해주면서, 이 삶을 바람직한 방향으로 바꾸어 가자는 가르침이다. 불교를 공부한다는 것은 스스로 익혀서 열린 삶을 이루려는 것이다. 직접 수행을 하여 자기의 몸과 마음으로 실제 경험한 현상들을 통해서 알아감이 깊어져야 하며, 수행의 특징은 모든 생각이 일어나고 사라지는 것을 한 발자국 뒤로 물러선 상태에서 주시만 하는 것이다. 수행은 삶의 논리적 근거를 명확하게 제시하여 우리를 자유롭게 해주며, 분별을 떠난 청정한 삶을 살 수 있게 하는 것이다. 따라서 특별한 현상이 일어나도 이에 집착하지 말고 이제까지 현상을 보듯이 객관적으로 보아야 한다. 거듭 말하지만, 현행하는 이 순간의 힘이 제일 강하기 때문에 현행하는 힘을 잘 관찰하면 고요함으로 흐르게 된다.

우리가 경험하는 세계란 만남의 조건에 따라 '매순간 변하는 연기 관계의 세계'라는 것이 분명해진다. 나만의 세계를 고집할 이유가 없어지면서 나와 대상이 항상 어우러져 있는 전체인 그 속에서 창조적인 마음을 키워간다. '나'라는 조건을 변화시켜 간다는 것은, 삶의 고정화로 인한 소외와 선악시비의 세계에서 벗어나 지혜와 자비의 열린 세계로 나아감을 말함이다. 수행하는 중에도 자기 자신이 생각하는 바가 나타나는데, 그것에 현혹되면 현행이 선악의 업종자와 명언종자(언어의 표상에 의해 아뢰야식 중에 훈습된 종자로 현재에 나타나 작용하기 위한 직접 원인)로 흘러간다. 그러기 때문에 이러한 것에 대해 항상 제삼자적인 위치를 유지해 가면서 고요함을 유지시켜 그 흐름의 특성을 알아내는 것이 불교의 관觀 수행의 특징이다.

※

초창기에 나는 유별난 나의 성격을 가라앉히는 공부 방법으로 '마음공부에 앞서서 마치 부처님을 보듯이 자기 자신을 떠올려 축원을 하라'는 가르침을 따라해 보았다. 축원을 하면서 적대감이 없고 싹싹하고 부드러운 나를 영상화하면, 이 영상화가 실제의 자기를 만들어 가는데, 이 과정은 식장의 변화로 나타난다고 한다. 예를 들어 기도의 첫 시작을 "최혜자여, 그대가 오늘도 관대해지기를, 평온해지기를, 따뜻해지고 적대감이 없어진 삶을 갖기를 간절히 기원합니다. 다정하고 편안하고 포근한 사람이 되기를 간절한 마음으로 기원합니다. 오늘도 그대는 원만한 하루를 맞이하고 보내기를 기원합니다!"라고 해놓고는, 그 다음에 가까운 사람부터 시작해서 나중에는 미운 사람까지도 모두 다 부드러워지기를 바라는 기도를 간절하게 하는 것이다. 끝에 가서는 다시 한 번 더 자기 자신을 떠올려서 반복하여 간절한 마음으로 축원하는 것이다. 가르침은 이러했는데 나는 좀 게으른 면도 있어서 나 자신을 올리고 축원하는 것으로 줄여서 간단하게 그러나 매일 계속해서 해보았다. 머릿속에 의식적으로 관대해지고 평온해지고 따뜻해지고 적대감이 없어진 것을 느끼면서 이를 반복하여 새기는 것이다. 머릿속에 정말로 한 글자 한 글자를 새겨 가면서 부드럽고 따뜻하고 인자한 마음으로 내 자신이 바꾸어져 가는 것을 연상한다. 그렇게 하면 그쪽으로 자량이 커간다는 것이다. 이러한 축원을 다만 몇 번만이라도, 가끔씩이라도 계속해가다 보면, 화나는 일이 생겨서 한바탕 해줄려는 그 순간에 "최혜자여, 그대는 오늘도 부드럽고, 따뜻하고, 인자하고……"하는 문구가 퍼뜩 눈앞에 떠올라 그만 피식 하고 쑥스러움에 부글부글 끓어오르던 열기가 제풀에 그냥 풀어져 버린다. 반드시 스스로를 높여 떠받들 듯이 올려주고 기도하는 것이 정말로 약 중에서도 명약이 되어 가고 있다. 적어도 내게는…….

수행자는 스스로가 계율을 잘 지키는 몸으로 자신을 억제하며 탐욕과 미워함을 버리고 자비를 계속해서 길러 나가야 한다.

자연 속에서 자연을 배경으로 하여 고요하게 길러진 자비심은 늘 모든 생명체에 대한 평안을 목적으로 하는 것이며, 이러한 자비심은 마음에만 머무르지 않고 또한 밖으로도 드러나야 하는 것이다. 자비심은 안으로 길러낸 내적인 것이지만 동시에 바깥으로 모든 존재들을 향해서 있는 것이다. 그래서 경전은 자비심이 내적으로 충만할 뿐만 아니라 외적으로도 모든 공간 속에 충만해야 한다고 거듭 말한다. 자비심이 외적으로 드러난다는 것은 자비심이 나 이외의 다른 대상들에게 구체적으로 적용되는 것을 의미한다.

불교의 가르침의 근본은 기독교의 가르침인 "이웃을 네 자신 같이 사랑하라" 혹은 "너희는 남에게서 바라는 대로 남에게 해주어라"와 유교의 가르침인 "네 자신이 원치 않는 바를 남에게 베풀지 말라"와 본질적으로 동일하다. 불교의 가르침이 기독교와 유교의 가르침과 본질적으로 다른 점이 있다면 그것은 적용 범위에 관한 것이다. 기독교와 유교, 이 두 전통의 가르침은 인간에게만 한정되지만 불교의 가르침은 인간뿐만 아니라 모든 생명체에게까지 적용

되고 원칙적으로는 무생물, 나아가 온 우주에까지 두루 적용된다.

～

  내면의 자각과 수행을 통해서 이제까지는 그냥 그런 것으로 여기고 지내온 것들이라 하더라도 그런 것이 아님을 알게 된다. 무엇이든지 나타나는 즉시로, 보이는 즉시로 '즉비관(들리는 즉시, 보이는 즉시로 바로 그것을 관찰)'을 하면서 평정한 마음을 찾으라고 『금강경』에서 일러주고 있다. 또한 바깥의 인연을 가끔씩 비추어 가면서 지속적으로 깨어 있으라고 한다. 마음수행 공부를 하게 되면, 대체로 내 마음의 움직임을 지켜보느라고 혼자 지내는 날도 많아지고 또 좋은 생각 착한 마음만 찾다보니, 인생살이 바깥 살림에 대해서 좀 어두워질 수도 있고 어떤 것은 전혀 모르고 지내는 수도 있게 된다. 그래서 석존도 이런 점을 수행자들에게 일러주고 있는 것이다.

  반성하고 공부하면서 수행해 나가는 것이 계속되어, 혼자서 되씹어 생각해 보고, 혼자서 스스로 얼굴을 붉혀도 보고, 또 혼자서 스스로를 책망도 하고 그러면서 차차로 눈이 떠져 가는 것을 느끼면서, 혼자 있는 나의 삶이 외로울 새가 없으며 바보처럼 즐겁고 살아갈 만한 충분한 이유가 된다. 그러다 가끔씩 여래의 가르침이 담긴 좋은 책들을 읽고 있노라면, 주책없이 마음이 편안해지고 고요해지니, 평생을 가슴 조이는 가난 속에서 내일을 걱정하고 살아온 나의 경우에는, 내가 이렇게 편해도 되는가, 마치 밀린 숙제를 안 하고 있는 학생처럼 다시 주위를 둘러볼 때가 많다. 이래도 되는가, 이상도 하고, 내 마음이 너무 편안하고 고요해서 오히려 주위에 미안함을 느낀다. 앓고 지내는 몸이니 나서서 봉사활동은 못하지만,

필리핀 여인 엘시처럼 올바로 살려고 노력하고 노력해도 힘이 들고 괴로운 이들, 승미나 순여처럼 인간성이 순수하고 닥쳐온 괴로움을 자기 스스로 헤쳐가면서 그 많은 어려운 시점들을 지나왔고 또 지나가고 있는 사람들에게는 내 말이 큰 공감을 얻는다.

한편 나는 실지로 아들 하나 데리고 혼자서 무척 가난하고 힘들게 살아왔는데, 지금에 이르러 아들이 성공하고 편안히 지내는 것만 들어본 이들이 간혹 나를 찾아 무언가 시원한 방법이라도 듣고자 한다. 하지만 대체로 그런 이들은 자기가 아닌 다른 것에 모든 원망을 돌리고, 노력도 하지만 원망과 한탄이 더 많고, 어느 날 운 좋은 어떤 것이 떨어져 주기를 바라는, 마치 복권 당첨되기를 바라는 이들이니, 내가 그런 이들에게 시원하게 들려줄 말이 거의 없음은, 같은 가난함 속이지만 살아가는 처세나 정신상태가 피차 다르기 때문일 것이다.

자기를 내던지다시피 노력하고 사는 사람, 부모를 위해 자식을 위해 혹은 병든 남편이나 아내를 위해 자기는 거의 잊어버리고, 자기를 잊어버리고 있다는 것조차도 인식 못하고 그들만을 위해 온갖 노력을 다하며 사는 사람들은 누구를 원망하고 탄식할 사이가 거의 없다. 식구들 앞에서는 그렇게 힘들지 않은 듯이 천연스럽지만 아무도 없는 골목에서는 너무도 힘들어 그냥 줄줄 눈물을 흘려본 사람이라면 내가 슬쩍 던져주는 듯한 말이라도 가슴이 툭 터지는 것 같은 시원함을 느끼고 저절로 눈물이 펑펑 흘러내릴 수 있는 것은 내가 그렇게 하고 살아온 바탕에서 하는 말이기 때문일 것이다. 그들과 나 사이에는 특별한 소개나 설명이 필요 없는 것이다.

석존께서 "글이나 말을 통해서 알아들은 것으로는 남을 가르치지 말라. 스스로 직접 경험을 통해서 안 것으로만 남을 가르쳐라"고 하신 그 뜻을 거듭 다시 새겨보아야 할 필요가 있다. 내가 직접 부딪쳐서 얻어낸 삶의 지혜는 굳이 유식한 단어를 빌리지 않더라도 자신 있게 타인에게 설명해 줄 수 있는 것이다.

우리의 일상생활에서 일어나는 크고 작은 모든 것들에서 얻어 배우는 진리들이 그렇게 많은 데 놀라지 않을 수 없다. 그러니까 우리의 삶의 과정은 좋은 일이건 나쁜 일이건 간에 그 모두가 우리에게는 살아 있는 교과서이다. 힘들고 어려우면 그만큼 더 깊은 진리의 가르침이 숨어 있다. 보통 시시껄렁한 것들까지도, 비록 우리가 별것도 아니라고 지나쳐 버리지만, 그 속에는 아주 깊은 뜻이 숨어 있는 것이다.

일단 오늘부터 '나도 마음수행을 시작해 보겠다' 하고서 내 주위를 둘러보라. 조금은 쑥스러운 것도 같지만 그래도 무언가는 모르게 조심이 앞서는 것을 느끼게 될 것이다. 조심하는 마음으로 옆을 보게 되고, 진실로 자기도 모르는 사이에 남을 돕고 싶은 손이 슬며시 뻗어 나가게 된다. 그 전에는 길가의 거지 아이에게 별생각 없이 동전을 던져 주던 것도, 내 마음을 조금 바꾸고 보니 그들에 대한 연민의 정이 일고 던져주는 동전도 살며시 놓아주는 자세로 바뀌게 되는 것이다.

관심을 갖고 주시하는 것과 관심 없이 주시하는 것은, 같은 것을 보더라도 그때그때의 환경이나 마음상태에 따라서 다르게 보이는 것이니, 정신을 차리고 사는 것과 정신을 놓아두고 사는 것이 절대로 같을 수가 없는 것이다.

수행 과정이나 수행 방법에는 여러 가지의 길과 계단이 있다고 한다.

나는 원래가 늦게 시작한 공부요, 시원치 못한 육체적인 조건을 갖고 있으니 남과 더불어 이런 것 저런 것 가릴 여유가 없다. 그저 내가 받아들인 석가모니 부처님의 가르침을 그대로 따르고 수행을 이어 가는 거북이의 걸음마를 하기로 하며 조급한 마음을 갖지 않는다. 또한 특별한 사상이나 족보를 따지지 않고 그냥 순수하게 최초의 부처님의 가르침에 따르고자 하는 마음뿐이다.

내가 부처님을 처음 만나게 된 인연은 태국의 마하짜끄리시린톤 공주의 책 번역으로 인해 시작된 『법구경』 공부에서다. 불교와의 인연 시작부터가 초기의 가르침이었기 때문인지 나는 부처님 초창기의 가르침들을 더 좋아한다. 훗날에 나타난 어떤 유명한 조사나 스승들과는 달리 오로지 순수하고 너무도 겸손하게 진실로 사람들을 일깨워주고자 하는 그 열정을 느끼게 하는 석존의 가르침에 머리 숙이고 존경하는 마음뿐이다.

사람들은 흔히 어린아이들도 다 알고 있는 이야기라고 하기도 한다. 그러나 그것을 직접 실천에 옮기면서 살아보라 하면 쉽다든지 다 알고 있다든지 하는 말을 그리 쉽게는 못 할 것이다. 잘 나가는 듯하다가도 금방 낙제생이 되고 마니, 또 다시 시작하는 초년생이 되어 그렇게 계속하여야 한다. 석존이 우리에게 보여주신 그 길을 한 걸음이라도 따라 나서려는 그 마음이 바로 수행의 시작이라고 본다. 어떤 때에, 어떤 계기에 "아, 그랬었든가?!" 하면서 매우 순간적으로 한 찰나에 눈이 번쩍 떠지는 때도 있다.

돈오돈수(수행의 단계를 거치지 않고 번뇌망상을 한순간에 모두 털어내고 즉시 완전한 깨달음에 이르는 것)니 돈오점수니들 하지만, 그런 것은 천재들의 이야기겠고, 나는 평범 중에도 평범한 보통의 인간으로서 점오점수(단계를 밟아 수행을 하여 높은 경지로 나아가서 점차로 득도하는 것)에 더 매달린다. 점오점수인들 어디 쉬운 길인가. 천만의 말씀이다. 자기를 너무 낮출 필요도 없겠지만 분수 없이 붕 뜨는 것은 더 난처한 일이다. 돈오돈수라 해도 그 많은 전생의 역사 위에 있을 테니, 많은 자량의 축적이 시절인연을 만난 것이 아닐까 한다.

설령 내가 돈오점수의 선에 올라 있다 하더라도 나는 점오점수의 마음으로 아무런 조급함이나 실망을 갖지 않고 넘어지면 다시 일어나서 나의 자량 쌓기를 위해 한 계단씩 밟고 올라가련다. 어느 날 갑자기 뜻밖에 왔다는 것보다는, 어렵고 피나는 과정을 지나서 드디어 이루어진다는 것이 더욱 내 마음에 편안한 느낌을 준다. 알려지는 순간은 퍼뜩이라도, 거기까지 이르는 데는 역시 길고 긴, 많고 많은 노력이 있음이 분명하다. 작고 조그마한 생활의 깨우침들이 쌓이고 모여 가며 그렇게 계속해서 수행을 몰고 나가다 보면 어느 생에선가 내게도 '쨍' 하고 빛이 날 때가 있으리라고 굳게 믿으며 거북이처럼, 곰처럼 병든 몸으로 밀고 나가는 것이다.

문득 무엇인가를 알게 되었을 때는 왜 그리도 기쁘고 황홀한가? 그것은 그동안 그것을 알고자 마음을 다 기울여 혼자서 진지하게 노력해 온 고생의 과정이 있어서 더욱 그러할 것이다. 모방할 수도 없고 그냥 후딱 설명해 줄 수도 없는, 반드시 본인이 직접 닦고 수행하는 피나는 노력의 과정이 있어야 하며, 그로 인해 자량이 쌓여 가면서 스스로가 취득해 낼 수 있는 것이다. 그러므로 그것은 더욱 가치가 있고 영원하고 불변하는 진리의 가르침이다.

점오를 했건 돈오를 했건 간에, 우리가 숨을 쉬고 사는 한 계속 수행을 꾸준히 해 나가야 하는 것은 우리가 복잡다난한 인간의 삶 속에서 살고 있기 때문이다. 또한 돈오와 점오는 무 잘라내듯이 그냥 딱 잘라낼 수도 없는 것이다. 서로 얽혀 있는 관계에서 나와 인연이 닿는 쪽으로 열심히 수행 길을 따를 뿐이다.

이상은 점오와 돈오에 대한 나 개인적인 생각이고 의견일 뿐이다.

불교는 신앙과 실천으로서 참다운 존재를 깨닫고 확고한 안심을 얻는 것을 목적으로 하며, 특히 체험적인 자각을 이루어 나가야 한다. 불교는 단순한 이론적 사상이 아니라 실천적인 종교이다. 백 번을 말해도 우선 실천이 앞서야 한다는 가르침이다. 진리를 이론적으로만 해명하는 것이 아니라 자기의 주체적인 존재를 변혁시키며 또한 향상시켜 가는 것이다. 그래서 더욱 부처님의 가르침을 항상 생활화하는 정신이 필요하다고 하는 것이다.

| 법정 스님과의 인연

이제는 근 이십여 년이 넘어가는 이야기이다.

파리에 길상사가 생기기 전이었다. 내가 처음으로 파리에서 법정 큰스님을 만나 뵈었을 때에, 스님께서는 큰 병으로 몹시 괴로움을 받고 있는 나에게 "병을 두려워 말고, 함께 벗하는 마음으로, 같이 잘 지내시오"라고 하셨다. 그때 나는 스님의 그 말이 너무 의아했다. '어떻게 이 괴로운 병과 벗하며 지내라는 말인가? 이건 이 괴로운 병을 너무도 모르는 사람의 말이다. 교단 위에 선 선생님과 같은 소리가 아닌가?!' 하면서 속으로 어찌나 섭섭했는지 모른다.

그때까지는 스님께 전화로만 인사를 드리고 또 말씀을 듣곤 했었는데, 마침 파리에 있는 한국문화원에서 스님의 법문을 듣고 나서 전화를 드렸더니 "현품대조를 하자"고 하셨다. 스님의 말씀에 들떠서 무언가 시원한 청량수를 기대하는 마음을 갖고 병든 몸으로 부축을 받으면서 찾아갔던 나는, 병자의 어리광을 몰라주시는 듯한 스님의 차분한 그 말씀이 너무도 섭섭하여 머리에서 떠나지 않고 계속 맴돌았다. 그러니 그걸 생각하고 또 생각하고……, 그러던 어느 날 스님의 그 말씀의 뜻이 내 가슴에 탁 와서 닿는 것을 느꼈다.

우리들 인간은 자기에게 닥쳐오는 것을 하나도 피하거나 도망갈 수 없는 그런 운명에서 살고 있다. 그런데 닥쳐온 괴로움에 슬퍼하고 원망하면서 살아가면 괴로움만 더 키워가게 된다. 이러지도 저러지도 못하는 것이라면 차라리 내 가슴을 확 열어 제치고 '오고 싶으면 와라. 너 나하고 함께 뒹굴면서 끝까지 남을 수 있는 놈이 이기는 것이다'라든지, 혹은 '그래 이왕에 왔으니 나하고 조용히 함께 살아보자'라든지 하면서, 마치 내게 팔이 붙어 있고 다리가 붙어 있듯이 너도 나의 일부로서 함께 지내보자라고 하면, 괴로움도

으레 그렇다는 듯이 덤덤해져 간다.

실은 이와 비슷한 생각을 이미 방콕에 살 때부터 갖고 있어서, 어린 아들에게 "천당에 가느냐 못 가느냐의 문제는 우리가 염려할 문제가 아니다. 다만 너와 나는 오늘 우리에게 주어진 일에 너는 너로서 나는 나로서 최선을 다하는 것이다. 그러면 천당 가는 결정은 저 위에서의 문제니까……." "그런데 그건 어떻게 해야 하는 거야?" 하고 묻는 아이에게 "너는 학생으로서 그리고 엄마의 아들로서이고, 나는 네 엄마로서 그리고 우리 둘의 생활을 책임지고 있는 사람으로서이다. 어차피 우리에게 온 가난과 불행은 피할 수가 없지 않겠니? 그러니 우리는 그 속에서 순종하고 착하게 열심히 사는 거야. 그럼 후회될 어제도 없겠고, 오늘도 열심히 사는데 그렇게 나쁜 내일이 또 오겠니?" 하면서 가난한 생활을 이어올 수 있었던 생활철학이 있었다. 그런데도 막상 내 육신에 오래 달라붙은 '병마'를 놓고는, 첫째로 자유로이 움직일 수 없고, 둘째로 기운이 부족하여 일을 해내기가 정말로 힘이 들고 까마득하여 냉정성을 잃고, 그 속에서 허덕이고만 있었던 것이다.

바로 이런 때에 큰스님의 그 말씀이 나를 다시 눈뜨게 해주었던 것이다. 무얼 좀 아는 듯하다가도 그것이 아직은 완전한 상태가 아니기 때문에 문제가 바뀌면 또 다시 삐딱해져서 잘못 나갈 확률이 있는 것이 우리 인간이다. 마음의 눈을 항상 반짝 뜨고 있지 않으면 다시 스멀스멀 어두워질 수가 있다. 지금도 힘들고 기운이 없어 답답하지만 '병아, 네가 있어 내가 나를 안으로 들여다볼 수 있게 되었으니, 네가 내 도반이냐 아니면 내 스승이냐? 하여간에 네 덕으로 항상 밖으로만 뻗쳐나던 내 마음의 눈을 안으로 내려다볼 수 있는 버릇으로 바꾸게 되었구나'라고 생각을 돌리고 보니 그리도 원수만 같던 병이 그냥 함께 지낼 만하다. 어떤 면에서는 '외향적이고 성취적인 성격의 나를 안으로 끌어들이게 하는 큰 몫을 이 병님들이 담당해 주었구나' 하고 느껴졌다.

"법정 큰스님,

저의 미련함을 용서하여 주시기를 간절히 바라옵니다. 그러나 늦게나마 스님의 가르치심의 참뜻을 따라갈 수 있었음으로 인해 저의 삶이 더욱 단단해졌고 편안함이 왔음을 또한 보고 드립니다. 진심으로 마음을 깊이 숙여 큰절을 올립니다."

༄

여기까지 쓴 원고를 스님께 보내드렸다. 그리고 파리 길상사의 10주년 행사에 오신 스님께서 보기 드문 미소를 지으시면서 내 글을 잘 받아보았다고 하시는데, 나는 스님의 빡빡한 시간 짜임에만 신경이 쓰여서 스님의 말씀을 충분히 차분하게 받들지 못하고 서둘러 그 방에서 나왔다. 이것은 내 일생일대의 가장 큰 실수였다. 정말로 안타깝고 후회되는 이 실수는 가슴을 쥐어뜯고 싶다. 그리고 그것이 스님과의 마지막 대면이었다.

2010년 3월 잠시 귀국길에 올랐던 나는 비가 무척 많이 오는 날에 성북동 길상사에서 스님의 삼재에 참석할 수 있었다. 빈소에 모셔진 스님의 모습을 쳐다보니 가슴이 탁 하고 막히는 듯, 멍하니 서서 눈물만 흘리며 다른 것은 보이지도 않았다. 삼배를 올리며 '스님께서 먼저 가실 줄은 정말로 몰랐습니다. 정말로 몰랐습니다.'

4월 28일 길상사에서 새벽 다섯 시에 떠나는 버스를 타고 다섯 시간을 달려가서 전라도 송광사에서 거행된 스님의 49재에 참석했는데, 또다시 '스님께서 이렇게 먼저 가실 줄은 정말로 몰랐습니다' 하면서, 꽤나 많은 눈물이 그냥 저절로 줄줄 흘러내렸다.

빳빳하고 꼿꼿하시던 그 모습이 눈에 선하게 떠오르면서 근래에 보기 드문 우리 모두의 큰 스승님을 잃은 슬픔이 가슴 깊이 저미어온다.

❧

어떻게 구원의 길을 찾아 나설 것인가?

어떻게 자각을 깊이 할 수 있겠는가?

자각이 정말로 이루어졌을 때, 인간은 비로소 자기의 진정한 인생을 발견하는 것이다. 적어도 인간은 스스로 한 일에 대해서 반성할 수 있는 능력을 가지고 태어났다. 여기서 조금만 더 신중하게 자기의 삶을 안으로 들여다보는 훈련을 하다 보면, 공과 무아의 실태를 자기 나름대로 서서히 이해할 수 있게 된다. 그러면서 자신의 비뚤어진 인식의 구조를 '아차, 아차' 하면서 반성해 나갈 수 있다. 마치 걸음마를 처음 걷는 아기가 비틀비틀 걸음을 익히는 것처럼, 어느 때는 썩 잘나가는 듯하다가도 넘어지고 말지만 그래도 그 자리에서 또 다시 스스로가 일어나야 하는 것이다. 참으로 한심스럽고 부끄럽고 속이 막 상하더라도 거기서 그냥 주저앉으면 어렵다. 반드시 그 자리에서 스스로가 다시 일어서야만 한다. 다시 결심하고 다시 챙겨서 또 자기 자신을 들여다보면서 마음의 고삐를 단단히 잡아야 한다. 믿을 수 없을 정도로 도사리고 앉은 나의 이기심에 어이없고 놀랍고 부끄럽고 화도 나고, 그 대단한 이기심에 스스로 경탄할 때가 많다. 그러한 자기 자신을 있는 그대로 매일매일 들여다보며 닦아 나가노라면 보일 듯 말 듯 무언가 변해져 가는 것이 있음을 스스로가 느낀다. 항상 주의하며 오직 자기 자신을 지켜보는 것, 그러면서 마음의 흐름을 조종해 나가기에만 전념해야 한다.

내 생활 속에 있었던 이야기다.

내게는 손녀가 하나 손주가 하나 이렇게 둘이 있는데, 아이들의 엄마는 프랑스 본토배기다. 그러니 나는 그 아이들과 불어나 영어로 대화를 나눈다. 그래도 나는 설날이 되면 반드시 아들, 며느리, 손녀, 손주들에게서 세배를 한국식으로 받는다. 할머니 된 마음에 내 손녀와 손주에게 전통적인 한복을 해주고 싶었다. 그것도 내손으로, 옛날 우리 할머니처럼. 물론 나는 한복을 만들어 본 적이 없다. 그러나 '하면 된다. 진실한 마음으로 하나하나 해나가자', 이렇게 마음먹었다. 설령 이 삶에서 못 끝내고 떠난다 하더라도 아이들을 사랑하는 할머니의 마음은 그러했었다.

2005년 가을에 귀국했을 때 조카딸을 앞세우고 동대문 시장에 가서 좋은 비단으로 옷감을 샀다. 그런데 조카딸에게도 거의 같은 나이의 두 아들이 있다. 내가 손녀와 손주를 위해 죽기 전에 기념이 될 한복을 만들겠다는 말을 했을 때부터 병중인 고모에게 말은 하기 어렵고, 그런 면에서는 전혀 무재간인 친정엄마에게 바랄 수도 없는 형편이니 그 부러워하는 마음을 나는 이미 알고 있었기에, "네 아이들 것도 해 줄게. 정말로 만들어질지는 모르지만……", 하면서 네 명 아이의 몫으로 옷감을 넉넉히 끊어 가지고 파리로 돌아왔다.

그 겨울, 그러니까 꼭 두 달 동안을 바지저고리, 조끼, 마고자, 두루마기를 세 벌씩에다 증손주를 위한 돌잔치용 한 벌까지, 사내아이의 옷 네 벌과 손녀의 치마저고리, 모두 다섯 벌의 한복을 성공적으로 만들어냈는데, 문제는 다음이었다. 옷을 만드는데 더 잘된 것도 있고 덜 잘된 것도 있기 마련이다. 특히 지호와 윤성이는 같은 나이다. 옷을 나누어 싸는데, 잘된 옷을 친손주에게 넣으려는 마음이 자꾸 일어났다. 금방 보따리를 꾸리지 못하고 며칠을 주저하였다. '내 어머니에게는 둘 다 똑같이 중요한 증손주야' 하는 노래를 계속 외우면서 어머니를 주인공으로 만들어 세우고도 며칠을 보냈다. 그래도 잘 되지를 않아 옷을 막 섞어놓고 눈을 외면하고 골라 넣었는데, 나는 어느 것이 어느 쪽에 갔는지 모르지만, 지금 돌아봐도 참으로 유치한 이기심의 유혹이고 장난이다. 마음공부 하면 너무 큰 것만 생각하는데, 실은 이렇게 유치하고 작은 것부터 매일 매일의 평범한 생활 속에서 키워 가고 이루어 가는 것, 그것이 기초이고 또한 단단한 반석이라고 본다.

모든 법은 마음에 의해 이끌리고 마음으로 성립된다. 더러운 마음을 가지고 언행을 하면 더러운 업이 생기고, 맑고 깨끗한 마음을 가지고 언행을 하면 깨끗한 업이 생긴다고 『법구경』에서 가르친다. 가지가지의 욕망이나 욕심이 일어나는 마음을 다듬어 가며 방향을 바로잡는 것, 이와 같이 주어지는 조건이나 길을 바꾸어 갈 수 있는 것은 자기 자신의 자유의지이다.

집중력과 관찰력을 바탕으로 하여 항상 나를 재검토해 가면서 내 마음을 다스려 가는 공부, 즉 수행의 길은 누구나 할 수 있고 우리들이 매일 매일의 생활을 해 가면서도 충분히 할 수 있는 닦음의 길이다.

인간은 지혜와 자유의지를 가지고, 또한 신구의에 의한 세 가지 업을 가지고 모든 것이 끝없이 변해 가는 과정 속에서 살고 있다. 업에 관한 이러한 이해가 가능할 때 비로소 연기의 법칙이 빛나고, 무상 무아의 원리가 인간형성의 원리로서 살아나는 것이다. 이처럼 현재의 업이 자기의 선택 여하에 달려 있으며, 인간의 자유의지는 그 선택에 절대적으로 참가할 수 있다는 것을 깊이 알고 이에 대한 책임감을 느끼고 있어야 한다. 책임감이 바로 내 정신의 기둥이다. 어떻게 생각하고 말하고 행동해야 할 것인가를 우선 알고 있어야 하고, 별 생각 없이 나오는 대로 아무렇게나 말하고 행동하는 것을 다시 뒤집어 생각해 보아야 한다. 그런데 인간은 가끔씩 자기의 자유로운 선택이 마음대로 되지 않는 현실에 부딪친다. 거기에서 인간은 자기가 의식할 수 없는 무엇이 함께하고 있음을 알게 된다.

"내가 원하는 바 선은 하지 아니하고, 도리어 원치 아니하는 악을 행하도다. 만일 내가 원치 않는 그것을 하면 이를 행하는 자가 내가 아니요 내 속에 거하는 죄이니라. 그러므로 내가 하나의 법을 알았으니, 곧 선을 행하길 원하는 나에게 악이 함께 있는 것이로다. 내 속 사람으로는 하나님의 빛을 즐거워하되 내 지체 속에서 한 다른 법이 내 마음의 법과 싸워서 내 지체 속에 있는 죄의 법 아래로 나를 사로잡아 오는 것을 보도다. 오호라, 나는 곤고한 사람이로다. 이 사망의 몸에서 누가 나를 건져내리. 우리 주 예수 그리스도로 말미암아 하나님께 감사하리로다. 그런즉 내 자신이 마음으로는 하나님의 법을, 육신으로는 죄의 법을 섬기노라,"(로마서 7. 19~25)

이러한 사도 바울의 독백은 그만의 문제가 아니다. 우리 모두가 갖고 있는, 여러 생에서 이루어 온 훈습된 버릇에서 빠져 나오기가 그렇게 어렵기 때문이다.

선을 원하는 자는 바로 본래의 나의 불성이요, 악을 행하는 자는 나의 오래된 삶의 훈습되어 있는 업으로 이루어 온 아성이다. 바로 현실의 내 속에는 진리를 탐구하는 본래의 불성과 아집과 훈습되어 있는 중생인 내가 함께 살고 있지만, 그러나 불성이 있는 한 언제고 우리는 진실에 눈을 뜨고 본래의 불성을 찾아 결국엔 깨달음을 얻고 깨침을 이루게 될 것이다.

어느 기독교 신자가 이 소리를 듣고 "아, 그러니까 불교에서도 성경의 말씀을 가르치는 면이 있군요" 한다.

"여보시요, 할아버지가 먼저요? 손주가 먼저요?" 했더니, 다행히 금방 알아듣고 피식 웃는다.

대학의 강단에도 섰던 사람, 이미 나이가 육십이 넘은 남자인데도 자기 중심, 자기 종교 중심으로만 매사를 우선 생각하는 습관이 어려서부터 배어 있어 이러하다.

그래서 가끔 기독교인들이 타종교에 대해서 상식 밖의 광기어린 추태를 부리는 것을 보게 되는데, 실로 가슴 아프고 부끄러운 일이다.

모든 업은 반드시 그 결과를 갖는데, 업이 그 과를 맺는 방법은 여러 가지다.

싫건 좋건 간에 인간은 누구나 삼세(과거, 현재, 미래)에 걸친 인과에 연쇄의 일환으로서 존재한다. 숙업이란 시간과 생을 초월하여 먼저 생의 업을 인으로 하여 맺게 하는 업과다.

오직 부처님을 따라가겠다는 정신 하나로, 조금씩이라도 바뀌어져 가야 한다는 결심으로 꾸준하게 밀고 나간다. 결과가 보이느냐 하는 것은 문제가 아니다. 그냥 나는 곰이 되어 공부하고 다져간다. '어머니가 하시는 공부가 무언지는 몰라도, 어머니를 지켜보고 있노라면, 어머니의 공부가 참으로 좋은 공부다'라고 느낀다는 아들의 평을 들었을 때, 나는 마치 백만 대군의 지원을 받은 듯이 기쁘고 용기가 났다. '그래, 내 아이들을 위해서라도 나는 더 공부하고 수행하고 아이들 앞에 부끄럽지 않은 모델이 되겠다.'

의식적으로 나 자신을 지켜보고 있노라면 우선 안정이 되어 가는 것도 같고, 화나는 일이 생겨도 의식적으로 심한 말을 피하고자 노력하고 있으며, 원래가 불같은 성격인데 꾹 누르고 삼키면서 화를 내는 것 자체를 많이 정리해 가고 있다. 하지만 이처럼 잘나가는 것 같다가도 후딱 놓쳐버리면 옛 버릇이 먼저 튀어 나가는 수가 더 많다. 실망이 크고, 물론 쉽다고 생각한 길은 아니지만, 한심할 정도로 계속 이어지는 나쁜 습관에서 놓여나기가 참으로 힘들다. 때로는 자신을 쥐어박기도 하지만, 질기게도 나를 구속하고 있는 숙업으로 인한 실수들은 계속 이어지고 있다. 이렇게 실망하는 것에 비해서 보이는 발전은 너무도 작고 정말로 작다.

그러나 그런 것에 신경을 쓸 필요가 무엇인가?……

언제 누구에게 보여주려고 들어선 길은 아니지 않은가……

쓴 입맛을 다시면서, 다소곳이 석존의 가르침을 따라서 계속 걸어가려는 이 마음이야말로 나를 편안하게도 해주고 용기도 주면서 꾸준하게 이끌어준다. 하루속히 무언가 깨쳐보려고 조바심을 내는 것도 어쩌면 제 분수를 모르는 욕심일는지 모른다. 처음에는 실망이 아주 컸으나, 그것도 자신의 능력에 대한 오해라 생각하니, 실망하던 욕심도 접어두고 소처럼 다시 일어나 계속 밀고 나간다. 때로는 나 자신에 대한 실망이 너무 커서 며칠씩 아무런 생각도 안 하고 영화관에도 드나들고 백화점에도 가보고 하면서 딴전을 펴보기도 하지만, 어느새 그런 것에 대한 흥미는 내게서 이미 없어진 것 같다. 결국은 공부하는 자리로 되돌아와 또다시 넘어져서 "아차차" 하더라도 다시 잡아 일으켜서 밀고 나간다. 이것이 요즈음의 내 생활이고 내 공부 방식이다.

나무 석가모니불!!!

❧

숨이 턱턱 막히는 것만 같던 어려움 속에서 어린 아들의 손을 잡고 살아오는 동안, 이 아이를 제대로 키워내겠다는 오로지 그 정신뿐이어서, 바로 그것이 내 삶의 테마요 목적이 되어 모진 어려움을 참고 견디고 전진해 온 것 같다. 지금 생각해보면 나도 모르는 사이에 꽤나 철든 삶을 골라 가며 계속된 고난들을 잘 받아넘기면서 꾸준히 다져온 자력이 생겨서, 중병이 든 지 이미 사십 년이 가까워 가는 육신을 가지고도 마음공부를 해갈 수 있는 자세와 정신력이 다져진 것 같다. 숨도 못 쉴 것 같던 그런 때는 "아이고 하나님, 나는 죽을 것만 같습니다" 하고 눈 꼭 감고 그 속에서 허우적거리며 오직 '이 아이를 위해 살아야 한다. 전진, 앞만 보고 또 전진' 하다 보면 그 문제가 해결이 되어 "후우" 하고 한숨을 쉬고 나면 어느새 또 다른 사건이 기다리고 있었다는 듯이 앞에 나타났다.

이런 식으로 어려움이 연속되는 삶의 씨름 속에서였지만, 내 옆에서 나만 쳐다보고 있는 어린 아들이 있어서 쓰러질 수도 없었고 또한 이 아이를 제대로 키워 내겠다는 고집, 그 하나의 목적 때문에 어떤 어려움이라도 내가 해결해서 밀고 나가야만 했고 또 그렇게 해왔던 것이다. 유별난 성격으로 그 당시 남녀노소를 막론하고 다 하는 일종의 경제 모임인 '계'라는 것도 내 성격에 맞지를 않아서, 동창계고 무슨 계고 하나도 든 것이 없으니, 돈을 꾸어 쓴다는 길은 아예 사방으로 막혀 있는 상태였다. 내가 스스로 생각해 보아도 누가 내게 돈을 꾸어줄 수 없는 위치에 내가 서 있다고 단정을 했기에 남에게 돈을 꾸어본 적이 없다. 없으면 굶고 걸어다닐지언정 돈을 꾸어서 쓴다는 것은 아예 내 머릿속에는 없는 이야기였다. 이처럼 외곬로 나가는 나에게 오는 그 어떤 어려움이나 힘든 것들을 피할 수 있는 방법이 따로 없음을 알게 되었고, 그렇다면 차라리 당당하게 두 팔을 활짝 벌리고 "나의 고난이여! 오라. 나와 함께 뒹굴어 보자! 이기는 놈이 일어설 것이다" 하는 것이 어려운 생활 속에서 스스로 터득하고 살아왔던 나의 길이었다. 잠 못 이루는 밤이면 옆에서 철없이 잘 자고 있는 아들의 엉덩이를 두들기면서 '그래, 네가 있어 내 어깨에 짐이 더 무겁다 하여도, 너는 나의 길을 바로 잡아주고 밀어주고 지켜봐주는 나의 큰 스승이구나' 하면서……

서른아홉 살에 벌써 이름도 모르는 병이 들어 외출도 잘 못했던 나에게 일거리가, 그 당시 그곳의 사정으로는 나만이 할 수 있는 그런 일거리가 우리 집으로 찾아 들어와 주면(태국에서 「아리랑」 영화를 만들 때), 나는 응접실에 자리를 펴고 길게 누운 채 말을 하고, 찾아온 이들은 옆에서 받아쓰는 그런 때도 있었고, 일에 대한 성취욕이 강하고 철저한 완벽주의라고 할까, 그런 성격 때문에 코피가 줄줄 흐르면 솜으로 틀어막고서라도 맡은 일은 그때그때 순간적으로 처리해야 하는 직감과 순발력이 필요한 일들이라, 일주일 혹은 열흘간씩은 불타는 것 같은 정열로 해치우고는 일이 끝나면 한 달간 또는 그 이상을 죽은 듯이 누워서만 지내야 하는, 어쨌든 그와 비슷한 인연으로 우리 모자의 삶이 기적처럼 이어져 올 수 있었다.

마음공부 하는 데는 무척 방해가 되는 나의 강하고 모진 성격이 그 어려운 생활을 해가는 동안에 나를 끈질기게 이끌어 주었고, 말로는 이루 표현할 수도 없었던 고난들을 참고 견디어 나갈 수 있는 끈기를 주었고, 없는 자의 약함을 나타내지 않고 고개를 항상 반듯이 들고 나갈 수 있는 자존을 지켜 주었던 것이다.

아들의 나이가 열 살을 전후할 때 나는 정말로 심하게 앓고 있었다. 정신없이 앓고 늘어진 나를 혼자 두고 학교엘 가야 하는 어린 것이 아파트 관리실에 나를 부탁하고 가면 관리인들이 가끔씩 들여다 봐주었는데, 나는 그것조차 의식하지 못하고 앓았다. 그때는 경제적으로 쪼들리던 때라 병원에 간다는 것은 엄두도 내지 못하고 지내던 시절이다. 그렇게 실컷 앓다가 조금 일어설 수 있게 되면 아이에게 용기를 주기 위해 학교엘 찾아갔다. 그러면 프랑스 선생님들이 내 건강 상태를 물어왔다. 아이의 표정을 보고 내가 또 앓는다는 것을 알았다고 한다. 태국 사람들의 인심도 좋았고, 아이의 학교를 중심으로 그곳에 살고 있던 프랑스 사람들의 관심과 사랑도 우리 모자에 대해 특별했었다. 아이가 학교에서 매년 일등의 자리를 지키는 모범생이라는 이유도 있었겠지만, 내가 일을 시작하는 날이나 행사 때에는 부탁을 하지 않았는데도 태국 사람들과 한국 사람들로 가득한 자리에 프랑스 학교의 선생들과 학부형들이 정장을 하고 십여 명씩 참석해 주어 자리를 돋보이게 해주곤 했다. 툭하면 쿠데타도 잘 일어나는 그 나라에서, 쿠데타가 생기면 이국인들은 거의 외출을 삼가고 집안에서만 지낼 때에도 프랑스 학교의 선생님들이 전화를 해주거나, 상황이 좀 더 심해지면 합칠 수 있게 준비를 하고 있으라고 일러주곤 했다.

외국에 있는 프랑스 학교는 반 사립학교 체제라 넉 달에 한 번씩 월사금 통지서가 날아온다. 집세와 함께 중복이 되는 달은 내가 거의 숨도 못 쉬고 지내야 하는 때이다. 프랑스 아이들을 위한 장학제도가 있는 듯했으나 우리는 프랑스 국적이 아니니까 아예 생각도 못하고 견디는데, 아이가 중학생이 되는 해부터 내 아들에게도 장학제도 혜택을 주겠다고 학교 쪽에서 자청해 왔다. 그 후로 아들은 그랑드에꼴을 졸업할 때까지 모든 학비와 경비를 프랑스 정부의 장학금으로 충당하였다. 우리가 프랑스로 이사를 온 후부터는 나의 병 치료 또한 프랑스 정부에 몽땅 의뢰하고 지낸다. 가난한 과부에게는 자식의 교육을 전적으로 보살펴 주는 것이 제일 고마운 노릇이고, 중병으로 앓아 누웠어도 돈이 없어 치료를 못 받고 죽는 날만 기다리고 있는 환자에게는 병원 치료를 제대로 받게 보살펴 주는 것이 제일 고마운 노릇이다. 그렇게 보면 우리 모자에게 은인은 누가 뭐라 해도 프랑스다!

나는 프랑스라는 나라에 너무도 큰 빚을 지고 있다.

이 빚 갚음을 반드시 해야 하는데, 그 생각을 잠시도 잊을 수가 없고, 이것은 또한 나의 깊은 염원이다.

우주 만물의 은혜인지, 우리 모자의 기도 덕인지, 나의 불같은 정신 집중력의 기 덕분인지, 하여간에 나도 모르는 힘에 의해서 아들은 성실하게 잘 자라 주었고, 잘 자리 잡아 주었다.

내가 부처님의 가르침을 맞이하여 거기에 따르는 마음수행을 하게 된 것은 우리 집안의 모든 어려움을 조용하게 풀어 나가게 하는 평화와 안정을 주었고, 외아들로부터 멀리 떨어져서 외국 땅에 혼자 살아가는 늙고 병든 노인이 된 나에게 그리 큰 문젯거리를 제기하지 않는 힘을 갖게 해준다.

하여, 꾸준히 마음공부에 들어서서 살 수 있는 것이 얼마나 고마운 노릇인가…….

어제도 오늘도 부처님의 가르침을 따라가려고 노력하다 보면 문득 청량수를 마신 듯 시원해질 때도 종종 있고, 가슴속으로부터 솟아나오는 기쁨에 산으로 뛰어 올라 "와!" 하고 소리치고 싶을 때도 종종 생긴다. 아직 다른 이에게 무언가 설명할 수 있는 힘은 없으나 나 혼자서는 천천히 그리고 꾸준하게 어떤 것이 조금씩 익어 가는 것 같기도 하다.

정진, 정진이다!

나무석가모니불!!!

❧

인간이 내적으로 성숙해 간다는 것이 얼마나 어려운가는 잠시라도 수행 과정에 들어서 본 사람은 알 수 있을 것이다. 수행이라니까 눈감고 좌선하고 앉아 있는 모습만 생각하지 말자. 일상적인 생활을 하면서도 계속해서 자기 자신을 잡아가면서 살아가려는 정신자세와, 밤에 잠자리에 들기 전에 오늘 하루의 나 자신을 점검해 보는 반추의 자세, 이 두 가지만 갖고 매일매일 자기를 잘 잡고 사는 자세도 벌써 훌륭한 마음수행의 길이라 하겠다. 거기다가 남을 생각할 수 있는 마음의 여유를 갖는다면 이것은 이미 보살행도 시작된 것이 아닌가?……

잘 나가다가 깜박 하면서 마음을 놓쳤다 하더라도 크게 실망하지 말고 다시 일어나 계속해야 한다. 거기서 실망하고 괴로워하는 것은 나 자신을 너무 높게 오해하고 있었던 욕심의 하나라고 본다. 또 일어나서 계속해 나간다!

나의 불교 공부는 거의가 침대에 누워서 하는 것이었다. 실질적으로 침대에 누워 앓고 있는 사람이 무엇을 할 수 있겠는가? 비록 앓고 있기는 하나 정신은 말짱하니, 누워 지내는 신세가 답답하고 짜증스러워 옆에 있는 사람들을 들볶는 경우가 있을 수 있음을 충분히 인정한다. 그러나 나는 누워서 앓고는 있으나 당장 당장의 생활비를 벌어야 했기 때문에 내 신세를 고민하고 짜증내는 것이 전혀 허락되지 않는 입장이었다. 오히려 잠시도 쉬지 않고 나의 능력이나 지식을 계속 쌓고 개발해 나가야 나를 찾는 일거리가 이어질 수 있는 형편이었으니, 나를 찾아주어서 하는 일도 있었고 또는 나만이 할 수 있는 일을 스스로 만들어 가면서 사느라고 정말로 다른 생각을 할 사이가 없었다.

그런데 내 평생에서 이렇게 앓고 누워 지낼 때, 옆으로 누워서 책장을 넘기면서 정말로 많은 공부를 열심히 하였고, 그때 한 그 공부 덕분에 그동안 먹고도 살았으며 오늘까지 병든 노인이지만 당당하게 살 수 있었다.

돈이 없어 병원 출입도 못하고 앓았지만, 나는 그때 병을 앓고 누워 있는 그 긴 시간을 절대로 헛되게 잃어버리지 않았다. 보다 착실하고 진지하게 내 자신을 키우고 개발해낸 것이다.

아들의 공부 때문에 파리로 옮겨 오게 되면서 그나마 방콕에서 내가 쌓아 놓았던 터전을 잃게 되니, 이곳 파리에서 나는 무엇을 해서 살아갈 수 있을까?……

생각 끝에 찾아낸 것이 하숙업이었다. 그때까지만 해도 한국 교포들 사이에 하숙하는 집이 없었다. 내가 좀 넉넉히 큰 아파트를 얻어서 하숙을 치면, 과연 그게 될 수 있을까?……

파리의 생활은 집세를 작게 내는 것이 돈을 버는 것인데, 그러다 하숙생이 없으면 집세는 어쩔 것이냐고들 주위에서 걱정을 해주었다.

사실 파리가 어딘가?

부부가 두 눈 부릅뜨고 일을 해도 살기 어려운 곳인데, 병까지 든 이 몸으로, 생소한 곳에서 이것저것 가릴 형편이 아니었다.

마침 적당한 집을 찾았는데 거기에 내어놓을 보증금이 내게는 없었다. 1988년 8월에 우리 모자가 방콕을 떠나면서 갖고 온 돈은 겨우 미화 3,500불이었다. 파리에서 처음 10개월 동안은 방콕에 살고 있는 프랑스 친구의 빈집에서 무상으로 살 수 있었으나 그동안에도 먹고 사는 데 기초적인 돈이 들었고, 내가 프랑스 말의 기초는 알아야 하니 언어 공부에 얼마를 쓰고, 그러다 보니 정작 집을 얻어야 하는 때에 보증금을 낼 돈이 없는 것이었다. 걱정하는 아들에게 "이제까지 엄마가 빈손으로도 잘 지내오지 않았니?…… 그러니까 이번에도 엄마를 믿어봐. 나는 해낼 거야. 염려 말고 네 의무인 공부만 해." 이렇게 큰소리는 탕 쳐놨지만, 이 생소한 파리 땅에서 말도 통하지 않는 형편에 어디를 찾아 나선단 말인가?……

정말로 보이는 것이 없었다. 그냥 앞이 캄캄했다. 지하철을 기다릴 때, 지하도를 걸을 때, 눈에서 눈물이 주루룩 하고 흘러내렸다.

어느 날 방콕에서부터 아주 가깝게 지내던 프랑스인 친구가 우리의 상황을 물어왔다. 나는 현실을 그대로 들려주면서, 집은 찾았는데 거의 희망이 없다고 말했다. 이 친구는 한 푼을 아껴 쓰며 살아야 하는 조그마한 월급쟁이일 뿐이다. 그런데 이삼일 후 이 친구한테서 전화가 왔다. 어릴 적부터의 친구가 은행의 간부직원인데 내 이야기를 하고 자기가 개인적으로 보증을 할 테니 돈을 꿔 달라고 해서 허락을 받았다는 것이다. 생판 얼굴도 보지 않은 사람이 내 친구의 말만 믿고 집세 석 달 치 돈을 보증금으로 걸어 주고, 또 집세의 네 배가 되는 월급을 받는다는 월급증명서와 세금증명서를 아파트 빌딩 주인 격인 회사로 들고 가서 직접 서명을 하는 그런 일을, 만나본 적도 없는 사람이 해준 것이다. 그녀의 보증이 이어져서 몇 달 후엔 거주증도 나왔다.

이것은 거의 믿기지 않는 경우일 것이다.

집을 얻고 이사를 한 후에 소문을 내니 약 열흘 후에 첫 번째 하숙생이 들었다. 그렇게 하숙업을 시작하였다. 오십이 넘어가는 그때까지 육체적인 노동이나 남의 밑에 있어 보지 못한 나로서는 아주 생소한 일이었으나, 앓고 누워서도 내가 할 수 있는 일이 있다는 것이 오히려 신기하고 고마웠다. 아침에 밥 차려주고 두 명의 하숙생이 회사로 나가면 거의 하루 종일 누워 지내다가, 오후에 슈퍼마켓에 다녀와서 저녁 준비를 해놓는다. 사이사이에 집안 청소를 하고, 하루 종일 늘어져서 앓고 지내는 몸으로 집세를 낼 수 있고 또 살아간다는 것이 얼마나 신기한가?……

여기서부터 나의 마음공부가 실지로 시작되었던 것이다. 이제까지는 세상의 지식이라는 것을 가지고 남보다 좀 앞선다고, 그것으로 다른 사람들 앞에서 혹은 위에서 살아왔는데, 이제부터는 내가 아들 같은 젊은이들에게 '선생님, 선생님' 하면서 그들을 위해 밥을 해 바치는 것이다. 나는 그때 이렇게 생각했다. '오늘까지의 나는 너무 거만했었어. 이제부터 내 손으로 백 사람의 밥을 해 바치는 것이다.' 그때까지의 나는 고운 사람과 싫은 사람을 아주 분명히 구별하는 성격이었다. 그런데 이때부터 '고운 사람 고와하고 미운 사람 미워말자'는 구호로 시작이 되어 나중에는 '고운 사람 고와하고 미운 사람도 고와하자'로 바뀌어졌다.

그때가 바로 88올림픽 후로 한국의 경제가 막 커져 가고 있던 때라 큰 기업체에서 선진국에 연수생들을 보내기 시작하였다. 연수생으로 온 사람들은 사무실 가까운 곳에 자그마한 호텔에 짐을 풀고 색다른 외국 음식으로 살아가야 하는 어려움들이 있었으나, 이곳에 살고 있는 교포들은 생활비를 줄이느라 식구 숫자보다 훨씬 비좁게 살아가는 형편이라 전혀 남의 식구를 받아들일 수 없는 살림들이었다. 그런 형편인데 내가 뚱딴지같이 하숙을 하기 시작한 것이다. 내가 얻은 집은 침실 두 개에 좀 널찍한 응접실과 자그마한 식당이 붙어 있는 부엌이 있었다. 방 둘에는 하숙생이 들고 우리 모자는 응접실에서 살았는데, 그때 내 아들은 프랑스 정부의 장학금을 받고 있었지만 아직은 '그랑드 에꼴'의 입학시험 준비 과정인 '프레빠' 코스를 하는 학교엘 다니고 있었다. 이 학교는 아침 8시 땡 하고 나서 일분만 늦어도 교실에 들어갈 수가 없다. 다른 학생들의 집중력에 방해가 되기 때문이다. 지각생은 교실 밖에서 한 시간을 기다리고 있다가 휴식시간이 되면 그때야 들어갈 수 있다. 그런데 이 학교의 학생들은 중고등학교 전 과정에서 일등의 성적과 선생님들의 강력한 추천서를 받아야 들어올 수 있는 수준이라, 여기서 한 시간을 빠진다는 것은 일반 대학에서 열 시간을 빠진 것과 같다. 하루를 빠지면 한 달을 빠진 것 같고, 일주일을 빠지면 도저히 그 과정을 따라갈 수가 없어서 스스로 여기를 단념하고 일반 공과대학이나 의과대학으로 옮겨 가기도 한다. 하나같이 일등생들만 모여서 아침 8시부터 오후 5, 6시까지 집중하여 머리를 짜내고, 집에 돌아와서도 밥만 먹고는 또 밤 12시까지 책상 앞에서 자세도 흐트러지지 않고 공부를 하여야 하는 그런 과정이다.

프랑스 사람들도 집안에 이 과정에 들어선 학생이 생기면 사람들의 방문을 삼가고 TV 시청도 삼가며, 심지어는 아예 조용한 곳에 집을 따로 얻어 아이에게 오로지 공부에만 전념할 수 있도록 하는 그런 코스이다. 말하자면 옛날 우리나라의 사법고시를 준비하던 학생들과 비슷해 보이지만, 학교에서의 생활은 훨씬 더 엄하고 군대 규율같이 냉정한 질서 속의 생활이었다. 어떤 때는 아들이 머리에서 열이 막 나면서 깨질 것 같다고 해서 내가 그냥 일반대학으로 가라고 타이르면 오히려 "그래도 엄마, 우리같이 가난한 집안에서 빨리 일어설 수 있는 길은 이 길뿐이야" 하면서 책에 매달렸다. "엄마, 엄마가 내 옆에 있어서 정말 다행이야. 만약 엄마가 옆에 없다면 아마 나는 이 공부를 계속해 나가기가 정말로 어려웠을 거야", 그러면서 잠이 들 때까지 내가 옆에 있기를 바란다. 공부 때문에 그렇게도 힘들어 하는 모습을 본 적이 없었던 나는 겁이 나서 정말로 아들이 일반대학으로 옮기기를 진심으로 원했었다.

이토록 힘들고 어려운 노력을 2년 동안 하고서도 그 유명한 그랑드 에꼴의 입학시험인 콩쿠르 시험을 치르는 기간이 약 한 달간 계속된다. 그랑드 에꼴 중에는 여러 계통의 라인이 있다. 대표적인 것으로 에꼴민느계, 에꼴셍트랄계, 고등사범학교계, 폴리테크닉 등등이 있다. 각 학교의 시험 날짜가 다르기 때문에 '프레파' 학교를 나온 학생들은 모든 학교의 입학 콩쿠르 시험을 골고루 다 치룰 수 있다. 한 라인의 시험 날짜가 사나흘씩 걸리고 한 과목당 시험 시간은 4시간씩이다. 하루에 두 과목을 치른다. 근 한 달간을 이런 시험을 치르고 나면 학생들은 마치 술 취한 사람들같이 비실비실 거의 쓰러져서 집에 온다.

각 라인당 일고여덟 개의 그랑드 에꼴이 매달려 있는데, 예를 들어 민느계의 입학 콩쿠르 시험을 치렀으면, 그 성적이 첫째 그룹에 들면 파리 시내에 있는 에꼴민느의 학생이 되고, 그 라인에서 두 번째 그룹에 들면 그 다음 학교인 에꼴뽕의 학생이 되고, 여기서 떨어지면 그 다음 학교로, 또 그 다음으로 내려간다. 에꼴 셍트랄계도 고등사범학교계도 모두 이와 같은 형식으로 학생들을 가려낸다. 자신에게 해당된 학교가 못마땅하면 일 년을 재수해서 그 다음해에 다시 콩쿠르 시험을 볼 수 있다.

이렇게 어려운 시험공부를 하는 아들을 나는 하숙생들과 함께 복작거리는 환경에서 지내게 한 것이다. 아들은 일요일이면 일주일치의 큰 시장을 보아다 주어야 했고, 말이 안 통하는 이유로 나의 병원치레까지도 신경을 써주어야 했다. 마치 외딴섬에 있는 아주 작은 고등학교에서 갑자기 서울의 명문대학에 들어간 것보다도 더 어려운 위치에서 헤쳐 나가야 하는 아들에게 나는 너무도 큰 방해만 되었던 것이다. 그뿐인가. 우리가 한국 여권을 갖고 있으니 군대 문제가 있어서, 그렇게 어려운 공부를 하고 있는 중간에 입영 때문에 학교를 빠진다는 것은 그대로 끝장이 되는 것이었다. 해외교포의 아이들은 부모가 영주권이 있어야만 군대 입영을 연기할 수 있었다. 그때까지는 우리가 프랑스 영주권이 없었고 태국 영주권만 가지고 있을 때라 그 영주권을 살리기 위해서 내가 일 년에 한 번씩 태국엘 다녀와야 하는 형편이었다. 원래가 앓고 있는 육신이니 금 방금방 움직일 수 없는 형편이라 여행기간이 근 한 달이 되어야 겨우 파리로 비실거리며 돌아오는데, 주로 여름방학 동안을 이용하였다. 방학이라 해도 잠시도 쉬지 않고 공부만 해야 하는 아들이 하숙생들의 밥을 해대고 또 집안 살림을 해주었다. 나는 아들에게 미안하고 가슴 아프고, 아들은 병쟁이인 내가 중간에 쓰러지지 않고 돌아와준 것만도 고마워했다.

다행히 아들은 콩쿠르 시험에서 첫 번째 그룹의 학교인 에꼴민느와 셍트랄파리 두 학교에 합격하였다. 두 학교가 성격이 달라 어느 쪽을 택해야 할지를 의논할 만한 한국 사람이 그 당시엔 없었다. 대사관에 물어도 역시 우물쭈물하는 형편이었다. 결국 이 두 학교의 졸업생들이 어느 쪽에서 일하는가를 알아보고서 아들의 전망에 맞는 쪽으로 택했다.

그랑드 에꼴 체제는 프랑스의 숨은 재산이라 할 수 있는데, 국가는 여기에 미래를 위한 투자를 하고 있는 것이다. 학생들은 일 년에 이십여 과목씩 아침부터 저녁까지 배우고 닦아야 하며, 모두 기숙사에서 생활을 한다. 모든 학교의 학비가 거의 무료인 프랑스에서 이런 학교 학생들은 상당한 월사금을 내고 다닌다. 아들은 공부하기에 충분한 장학금을 프랑스 정부로부터 받고 있어서 거기에 대한 걱정은 전혀 없었지만, 항상 '엄마, 내가 졸업할 때까지만 제발……' 하는 마음이었다.

하숙업을 하는 4년 반 동안에 시장엘 다녀오다 쓰러져서 구급차에 실려 가기도 두 번이나 했고, 넘어져서 애꾸눈 잭처럼 한쪽 눈을 가리고 살아도 보았고…… 하는 등등의 이야깃거리가 제법 있지만, 하여간에 하숙업으로 아들이 졸업할 때까지 내 생활을 유지할 수 있었다. 내가 시작한 하숙업이 되는 걸 보고 파리에서 교포들 사이에 하숙업이 시작되었다. 졸업을 몇 달 앞두고 아들의 결정에 의해서 나는 완전한 은퇴자가 되었는데, 내 손으로 백 사람의 밥을 해 바치겠다던 목표보다 작은 칠십팔 명의 밥만 해 바치고 끝냈으나, 내가 직접 다른 사람들을 위해서 육체적인 노동을 해본 적은 오직 그때뿐이었으니 나의 삶에서 진심으로 그때만큼 고맙고 뿌듯한 기억도 없다.

하숙업을 할 때에 나는 정말로 열심히 불교 교리 공부를 하였다. 밤에 꿈을 꾸어도 부처님의 꿈을 꿀 정도로 열심히 불교 교리를 공부했는데, 문제는 하나도 기억을 못한다는 점이다. 그렇게 감격하고 희열에 들뜨던 구절도 뒷장으로 넘어가면 거짓말처럼 전혀 기억이 안 나는 것이었다. 노트에 적어 가면서도 해보았다. 그래도 그때뿐 다음으로 넘어가면 다시 감감하게 되는 것이 신기할 정도로 싹 잊어버리니 누구 앞에서 입도 뻥긋할 형편이 안 되었다. 너무 속이 상해서 '이 공부는 나와 인연이 안 닿는구나' 하면서 그만두려고도 하며 불경 책을 내게서 밀어내었다. 그러나 앓고 누워 있는 내가 어디서 그런 기쁨을 맛볼 수 있을 것인가? 기억을 하고 못하고가 문제가 아니었다. 읽는 그 순간만이라도 세상에서 맛볼 수 없는 그런 기쁨을 가질 수 있다는 것으로 족하다 하고 다시 불교 공부를 이어갔다. 그런데 기억을 못한다는 것뿐이지 아주 아무것도 없는 것은 아니었다. 무엇인지는 모르나 가슴속 깊이 차오르는 것이 분명하게 있었다. 혼자서 차곡차곡 모여지고 익어 가는 것이 있으니 기쁘고 행복했다. 그러면 그렇지. 옳게 꾸준히 노력하는데 아무것도 없을 수는 없는 것이다.

아, 나무석가모니불!!!

불교 공부 삼십여 년이 훨씬 넘어가는 지금까지도 나는 불경의 문구들을 기억하는 게 별로 없다. 그러니 천수경 하나를 제대로 외우지 못한다. 그래도 옆에서 외우는 소리를 들으면 오히려 그 풀이는 속으로 하고 있다. 이것도 이해가 안 가는 일이다. 그러나 내가 만약 문구들을 외울 수 있으면 사람들 앞에서 또 얼마나 잘난 척하고 떠들어댈까? 그런 생각도 든다. 기억을 못하는 것이 오히려 내게는 좋은 일이다. 좀 더 속으로 익으라는 뜻이다. 힘든 어휘는 기억 못해도 마음 아픈 이들을 만나면 일상적인 생활의 용어로 위로해주는 속 밑천은 제법 쌓였음을 느낀다.

부처님의 가르침인 팔정도와 육바라밀(깨달음에 이르기 위한 보살의 수행으로 보시, 지계, 인욕, 정진, 선정, 지혜)을 통해서 수행을 하다 보면, 자연히 분별과 무분별의 세계를 알게 되며, 그것을 통해서 분별의 힘은 약해져 가고 무분별의 힘은 커져 가면서 찰나마다 일어나는 전체의 마음작용이 바뀌어 간다. 마음에서 우러나오는 의문을 하나씩 풀어 나가는 이 방법은 특별이 어떤 격식이나 순서가 따로 있는 것도 아니다. 그런 것으로 무엇을 어떻게 하겠느냐고 의문을 할 수도 있으나, 사실이다. 조용히 자기 마음을 들여다보면서 일어나는 의문들을 하나씩 풀어 나가다 보면, 나의 눈이 차차로 떠지기 시작한다. 깨닫기 위해서는 자기 자신 외에 어느 것에도 따로 의지할 것이 없다.

마음이 흐르는 대로 가면 깨달음의 길로 들어갈 수가 있다는 가르침이다.

"어떤 경우에라도 논쟁은 절대 금물이다. 반드시 논쟁을 피하라."

이 가르침 때문에, 툭하면 사람들 앞에 나서서 잘잘못을 잘 따지던 내가, 병든 노인으로서 그냥 입을 꼭 다물고 지나가야 하는 다소 억울한(?) 때도 있기는 하다. 그걸 그냥 콱 쏘아주어야 하는 건데, 하면서 침을 꿀꺽 삼킨다. 마치 할 말이 없는 것처럼……

"노여움은 마음의 평안을 휘젓는 가장 큰 독이니, 자기가 한 일에 오해가 생겼다 하더라도 절대 변명은 하지 말아라. 상대적인 대립의식이 있기 때문에 자기 변호가 나타나는 것이고, 자기 변호는 자신의 마음을 손상시킬 뿐만 아니라 상대의 마음까지도 손상시키는 행위이다"라는 가르침을 늘 가슴에 새긴다.

논쟁이란 사물의 일면만을 보고 있는 사람들 사이에서 성립되는 것이다. 사물의 전체를 관조하는 사람은 논쟁을 하지 않는다. 상대방이 하는 말은 사물의 일부를 본 것이므로 틀리다고도 할 수 없고 전적으로 맞다고도 할 수 없기 때문에 입을 다물고 마는 것이다. 깨달은 자의 입이 무거운 것은 바로 이런 이유 때문이다.

논쟁이란 수도 정진에 도움이 되지 않을 뿐 아니라 법을 구하는 데도 도움이 되지 않는다. 논쟁을 하다 보면 애초의 의도는 사라지고 상대를 이기는 것이 목적이 되고 만다. 수도의 관점에서 보면 상대방을 짓눌러 상대의 마음을 상하게 하는 것은 상대에게는 이겼을지 몰라도 자신에게는 진 것이다. 결국 자신의 마음을 다스리지 못했기 때문이다. 불안과 진에(화냄)를 없애고자 하는 수도자가 오히려 그것을 일으키는 논쟁에 휘말리는 것은 진리를 버리고 삿된 감정에 집착한 꼴이 된다.

논쟁은 사람에게서 자비의 마음을 빼앗을 뿐만 아니라 악업을 짓게 한다.

"도를 듣고 진흙탕 싸움에서 말하는 것은 덕을 버리는 것이다." (『논어』)

무엇보다도 부처님의 가르침을 생활화하는 정신이 가장 필요하다. 항상 주위를 보살피는 마음의 여유를 갖고, 매사에 고마움을 갖고 살아야 한다. 불교는 신앙과 실천으로서 참다운 존재를 깨닫고, 확고한 안심을 얻는 것을 최고의 목적으로 하며, 또한 불교는 단순한 이론적 사상이 아니라 실천적인 종교이다. 진리를 이론적으로만 해명하는 것이 아니라 자기의 주체적인 존재를 변혁 향상시켜 가는 방법을 찾아 행하는 것이다.

잠 못 이루는 밤에 어떤 생각이 문득 떠오르고, 이 생각을 계속해 가다 보면 어느새 미워하고 원망하는 마음이 생긴다. 그리고 그 생각을 계속하노라면 미운 마음이 점점 더 커져서 누워 있다가 벌떡 일어나 앉게 되고 야속하고 분한 마음에 눈물까지 나오게 되는데,

이를 따라가다 보면 결과는 뻔한 것이다. 여기서 냉정히 자신을 바로잡고 마음을 지켜보는 수행을 시작해야 한다. 마음을 계속 지켜보면서 그때 그것이 어떻게 해서 일어났는가, 혹은 '상대가 이런 말을 해서 내가 그렇게 했었지' 하면서 그때의 상황을 한 번 더 펼쳐가 보노라면 '내가 말을 좀 심하게 했었구나', 아니면 '상대가 그렇게 생각할 수도 있었겠구나' 이렇게 이해되고 나의 잘못이 떠오르면서 어느덧 그 뾰죽한 감정이 없어져 미워하는 마음으로부터 자유롭고, 부분적으로나마 평화로움, 비어 있음, 빈 마음을 경험하게 된다.

한 생각이 일어날 때, 한 번에 팔식이 모두 동시에 나온다고 한다. 단지 현행의 초점이 어디에 있느냐에 따라 달라진다. 오직 마음에 머물러야 한다. 객관적인 대상은 존재하지 않고 주관인 마음만이 존재한다고 인식함으로써 정신적인 에너지를 밖으로 방출하지 않고 자신의 내부에 묶어 두는 것을 말한다. 이렇게 하여 마음 이외의 사물은 존재하지 않는다는 것을 깨닫게 되는 것이다,

열 개를 다 배우고 열 개를 다 잊어버린다 해도, 가슴속에 남겨지는 그런 것들이 있어서 그렇게 억울해 하지는 않는다. 이렇게 생각하면 내 생활도 그냥 그런 대로 괜찮다.

아들네가 사는 홍콩엘 가게 되면 두어 달 가 있는 사이에 한 달은 방콕에 가서 지내는데, 한 번은 비행기 안에서 내 옆에 앉은 오십 대의 서양인 부부의 남편이 읽고 있는 책의 겉장이 언뜻 눈에 들어왔다. 얼마 지난 후에 서로 인사를 나누고 대화가 이어졌다. 그들은

캐나다에 있는 어느 대학의 부부교수로서 불교문화를 탐방하려고
2주간의 휴가를 내어서 태국을 방문하는 길이라고 했다. 읽고 있던
책은 『티벳 사자의 서』였다. 나보고 그 책을 읽어 보았느냐고 묻는
다. 물론 나는 읽어보았고 그것도 서너 번은 될 것이라고 하였더니,
자기네는 불교 공부를 시작한 지가 얼마 안 된다고 하였다. 그러나
그 속에 빠져드는 열정이 점점 강해져서 결국 불교 사찰이나 그 속
의 생활과 불교문화의 발자취 등등을 직접 찾아보고 싶어서 두 내
외가 함께 태국여행을 하게 된 것이라 하였다. 그러면서 나보고 왜
『티벳 사자의 서』를 그렇게 여러 번이나 읽었느냐고 물었다. 보다
시피 내가 나이가 많은 데다가 또 중병을 앓은 지가 오래 되어 죽음
이란 것을 그렇게 멀리 생각하지 않아 읽기 시작하였고, 읽어 가면
서 느낀 바에 의하면, 살아 있는 우리가 죽음을 멀리 생각하지 않고
항상 의식하고 있다면 죽음을 맞이하는 우리의 마음도 현명하고
편해질 것이며, 또한 죽음을 항상 잊지 않고 있는 그 마음은 오늘이
라는 이 현실을 함부로 가볍게 생각하거나 낭비하기 어려울 것이
고, 오히려 아주 알찬 현실을 살 수 있을 것으로 본다고 대답했다.
죽음이라는 문제는 살아 있는 우리에게 수행의 마음을 갖게 해주
는 안내자로서, 나는 지금도 이 책을 가까이 두고 있다고 했다. 불
어와 영어가 뒤섞인 데다 서양 사람들과 만난 자리에서 보통 대화
도 아닌 종교 이론에 대해 이야기를 하는데 별로 불편을 느끼지 않
은 것도 신기한 일이었다. 종교의 대화, 진리의 대화에서는 마음과
마음, 영혼과 영혼의 느낌이 보다 맑게 오갈 수 있다고 믿는다. 그
후에도 가끔씩 서양 사람들과 불교 이야기를 나누게 되는 경우가

있기에 내 기분이 그리 외롭지는 않다.

전에는 마치 고시공부나 하듯이 줄을 쳐 가면서 하던 공부인데, 요새는 그렇게 못한다. 책을 읽어 가다 보면 어느 문구에서는 그냥 탁 멎어버려서 앞으로 더 읽어 나갈 수가 없다. 어떤 때는 앉아 있을 수도 없어서 그대로 벌떡 일어서서 방안을 왔다갔다 하면서 열이랄까, 기쁨이랄까 하는 것을 좀 식혀야 했다. 이런 것이 어떤 때는 잠시가 될 때도 있고 또 어떤 때는 며칠씩 갈 때도 있다. 하여간에 이런 기분이 좀 가라앉아야 그 다음을 계속해서 읽어 갈 수가 있다. 그것도 이미 전에 줄을 쳐 가며 읽은 책인데도 느껴 가는 정도가 많이 다르다.

아들이 가끔 "어머니, 왜 집안에만 계세요? 파리의 생활을 즐기세요. 영화도 보시고, 박물관에도 가보시고, 전시회나 음악회에도 가보시고요. 어머니처럼 집안에만 계시면 세계에서 제일 아름답다는 도시에, 그것도 그 한복판에서 살고 있는 뜻이 없어지는 게 아닌가요?" 한다. '그런데 아들아, 내게는 파리보다 훨씬 더 황홀한 세상이 있어. 그곳에서 고요와 즐거움으로 살고 있으니, 인간들이 만들어 놓은 아름다움을 보고 감격하고 즐길 여유가 그리 없구나, 너의 마음을 모르는 바가 아니나, 내가 편안하고 무척 크게 즐기고 있으니 그것으로 족한 것이 아니냐?'

며칠씩 아파트의 문을 열지도 않고 그 속에서만 지내는 것이 보통이다. 그 속에서 아주 잘 지내고 있다. 불경도 읽어야지, 글도 써야지, 거기다가 또 내가 하는 일은 부처님의 모습을 그리는 작업이다. 그것은 일종의 나의 메디테이션인데, 보다 편안하고 조용한 부처님의 모습을 그려내는 것이다. 거기에는 어떤 기준이나 구도나 색채나 그런 것들에 대한 미술적인 기초 지식이 전혀 없다. 그냥 마음을 편안히 갖고 아무런 잡념 없이, 그 고요함, 원만함, 부드러움만 가슴에 새겨가면서 부처님의 모습을 그려 가노라면 사십 년이 다 되어가는 병쟁이의 육체가 아픔도 잊어버리고 하루를 덤덤하고 멀쩡하게 잘 보내면서 살게 된다. 찌그러진 마음으로는 그런 모습을 그려낼 수가 없다. 자연히 내 마음부터 차분히 가라앉혀야 한다. 그리고 나는 아주 맑은 마음으로 내 마음속의 부처님을 모셔 내온다. 건강하고 고요하고 평화스러운 미소가 은은히 퍼져 나오는 부처님들을 그려서 사방 벽에 걸어놓고 있으니 내 마음이 어떠하겠는가?……

이쪽 벽을 보면 눈을 살며시 뜨고 계신 부처님, 저쪽 벽을 보면 눈을 지그시 감고 계신 부처님, 사방 벽에 부처님들이 계시니, 어느 쪽을 보아도 내 마음이 편안해진다. 그러다 보면 나의 하루가 순식간에 지나가고 나는 그 속에서 즐겁게 살고 있는 것이다. 그런데 이러한 즐거움은 내 스스로가 기회를 만들어 가면서 찾아내야 하는 것이다. 현실적으로 나라는 사람은 이미 칠십의 나이를 훨씬 넘어 있고 몸에는 현대의학으로는 아직 고칠 수 없다는 병을 다섯 개나 가지고 있으면서 외아들과도 멀리 떨어져 이역 땅에서 혼자 살고 있는 형편이다. 서울의 동생이나 친구들은 혼자서 외롭게 살지 말고 귀국하라고 한다. 내가 아무리 외롭지 않다고 말해도 그들은 영 이해를 못 해 준다. 객관적으로 보면 그들의 말이 절대 틀린 것은 아니다. 그러나 인간의 삶이란 어디엘 가서 살아도 따지고 보면 모두가 그저 외롭고 슬프고 힘든 것이다. 어디엘 가서 살아도 살 만하고 편안하고 잘 지내는 것은 전적으로 나 자신에게 달린 문제라고 본다. 어느 때 어디서나 내가 어떻게 처하고 사느냐에 달려 있는 문제다. 병든 이 몸이 몸 아픈 타령을 하려면 끝이 없을 것이다. 그런데 나는 어지간해서는 내 속을 드러내지 않는다. 긴 병에 아프다는 소리를 해봐야 거듭되는 잔소리에 불과하고, 아무리 사랑하는 사람이라도 이해해 주기가 어려운 것은 서로 떨어져 있는 몸뚱이를 가지고 있기 때문이다.

나의 삶 속에서 일어나는 즐거움이나 괴로움이나 외로움은 내게 달려 있는, 나만의 숙제와 같은 것이라고 생각된다. 아무리 좋은 곳에 태어나서 남들이 모두 부러워하는 환경에 처해 있어도 본인이 슬프다고 생각하면 끝없이 슬픈 것이다. 아무리 어렵고 힘든 역경 속에서 살더라도 스스로가 개척해 가고 창조해 가면서 지내노라면 슬프고 외로울 사이가 없이 그냥 그대로 지낼 만하다고 느끼며 사는 것이다. 내가 나를 얼르고 달래며 살아가는 이 세상의 삶에서 살짝 좋은 쪽으로 조금은 바쁘게 살아가면 되는 것이다. 그러한 마음 자세로 세상을 살아갈 수 있는 사람이라면, 아주 작은 것에도 늘 감사할 수 있게 되는 복 받은 사람이다.

마음이 가난한 자여, 천국은 너의 것이로다!!

올바른 신앙을 가지면 어떤 결과가 있느냐 하는 것보다는, 올바른 신앙을 가지려면 내가 어떤 마음가짐을 가져야 하는가가 내게는 더욱 필요하다.

만나는 사람마다 나보고 집안에서만 지내지 말고 밖에 나가 산보라도 하라고 한다. 한두 번 들은 소리가 아니고 나 역시 그렇게 해야겠다고 마음을 먹고 언젠가부터 걷기운동을 시작하였다. 오늘은 여기서부터 저만큼, 내일은 저기서부터… 하면서 제법 산보가 습관이 되어가던 중인 2008년 5월 25일, 건널목에서 신호를 기다리고 서 있던 나는 갑자기 핸들을 잘못 튼 차에 들이받쳤다. 자동차가 나를 받는 순간에 파닥 하는 소리랄까, 번쩍 하고 빛이 지나가는 느낌이랄까 하는, 그런 것들을 글이나 말로서는 도저히 표현해 낼 수가 없다. 하여간에 그 순간 내 몸은 허공으로 떠밀어 던져지는 듯하면서 길바닥에 내동댕이쳐졌다. 이삼 미터 저쪽으로 던져진 것이다. 그런데 내 정신은 차가 부딪치는 순간이나 던져지는 순간이나 땅에 떨어지는 순간이나 마치 사건 기록을 해야 하는 사람처럼 하나하나가 또렷했다. '아, 나는 차에 치어 땅에 내동댕이쳐졌구나'를 느끼면서 옆으로 눕혀진 내 몸을 차분하게 반드시 눕혀보았다. 잘 눕혀졌다. 그 다음에는 손가락을 움직여 보았다. 괜찮았다. 발가락도 움직여 보았다. 역시 아픔이 없었다. 머리는 띵한 것 같은데 생각은 또렷한 것이었다. '아, 나는 죽지 않았구나. 자동차에 부딪쳐서 내동댕이쳐졌는데도 이만하다니……' 순간, 내가 그려내는 부처님의 얼굴들이 총천연색 그대로 휙 하고 마치 영화처럼 눈앞에서 지나가는 것이었다. 이미 백 장도 넘는 나의 부처님의 모습들이 길바닥에 누워 있는 나의 눈앞을 주마등처럼 휙 지나가는 것이었다. 나는 너무도 감격했다. '내가 매일같이 찾아 나서는 부처님의 그 온화함, 편안함, 고요함의 공부가 바로 이 순간에 땅에 내동댕이쳐지는 이 몸을 살짝 받아 주신 거다'라고 느끼니 온몸이 굳어지는 듯하면서 가슴이 떨려왔다.

내가 기독교를 떠난 원인 중의 하나는 언제나 '보호해 달라, 도와 달라, 인도해 달라' 하는 등등의 '해 달라'는 그런 기도를 하는 것이 부끄럽고 싫고 양심에 괴롭게 느껴졌기 때문이다. 불교로 종교를 바꾼 후에는 나는 무언가 해 달라는 기도는 절대로 안 한다. 대신 나는 '그렇게 하기를 기원합니다', 즉 내가 그렇게 하도록 '나를 밀고 나가겠습니다'이다. 옳고 바른 마음으로 온갖 정성과 노력을 다 하겠다는 결심을 하는 것이다.

우리 집안의 제일 큰 아픔이었고 시련이었던, 겨우 두 살 반이 된 손녀아이가 머리 수술을 할 때에 나의 기도는 '이 늙고 병든 몸의 생명이 어느 만큼 남아 있는지는 모르겠으나, 내게 남아 있는 기와 생명 그 모두를 나의 손녀에게 다 주어서 그 아이가 소생하는 데 보탬이 되기를 간절히, 간절히 기원합니다. 나의 남은 생명과 기를 나의 손녀에게 다 주고 그 아이의 병과 고통을 이 몸으로 대신할 수 있기를 간절히 기원합니다'였다. 어린 것이 당하는 아픔과 괴로움을 생각하면 기가 탁탁 막히는 상황에서도 이 이상의 할 말이 내게는 없었다. 그 말만 열심히 되뇌이면서 절을 해대었다.

내 몸이 사고를 당하여 길바닥에 던져져 있는 형편이었지만 보이지 않는 가운데 내가 받은 보호를 가슴 깊이 느끼면서 무한한 감사함에 심장이 마구 떨려 옴을 느꼈다. 어찌 한 집안에 좋은 일만 있을 수 있겠는가 하는 생각이 들면서, 우리 집안의 액운은 이 늙은 몸으로 모두 때우게 되기를 기원합니다.

　나무석가모니불!!!

　나무석가모니불!!!

　나무시아본사석가모니불!!!

〜

　왼쪽 팔이 불이 나는 것 같았고 왼쪽 얼굴이 얼얼해가고 콧잔등이 막 아려왔다. 아마 코뼈가 부러졌나 보다. 그때야 사람들이 나를 둘러싸고 모여든다. 계속 말을 붙여온다.

　그들에게 자동차는 어디에 있느냐고 물었다. 옆에서 삼십대 중반쯤 되어 보이는 서양 여자가 자기가 운전을 하였노라고 하면서, 두 아이들이 연상 말을 해대는 통에 대답을 하다가 그렇게 되었다고 용서를 빈다. 그녀의 옆에는 대여섯 살을 전후한 두 여자 아이들이 있었다. 내 며느리와 조카딸이 떠올랐다. 그녀들도 두 아이를 자동차에 싣고 운전을 하고 다닌다. 나는 그녀에게 "오늘은 나도 당신도 운이 대단히 좋은 날이요. 내가 이만하니 안심하시오."라고 했다. 길바닥에 누워 있는 이국 노인이 오히려 그녀를 위로해 준 것이다. 그리고 그녀는 경찰들을 따라갔고, 나는 응급차에 실려서 병원으로 옮겨졌다. 간단히 동네 산보를 나왔던 길이라 나는 빈손이었고 기억나는 전화번호도 없었다. 물론 아들의 전화번호야 기억을 하지만 먼 이국땅에 사는 아들을 부른들 그 아이를 당황하게만 할 뿐 결국 치료는 병원이 하는 것이 아닌가?

　차라리 혼자 사는 노인으로 행세하기로 했다. 그때부터 나는 병원 응급실에 누운 무연고자의 노인 신세가 되었다. 그런데도 마음은 이상할 정도로 편안했다. 다쳤으면 고칠 것이요, 병신이 되면 또 병신으로 살면 되는 것이다. 목에는 움직이지 못하게 하는 보호대를 감았고 화장실에도 갈 수 없는 신세가 되어 있는데, 무슨 배짱에 이 마음이 이토록 편할 수가 있을까?

좋은 것이건 나쁜 것이건 내가 받아 지녀야 하는 것은 피하지 않고 견디어 내겠다고 하는 각오와 정신으로 살기 때문일 것이다.

병원에서 X-레이도 많이 찍고 머릿속도 조사하고 할 것은 이것저것 다 했는데 다행히 뼈가 부러진 것도 없고 머리도 별 이상이 없다는 결과가 나와서 그 다음날 집으로 돌아올 수 있었다. 물론 내 꼴이야 말씀이 아니어서, 얼굴은 시퍼렇고 시커멓고 울퉁불퉁 마음대로 부어올랐고 어질어질하여 살살 비틀비틀, 정말로 불쌍한 모습으로 돌아오는 길에 만난 단골 약방의 눈 푸른 약사가 질겁을 하고 놀라면서 집까지 부축을 하여 데려다 주었다. 집에 돌아와서야 아들에게 전화를 했다. 그런데 내가 교통사고를 당했다는 소리를 듣자마자 여덟 살짜리 손녀와 다섯 살짜리 손주 두 아이가 크게 울면서 할머니가 퇴원을 했다는데도 울음을 그치지 않았고, 며느리가 전화를 걸어와 내가 직접 이야기를 한 다음에서야 울음을 그쳤다. 가슴이 찡해오는 일이었다. 이 소리를 전해 들은 내 동생이 "누나는 좋겠수, 누나의 상여 뒤에서 분명히 울고 따라갈 식구가 늘어서……"

그렇게 하면서 날짜가 지나가니 시커멓게 멍이 들었던 곳도 제 색깔이 돌아오고 울퉁불퉁 부어올랐던 곳도 그런 대로 가라앉아 가는데, 얼굴은 늘 부석부석하고 옆구리나 뒷날개 근처 늑골 쪽이 늘 결리고 편치가 않다. 물 떠다 줄 사람도 없이 혼자 사는 살림이라 내가 움직여야 하고 또 움직일 때마다 "아야야, 아야야" 하면서 살지만, 이 방 저 방에 걸려 있는, 내가 그려 모셔낸 나의 부처님들의 온화한 모습을 보고 있노라면 마음이 그냥 편안해지고 덩달아 조용한 미소가 떠오른다. "자동차에 치여서 내동댕이쳐졌던 몸인데 이만큼도 안 아플 수 있어?……" 그렇게 혼자 중얼거리면, 아픈 것도 그냥 견딜 만해지고 오히려 감사한 마음이 더 솟아오른다.

그리고 한 육 개월이 지난 후 경찰서에서 나를 불렀다. 얼떨떨해서 찾아간 나에게 교통사고 건을 말하면서, 치료비는 당연히 저쪽에서 지불할 것이며, 내가 그쪽에 손해배상도 청구할 수 있다고 했다. 외국인 노인이 모를까봐 자세히 설명을 해주었다. 나는 손해배상을 청구할 의사가 없다고 말했다. 그들은 정말이냐고 다시 물었고, 나는 역시 그런 의사가 없다고 대답했다. 그랬더니 그들은 내가 원하면 언제고 소송을 할 수 있다며, 그럴 때에 내가 찾아갈 곳과 도움을 청할 사람의 주소를 주었다. 이렇게 친절한 나라다. 프랑스는……

나는 이미 부처님의 상을 담뿍 받은 처지이니 또 무엇이 필요하겠는가?

나는 오늘도 부처님의 온화한 모습을 찾아 붓을 들었다.

'내가 한 마음, 한 정신으로 꾸준히 이 길을 닦아 가는 한 알게 모르게 편안과 보호 속에서 살 것이며, 또한 나의 마음이 좋은 일 궂은 일 가리지 않고 내게 오는 것은 함께 받아 살아갈 준비가 되어 있는 한 이생도 그냥 그대로 살 만한 곳이요, 극락도 될 수 있고, 천국도 될 수 있다'고 생각하면서.

나무석가모니불!

나무석가모니불!

나무시아본사석가모니불!

| 자비와 사랑

불교의 자비와 기독교의 사랑은 두 종교를 대변하는 가장 기본적인 실천 사항이다.

자비의 실천 영역을 인간에게만 한정시켜 놓고 보면, 불교의 자비와 가독교의 사랑의 근본적 정신은 거의 같다. 같은 종류의 인간을 한 몸으로 혹은 내 몸처럼 여기고 대하라는 것이다. 하지만 불교의 자비는 모든 생명체, 무 생명체, 우주 만물을 대상으로 한다는 점에서 다르다.

불교적 의미의 자기 사랑은 '자기의 소중함을 인식하고 자기보존과 행복을 추구하는 성향'이라고 할 수 있다. 불교에서 자기 소중함의 인식은 그 자체를 위한 것이라기보다는 타인에 대한 사랑과 관심을 권유하기 위한 전제로 이해하여야 한다. 자기 소중함에 대한 자각으로서의 자기애와 똑같은 논리 속에서 타인에 대한 관심을 이끌어내고 있는 것이다. 자기가 갖는 자기 사랑에 비추어 이웃도 그러한 방법으로 대해야 한다는 것이다.

자리이타(自利=자기에게 이익 되는 것, 利他=타인에게 이익 되는 것)라는 말은 자신과 타자를 동등하게 배려하는 동등배려의 원칙을 뜻한다. 윤회적인 원칙에 서는 자신과 타자를 동등하게 배려하되 '너는 너'이고 '나는 나'이다. 윤회적 원칙의 차원에서 '자리와 이타' 혹은 '나와 너'를 동등하게 고려한다는 것은 배타적 이기주의를 용납하지 않을 뿐만 아니라 자기희생도 용납하지 않는다는 뜻이다.

그런데 자기희생과 관련해서 경전은 이를 권장하여 자기희생적 이타를 권장하는 경우도 있다. 즉 부처의 전생 이야기에서(대승불교) 자기희생적 이타행위가 보살의 높은 도덕이념이 되고 있음을 본다. 카투만두 산속에 있는 '나모 붓다'의 이야기를 보면, 거기의 자기희생은 오로지 굶어 죽어가는 호랑이의 생명을 살려야 한다는 그것뿐이지 그 후에 그것으로 인해 이루어지는 어떤 것 따위에는 전혀 무게를 두지 않는 순수 그대로의 정신뿐이다. '먹는 자와 먹히는 자'의 구별이 전혀 없고 단지 죽어가는 생명을 살린다는 것 그 이상도 그 이하도 아닌 깨끗한 마음에서 우러나오는 자기희생이다. 그러한 것에 어떤 해설을 붙이는 것은 오히려 원래의 그 순수성을 잃어버릴 수도 있다고 본다. '…… 그렇게 해서, 그 결과로 …… 되었다' 하면 설명을 하고자 하는 센텐스는 되겠지만, 그것은 원래의 고귀한 순수함에 누를 범하는 설명이 될 수도 있겠다는 생각이 든다.

진실한 의미의 자기희생적인 이타행위는 그 결과에 어떤 중점을 보여서도 안 된다. 종교적인 보상을 기대하면서 하는 자기희생은 순수하다고 볼 수는 없다. 열반적인 사고의 측면에서는 자신과 타인을 하나로 보기 때문에 이타행이 곧 자리행이 되고, 자리행이 곧

112

이타행이 된다. 배타적이 아닌 이기주의는 수용될 수 있는 이기주의로서 역시 이타적인 것이며, 자기희생적이 아닌 이타주의는 수용될 수 있는 이타주의로서 자기 이익도 고려하는 것이기 때문이다.

윤회적인 삶의 방식은 자신과 타자, 그리고 자리와 이타라는 분별을 전제로 하지만, 열반적인 관점에서는 이러한 분별이 사라진다. 그리고 이것이 바로 자리이타의 이웃사랑의 전제이므로 진정한 이웃사랑은 분별적 삶의 구조와 사유를 탈피했을 때만이 가능하다. 이 같은 도덕 능력을 넓혀 가는 과정은 무아·연기·공·무상·불이(둘이 아닌) 등을 몸과 마음으로 익혀 가고 습관화시켜 가는 과정이다.

❧

신약은 자기사랑에 대하여 이중적인 태도를 보여준다. 자기존중, 자기보존, 혹은 자기유익을 추구하지 말라고 하여 자기사랑을 부정하고 있는 듯하면서도 도덕언명들이나 이웃사랑의 계명에서는 자기사랑을 내세우고 있다. 이러한 이중적 입장은 학자들로 하여금 신약의 어떤 부분에 주목하느냐에 따라, 또 동일 구절도 어떻게 해석하느냐에 따라서 신약의 자기사랑 인정 부분에 대하여 서로 엇갈리는 입장을 표명하게 한다. 신약은 자기사랑에 대하여 적극적으로 그리고 한결같이 옹호하고 있지는 않지만 또한 한결같이 부정하고 있지도 않다. 이러한 이중적인 방식으로 신약의 언명들과 이웃사랑의 계명은 자기사랑을 전제하고 있다. 기독교 윤리에서 "네 이웃을 네 자신의 몸처럼 사랑하라"는 이웃사랑의 계명은 자기사랑을 인정한다. 이 계명은 나와 나에 대한 사랑을 자연스럽게 인정하고 있으며 더 나아가서는 이러한 자기사랑을 이웃사랑의 구체적이고 실질적인 경우로 삼고 있다. 이웃사랑을 요청하되 나 자신이 나를 사랑하듯이 하라는 것이다.

기독교 윤리가 자기사랑을 사랑의 일부분으로 채택하지 않을 것이라고 주장하면서도 다음 세 가지 예를 보면 자기사랑이 절대 필요하다고 보겠다.

첫째, 인간은 하나님의 형상으로 창조되었기 때문에 누구나 사랑을 받을 가치가 있다. 둘째, 자기사랑은 다른 사람을 사랑하기 위한 기초이며, 셋째, 하나님은 우리를 사랑하시기 때문이다.

하나님의 인간에 대한 보편적 사랑이 자신과 이웃에 동등한 가치를 부여하므로 우리는 이웃은 물론 나 자신도 동등하게 사랑해야 한다.

사실상 신학적 관점에서 볼 때 자기를 올바른 방법으로 배려하는 것은 자기를 위한 것 이전에 하나님에 대한 섬김이라고 할 수 있다. 기독교의 이웃사랑의 원리는 동등한 배려를 제일원칙으로 삼고 있으면서도, 자신의 이익과 타인의 이익을 상하로 가려야 하는 경우에는 타인의 이익을 자신의 이익에 우선하는, 타인배려를 자기배려에 우선하는 자기희생의 행동원리이다.

이웃사랑의 제이원칙으로서 자기예속의 원리는 종이 주인을 섬기는 태도에 잘 나타난다. 신약에서 종이 주인을 섬기는 태도는 인간이 하나님을 사랑하여 섬기는 태도일 뿐만 아니라 이웃을 사랑하는 태도로서 표현된다. 인간을 섬기는 데 있어서 종과 같은 태도는 바울에 의해서 특히 강조된다.

"사람을 섬긴다고 생각하지 말고 주님을 섬긴다고 생각하라."(에배소 6,5~7)

나는 타인이 필요로 하는 것을 내주고, 자신의 이익을 구하지 않으며, 무슨 일을 하든지 다른 이를 기쁘게 하려고 애써야 한다. 왼쪽 뺨을 때리면 오른쪽 뺨마저 내주어야 하고, 자신을 박해한 사람을 사랑하는 태도를 예시한다. 이러한 자기희생적 행동은 예수에 의해 강조된다. 이러한 자기희생적 태도는 기독교 교리에서 예수의 십자가에서의 대속사건으로 그 절정을 이루고 있다.

그런데 항상 더 큰 보상이나 더 높은 차원의 결과를 가져오게 하는 자기희생, 항상 더 큰 보상이 약속되어 있는 희생, 이렇게 되는 자기희생적 이웃사랑은 종교적인 최고의 목적 달성으로 이어지는 것이 되니, 결국 자기희생적 행동은 자기성취적 혹은 자기실현적이기 때문에 역설적인 것이다. 이러한 자기희생을 진정한 의미에서는 참다운 희생이라고 보기는 어렵다. 그런 것은 역설적인 자기희생이다.

기독교에서 이웃사랑의 근거는 신앙에 근거한다. 이웃사랑이 요청되는 이유는 두 가지로 볼 수 있다. 첫째, 이웃을 사랑해야 하는 이유는 이웃사랑이 인간에게 내려진 하나님의 계명이기 때문이다. 둘째, 인간은 하나님의 절대적이고 무조건적인 사랑에 대하여 응답해야 하고 그 응답의 유일한 방법이 이웃사랑이기 때문이다. 일종의 도덕적 의무사항이다. 계시나 신앙을 통한 요청이라고도 말할 수 있겠다.

이렇게 이웃사랑의 관점에서 볼 때, 불교 윤리는 연기·공·무아·무상·불이 등을 토대로 삼고 있으며, 기독교 윤리는 하나님의 계명이라는 측면과 하나님의 사랑에 대한 은혜갚음이라는 측면에 기초한다고 하겠다.

여기서 중요한 차이점은, 기독교 사랑의 본질은 인간만이 그 대상인 반면, 불교의 자비는 인간 외의 모든 생물, 미생물, 모든 존재, 우주의 삼라만상 그 모두가 포함된다는 것이다.

우리는 모두 이웃사랑의 관계 속에서 살도록 요청받고 있다. 그리고 이웃사랑은 『금강경』에서 말하고 있는 것처럼 어떤 대상에 집착함이 없는 방법으로 전개되어야 하며, '선한 사마리아인'의 경우에서처럼 생면부지의 사람은 물론 원수까지도 적용되어야 한다.

| 어떻게 살아가야 하는가?

우리 인간은 한순간도 떨어질 수 없는 각자의 성품을 가지고, 성품의 지배를 받으며, 이 성품에 의해서 자신의 운명을 만들어 가고 있는 것이다. 그런데 이러한 성품이라는 것의 방향은 한순간도 행복에 대한 열망에서 떨어져 본 적이 없다. 또한 우리 인간은 한번 마음잡고 결심하면 모든 고뇌를 참고 견디며 옳고 바른 쪽으로 밀고 나가는 능력도 가지고 있다. 그래서 마음공부도 가능한 것이고 마음수련도 가능한 것이다.

"모든 악행을 하지 않고 모든 선을 따르며 자신의 마음을 청정히 하는 것"이 부처님의 가르침이다. 즉 인간에게 버릇처럼 습관화되어 있는 탐진치를 탐진치가 전혀 없는 성향으로 바꾸어 가는 것이다. 이러한 성품을 이루어 가려는 도덕적인 삶을 살 때 개인이나 사회나 국민의 생활이 진정으로 자유롭고 행복할 수가 있다는 것이 또한 부처님의 가르침이다. 불교의 모든 수행의 내용과 목표는 탐진치를 없애버리는 마음 닦음의 공부다. 그것은 또한 자비심을 키워 나가는 것이기도 하다. 물론 이러한 변화가 하루아침에 이루어지는 것은 아니다. 이것은 올바른 목표를 향해서 나아가고자 하는 변함없는 결심과 노력에 의해서만이 가능한 것이며, 자비의 성품을 형성해 간다는 것은 반복적이면서도 끊임없이 조금씩 조금씩 이어 가는 자기 변형의 과정인 것이다. 또한 행위에 대한 집착이나 그 행위 결과에 대한 기대를 떠나 인간 본래의 순수함으로 선행을 하라는 가르침을 주신 부처님의 뜻에 따라 그때그때의 상황을 고려해 가며 선행을 이어 가는 것이다. 그것은 가르침의 뜻을 항상 마음에 담고 꾸준히 계속해서 습관화되어 가는 노력에 의해서만 이루어 낼 수 있다.

열반을 얻는다는 것은, 악의 성향이 있는 사람이 자연히 도덕적으로 행동할 수 있는 사람으로 변형되는 것이다. 열반이 어떤 말로 설명되든지 이것은 오직 자기 노력에 의해 이루어지는 것이며 본래의 자기로 되돌아온 것일 뿐이다. 꾸준한 노력에 의한 점진적인 변형의 결과이다. 이러한 변형은 거기까지 오도록 수많은 삶과 노력을 이미 피나게 기울여 왔다는 것이고, 다만 그 오는 순간이 번뜩하고 순간적으로 오는 것이다.

인간은 자신이 처한 조건 속에서 자신을 변화시키며 형성해 가는 존재이다. 인간은 특히 올바른 목적을 설정하고 이를 달성하기 위해 자신을 능동적으로 변화시켜 궁극적으로 최고의 선을 달성할 수 있는 존재로 태어났다고 보아도 과히 틀리지는 않다. 다만 그것을 위해 어떻게 어느만큼 노력을 하느냐에 따라 차이가 생기는 것이다. 더욱이 인간은 선악의 개념과 관련하여 어느 한 쪽으로 결정되어 태어난 존재는 아니다. 분명한 것은 인간이란 항상 올바름을 지향하는 존재라는 것이다. 또한 인간은 스스로가 자신의 성품을 선택하고 변화시키고 만들어 간다. 자신이 자기 성품의 주인인 것이다. 불교에서는 아무리 나쁜 악인도 역시 자기 변혁의 가능성을 가지며 계기와 결단에 의해 질적 변화를 할 수 있다고 본다. 인간에 대한 근본적 신뢰를 어느 경우에서도 버리지 않는 것이다. 이것은 동시에 불교가 생각하는 인간존엄의 근거이다. 인간이 존엄할 수 있는 이유는 자신이 자신의 힘으로 자신을 변혁시킬 수 있기 때문이다. 스스로가 자기 변혁에 의해서 열반이라는 최고선을 달성할 수 있기 때문에 '인간임' 자체가 의미를 갖는 것이다. 요컨대 탐진치를 없애버릴 수 있는 성품을 완성하고 열반을 실현할 수 있는 능력, 즉 '아라한'이라는 지고의 존재로의 변혁 가능성을 갖고 있기 때문에 모든 인간은 '인간임' 그 자체로 존엄을 갖는 것이다.

오늘날처럼 모두가 얽히고설켜 살아가는 복잡다난한 사회에서 누구나 다 납득할 수 있는 윤리가 되려면 반드시 모든 사람들의 차이점들을 인정하고 더 나아가 상대를 존중해주는 습관이 잡혀 가야 한다.

무아와 연기설, 그리고 불성의 개념을 연구해 보면 불교의 상호 존중성을 알게 되고, 자비와 무집착, 방편의 뜻을 깊이 살펴보면 불교의 포용성을 충분히 알게 된다. 무아와 연기설은 나와 다른 존재들이 필연적으로 얽혀 있고 서로 의존하여 성립되는 어쩔 수 없는 '같은 하나'임을 부정할 수 없는 결론에 이르게 하고, 불성의 개념은 모든 인간들이 진실로 노력하면 깨달음에 이를 수 있다는 인간의 무한한 가능성을 보여주고, 이는 또한 모두가 함께 평등한 존재들임을 일러주며 '인간임'에 대한 무한한 자존심을 일깨워준다. 한편 불교의 자비, 무집착, 방편은 나 아닌 다른 존재에 대한 관용 내지는 포용(tolerance)을 전제한 개념들이다. 자비는 타인에 대한 포용이고 더 나아가서는 적극적인 배려를 요구하는 인간들의 삶에 대한 불교의 이상이고 이념이다. 무집착은 나만을 중심으로 생각하던 것이, 이러한 집착으로부터 벗어남으로써 타아를 나 자신처럼 생각할 수 있는 여유가 생기게 되고, 따라서 타아에 대한 포용이 저절로 이루어지는 것이다. 모든 사람이 서로 사랑하고 평화로운 사회는 인간이 계속하여 추구해 온 문제다. 그런 사회는 어느 누구에 의해 갑자기 어느 순간에 주어지는 것이 아니다. 우리 인간들이 주체적으로 노력하면 가까워지는 듯하다가도 노력이 시들해지면 그것도 슬며시 사그라드는 것이다. 인간의 끊임없는 노력만이 이러한 천국을 이루어 낼 수 있는 유일한 수단이라고 본다.

도대체 천국을 어디서 찾을 것이며, 누구에게 애걸을 할 것인가?

천국이 나의 결심과 노력 여하에 달려 있는 것이라면 원망할 대상도 없고 한탄할 운명도 없으니, 마음 도사려 누구나 한번 도전해 볼 만한 것이 아닐까?

| 아들에게 ①

　　사람이 한평생을 살아가노라면 참으로 굴곡이 많은 고난

　　들을 몇 번씩 지나오게 되지만, 훨씬 세월이 지난 후에 뒤

돌아보면 그것들 가운데 어느 것도 필요 없었던 것은 없더구나. 부

끄러웠던 일, 후회되는 일, 스스로도 용서하기가 어려웠던 일, 수없

이 억울하고 분했던 일……

　그것들로 인해 내가 그렇게 많이 아팠고 어려웠다 하더라도, 그

런 것들을 모두 다 원만하게 잘 보낸 지금, 그것들로 인해 얻어진

삶의 지혜, 인식의 지혜들이 오늘의 내가 철들어 가는 데 단단한 바

탕이 되어주면서 어려운 문제가 닥쳐와도 원만하게 견디어 낼 수

있었던 듯하다. 지금은 오히려 그것들에 대한 아련함을 느끼기도

하면서 용케도 그 어려움들을 잘 이겨낸 스스로의 노력과 인내에

기특한 생각까지도 드는구나.

　어떤 어려움이 닥쳐올 때, 그것을 남의 탓이나 원망으로 돌려서

는 절대로 안 된다. 남의 탓으로 돌리기 시작하면 원망하는 마음만

점점 커져 가고, 원망 속에 빠져서 원망만 하다 보면 그 문제를 해

결해 낼 수 있는 힘이 전혀 생겨날 수가 없고, 스스로도 그 속에 빠

져버릴 뿐이다. 물론 억울하고 분하고 죽을 것 같지만, 그런 감정에

주저앉지 말고 '내게 올 것이니까 내게 온 것이고, 내가 해낼 수 있

으니까 내게 온 것이다'라고 생각을 크게 돌려서, 이것을 나는 분

명히 해낼 수 있다는 정신으로, 비록 숨어서 울더라도 남들 앞에

서는 초조한 모습을 보이지 말고, 반듯한 자세와 정신으로 죽을힘

을 다 기울여 밀고 나가노라면 반드시 그것은 해결되기 마련이다. 이러한 어려운 때가 한평생에 한 번만 있는 것도 아니다. 어떤 때는 몰려들듯이 찾아오고, 또 다른 때는 차례를 기다렸다는 듯이 나타나고, 그러다가 잊을 만하면 또 슬며시 나타나기도 하는 것이 아마 우리가 살아가는 이 삶의 패턴인 것 같다. 그러나 그런 어려움을 몇 번 처리해 나가다 보면 또 찾아드는 다른 어떤 어려움도 '해결해 낼 수 있다'는 용기랄까 배짱이랄까 하는 '삶의 지혜'가, '커다란 지혜'가 쌓여져 있음을 스스로 발견하게 된다. 이렇게 쌓여져 있는 지혜는 평생 절대로 나를 떠나지 않고 나를 도와주는 '나의 참다운 진짜 힘'이 된다. 그것들이 진실한 보배인 것이다!!

닥쳐오는 어렵고 힘든 고난들을 죽을 듯이 허우적거리며 열심히 처리해 나가다 보면, 어느 날 뜻밖의 상도 주어지는 것을 나도 알고 있고 너도 잘 아는, 우리 둘이 함께 지내온 삶의 경험에서 보아온 것이 아니냐?……

나와 같이 그 힘들었던 세월을 아주 어린 나이에서도, 문제가 많다는 십대에서도 너는 너무도 잘 참고 훌륭하게 노력해온 사람이니까, 다만 요즈음 들어 우리 집안의 생활이 다소 편안하게 풀려 나가니까 혹시나 안이하게 생각할까봐 염려되어 한 번 더 상기시켜 두는 것일 뿐이다.

모든 어려움들은 우리에게 주는 아주 중요한 가르침의 뜻이었다는 것을 기억해라.

어느 날 인영이가 말하더구나.

"고모님은 옛날이나 지금이나 굉장히 현대적이시고, 유별나게도 당당하고 앞선 삶을 사시는 분인데 어떻게 몇십 년 동안 정절을 지키고 사실 수가 있었어요?……"

"웃기는 소리 하지 마. 정절은 무슨 놈의 정절이야. 내가 한눈 안 팔고 살아 온 것은, 오직 내 아들의 마음을 편하게 해주기 위해서일 뿐. 나는 내 아들이 의붓아버지의 눈치를 보고 산다는 것을 전혀 용납할 수가 없었어. 아무리 좋은 남자라도 의붓아버지는 의붓아버지인 거야. 그것이 오늘까지 내가 혼자 살게 된 이유라면 이유다."

아들아, 네가 있어서 내 삶의 짐이 훨씬 힘들고 무거웠다 하더라도, 네가 있어서 내 삶이 반듯할 수가 있었고, 분명한 목적의식으로 성실히 노력해 올 수가 있었던 것이다. 그래서 너는 나를 지켜준 은인이고 또한 가장 좋은 벗이었다는 것을 말하고 싶구나.

나는 살기 위해서 남의 눈치를 보지도 않았고, 살기 위해서 마음에 안 내키는 타협을 해본 적도 없었고, 아무리 힘들고 가난했어도 분명한 목표와 당연히 희생할 가치가 있다고 생각되는 것을 위해서는 바깥 생활에서나 가족 간에도 이해타산 같은 것은 상상도 안 하는 성격이었다. 한 번 말을 한 것은 내가 손해를 보더라도 책임을 지는 의리의 돌쇠 같은 스타일이었지…….

너는 내가 낳은 사람이니까, 너의 아버지는 아무런 사후 조치도 없이 세상을 떠났지만 내 목숨이 붙어 있는 한, 네가 스스로 독립할 수 있도록 모든 책임을 지고 가르치고 길러내야 한다는 것이 나의 결론이었고 삶의 목적이었던 것이다. 너무도 단순한 이유라고 할 수도 있겠지만, 그것이 사실이니까 나는 그렇게 살 수 있었고 중병 든 몸을 끈질기게 이끌어 올 수가 있었단다. 지금 생각하면 마치 전쟁터에 나서는 군인 같은 단순하고 돌격적이었던 것 같아. 하긴 대체로 그런 것이 내 성격의 중심이지만…….

어느 땐가 누가 "아드님이 잘 되어서 최 여사님이 고생해 오신 보람이 정말로 크겠습니다. 그런데 최 여사님 자신의 인생은 어떻게 되는 겁니까?……" 하는 거야.

'내 인생?……' 그 순간에 나는 선뜻 대답하질 못했어. 그때까지 내 인생이란 것을 따로 떼어서 생각해 본 적이 전혀 없었으며 상상도 해보질 못한 문제였거든……

그런데 너희 집엘 가서 손주 손녀를 내 앞에 놓고, 그 아이들이 안락하고 편안하게 자라는 것을 보니까 '아, 여기구나! 여기에 내 삶이 있는 것이구나!' 그러면서 성경에서 말하는 겨자씨 생각이 나더라.

바로 이 아이들 위에 나의 만족한 대답이 있고 보람이 있고 나의 인생이 있구나!

이제 내 나이가 칠십도 훨씬 넘어갔고, 육신이 도저히 내 뜻을 못 따라 오지만, 그러나 나는 그렇게 주저앉지는 않아. 늙었다고 노인 행세나 하고 세월만 보내고 있으면, 삶이 허무해지고 외로워지고 서글퍼지는 거야. 이제까지는 전생에서 지어온 업에 대한 숙제로 현생에 지워진 모든 의무 처리를 위해서 살아왔다면, 이제부터는 나의 내생(다음 생의 삶)을 위한 선업을 쌓아가야 하는 것이, 또 새로이 주어진 나의 사업이 아니겠니?……

조금은 생각의 여유를 갖고 하는 새로운 의무감에서 매일매일을 맞이하고 보내는 이 삶도 아주 괜찮은 것이라고 생각해, 우선 남에게 외롭고 쓸쓸하고 가을 낙엽 같은 노인처럼 보이지 않도록 원만하고 꾸준하고 당당하게 노력하며 살아가는 모습을 보여줄 수 있다는 것, 그것도 종신병을 대여섯 개씩이나 갖고 사는 형편이지만……

이렇게 새롭고 행복한 의무가 주어진 것에 크게 감사하며 마음공부, 마음수행의 자리를 계속 찾아 나서야지……

나무석가모니불!!!

귀한 사람, 내 아들아!

어느 때, 너도 나이가 훨씬 더 들어 삶의 전선에서 조금 뒤로 물러나게 되는 날에는 오늘의 나를, 나의 느낌과 고요를 이해하게 될 것이다.

아들에게 들려주는
불교의 기초교리

| 신과학과 불교 사상

서구의 과학자들 사이에 신과학(new science) 운동은 현대의 과학사상이나 유물론이 직면한 어려운 고비에서 그 해결책의 하나로 일어난 것이다. 『물리학의 도』의 저자 카프라와 『공상으로서의 세계』의 위르바가 대표적인데, 특히 불교의 화엄 사상에 깊은 영향을 받고 있다.

현대과학과 가장 밀접한 관계를 갖고 있는 불교의 화엄 사상은 일체가 부처의 빛 속에서 빛나고 있기 때문에 사회의 구석진 곳에서 태어난 사람이나 혹은 들판에서 아무렇게나 피어난 잡초라도 존재 가치가 있다고 하는 사상이다.

유럽인에게 있어 자아는 너무나 현실적 사실(사건)에만 치우쳐 있어 종교성이나 내면의 추상세계를 잊어버리게 되었으며, 그 결과 투영과 환상에 빠져서 불안전한 상태로 아주 위험한 곳에 이르고 있는 편이다. 이에 비해 동양인들은 통일성을 유지하고 강한 개성을 갖고 있지는 않으나 실재적인 면에서 자기를 상실하고 있는 것은 아니다. 이러한 상황에서 서구인들이 주목하기 시작한 것이 불교 사상이며, 또 그 궁극적인 도착점이 『화엄경』에 나타난 사상인 것이다.

인도에서 일어난 화엄 사상은 중국에 와서 화엄학으로 발달하여 모든 존재를 상관관계 속에서 봄으로서 공사상을 '유'의 관점으로 전환시켜 왔다. 그것은 중국인이 보다 현세적이기 때문으로, 결국 『화엄경』은 중국에서 현세적이고 주체적인 것으로 받아들여진 것이다. 중국에서 화엄 사상이 번창한 것은 당의 측천무후가 사회개혁을 이룩한 7세기경부터이다. 당시 현장법사가 경전을 구하러 인도에 가서 유식 불교의 경전을 가지고 돌아왔는데, 이것이 중국 불교에 영향을 주어 모든 것에 실체는 없고 그 관련만이 있다는 공의 입장과, 그것을 어떻게 포착해 나가는가 하는 심리학적인 형태로 화엄 사상을 발전시켜 왔다.

유교의 영향 아래에 있던 중국은 예의를 지키는 방법과 전쟁에서의 승리 등 현실세계의 일만이 문제시 되어 왔다. 노장사상도 현실 도피적이기는 하지만 현실을 대상으로 하는 사상이다.

불교는 현실로부터 어떻게 해탈하느냐를 문제 삼아 왔으나, 그것은 현실을 무시함이 아니라 열반과 니르바나를 이루기 위해서 어떻게 현실을 유지해 가느냐의 문제가 절대적으로 관련이 되어 있는 것이다.

실수 없이 올바른 길로 자기를 이끌어야 하는 수행의 참뜻은 현실을 올바르게 삶으로써 열반에 이를 수 있다는 부처님의 가르침이다. 그것이 중국으로 들어와서 보다 더 현실을 주목하게 된 것이다. 즉 화엄 사상에서는 우리가 살고 있는 이 세상이 부처의 세계라고 말한다. 화엄 사상에서는 우주의 모든 것에 부처와 인간의 생명과 인연이 있다고 본다. 이러한 화엄 사상에서 현대물리학이 그 이론의 기초를 이루고 있다.

학문적인 사상으로는 화엄이 불교 최후의 완성이라고 한다. 그러나 화엄 경전 자체는 기원전후에 이미 완성되었다고 본다. 서기전 2~3세기경에 나타난 나가르쥬나(용수보살: 소승을 거쳐 대승경전에 통달, 대승불교의 비조가 됨)는 나중에 불교의 중심 사상이 된 '반야공'을 말한 사람인데, 그는 당시 이미 화엄 경전의 일부를 인용하고 있었다. 말하자면 용수가 이른바 '공관'을 생각하기 전에 화엄은 부분적으로 완성되어 있었던 것이다.

대승불교는 승려 계급이 아닌 일반 사람들이 모여서 일으킨 것이다. 그런 의미에서 대승불교의 경전은 석가모니불이 직접 설한 가르침이 아니라 그 정신을 결집한 것으로서 철학적이고 추상적이다.

대승불교의 참다운 맛은 '공'의 개념 속에 요약되어 있다고 생각한다. '공'이란 '이 세계에 존재하는 그 어느 것도 실체가 없다'고 하는 생각이다. 또 '모든 것은 결코 동일한 상태에 머물러 있지 않다'고 한다. 이것은 생사유전이나 윤회라는 말로 표현된다. 이 두 가지 사고방식에서 보면, 사물은 확실히 실체가 없으며 항상 변화를 계속하고 있는 것이다. 그래서 인간으로 태어난 이상 모든 고뇌가 시작된다고 하는 것이 불교의 기본적 가르침이다. 불교는 어떤 실체도 인정하지 않지만 관계성만은 인정하는, 즉 실체는 없어도 구조의 장은 있다고 설명한다. 관계의 장은 있지만 그 관계하는 방향은 고정된 것이 아니라 그때그때마다 일종의 사건으로서 관계하고 있다는 것이다. 그러므로 우연히 사건이 일어나고 그 사건의 영향이 사면팔방으로 확산되면, 그 확산에 따라 또 다른 사건이 관련되어 발생한다. 발생한다고 해도 인과론적이 아니라 이 세계 전체가 사건으로서 태어나고 사라져 가면서 동시에 존재하고 있다. 이것이 공의 사고방식이다.

화엄 사상은 우리가 살고 있는 이 세간이야말로 부처의 세계라고 말하고 있는데, 이러한 생각은 노장의 사상과는 조금 다르다. 노장은 환난기에 세상에 있으면 오염되기 때문에 깊은 산속으로 들어가려고 하지만, 불교에서는 이 세상을 뒤집어보면 바로 부처의 세계이기 때문에 이 세상 한가운데서도 해탈할 수 있다고 한다. 화엄은 불교의 중국적 전개라고 말할 수 있지만 역시 중국 사상의 중심이라고 할 수 있는 노장의 사상과는 다르다. 노장의 사상으로부터는 뉴사이언스적인 현실과 이념의 도킹은 나오질 못했을 것이다. 노장의 근본은 은둔이기 때문이다.

'모든 것이 관계'라는 불교의 사상을 이미지 상으로 살펴보면, 정말로 현대물리학의 소립자론처럼 우주선이 기포상자 속에서 다른 우주선과 팍 하고 부딪치면서 반짝 빛났다가 사라지는 이미지가 떠오른다.

또 하나, 불교의 중심적인 사상으로 사물은 생각하기 나름이라는 인과론이 있다. 불교에서는 어떠한 경우 어떠한 위치에 처하더라도 행복과 불행은 자기가 마음먹기에 따라 정해진다고 본다. 자기의 마음만 잘 조정할 수 있으면 사는 것도, 죽는 것도 모두 일련의 멋진 작용이라고 생각할 수 있다는 것이다.

이러한 생각을 화엄에서는 유심이라고 한다.

공사상에서도 사물과 사물이 서로 관계됨으로서 비로소 우리가 살고 있는 현실 세계가 생겨났다고 한다. 그러한 세계는 마음과 매우 깊이 관련되어 있어서 마음가짐에 따라 좋게도 되고 나쁘게도 된다는 가르침이다. 불교에서는 마음을 매우 중요시한다. 부처님은 모든 것이 마음가짐에 따라서 바꾸어진다고 가르치셨다. 이와 같이 불교에서는 세계가 관계의 장이며 그 장은 마음가짐에 따라 자유롭게 변화한다는 것을 특히 강조한다.

카프라에 따르면, 현대물리학에서 소립자는 생성과 소멸을 되풀이하면서 상호 작용을 통하여 물질을 구성하는 안정된 원자나 분자를 만들어낸다. 그것은 언제나 리듬 있는 진동을 하며 만물이나 우주에 진동하면서 운동을 계속한다. 이러한 운동은 양자, 중성자, 전자의 세 종류와 질량이 없는 광자로 성립되며, 그것은 충돌 과정을 거치지 않는 한 언제까지나 존재하지만 중성자는 스스로 붕괴되기 쉬운 정립자이다. 우주에도 별과 별 사이의 공간에는 여러 가지의 에네르기를 가진 광자가 넘친다. 그러므로 강한 에네르기를 가진 우주선이 대기에 오면 대기의 공기분자와 충돌하여 많은 입자를 생성하며 어떤 것은 붕괴되고 어떤 것은 생성된다. 시바신의 몸짓은 바로 이러한 만물의 끊임없는 창조와 파괴에 대응하는 생과 사, 발생과 소멸을 상징하고 있다. 이리하여 현대물리학은 시바신의 춤의 법칙을 알아낸 것이다. 이런 소립자의 구성요소는 서로 조화를 이루는 자기조화를 통해 하나의 통일체를 이루며 이것은 '동양적인 모든 현상의 합일성과 상호 상관성'과 유사한 것이다.

우주에는 근원적인 실체는 없고 모든 형이 유동적으로 계속 변화하는 나눌 수 없는 존재만이 있다. 이처럼 현대물리학은 전체적인 것의 상관관계를 역설하는 『화엄경』의 세계에 접근하고 있다.

현대물리학자들은 관찰자와 관찰대상이 있을 때 비로소 '사물이 현상한다'라고 말하고 있다. 이 같은 현대물리학의 생각은 화엄의 '삼계유심'과 상당한 공통점이 있다. 이 때문에 신과학자들은 화엄사상에서 최첨단의 사상을 취하게 된 것이다. 고전물리학에서는 '전자는 상호 반발하는 힘을 서로 미치고 있다'고 하지만 현대물리학에서는 서로 힘을 미치고 있는 것이 아니라 전자와 광자가 교환하면서 상호 작용을 한다고 본다. 다시 말하면, 공간은 힘으로 충만하고 항상 유동적이지만 소립자의 세계는 장을 매개로 한 입자 간의 상호 작용의 힘을 대신하고 있다는 것이다. 결국 공간이란 입자의 모임이며, 그 입자는 독립된 실재가 아니라 공간 속에 존재하고 있는 연속장이 응축된 것이다. 장이란 항상 입자가 나타나거나 사라지거나 하는 운동으로, 간단히 말하면 공의 장은 끊임없이 생성하고 소멸하는 리듬 속에서 맥동하고 있는 세계이다.

소립자는 독립된 실재로서 존재하는 것이 아니라 상호 작용하는 장 속에서 그 장 자체의 표현으로 존재하며, 단절이 없는 에너지의 흐름을 수반하고 있다.

소립자론에서 볼 때 현실의 존재가 소립자의 흐름에 지나지 않는다는 것은 현대물리학의 이론이다. 소립자는 물질로 생각할 수는 없지만 장(마당)과 같은 형태로 어떤 움직임에나 흐름이 있다. 또 한편 마음의 중심부에서 다양한 이미지가 흐르고 있다는 것도 사실이다. 이 양자가 합쳐졌을 때 '사물이 현상한다'라고 생각할 수 있다. 사물이 있다고는 말할 수 있어도 그 사물이 실재한다고 말하는 것은 커다란 잘못이다. 사물이 있다고 하는 것은 내면세계로부터 작용하고 있는 이미지와의 접전이며, 소립자의 흐름이 현상하고 있는 것이라고 보는 게 가장 타당하다.

화엄 사상에서는 사물이 실재하지 않는다는 공(무)론의 입장도 들어 있고, 사물은 관찰자와 관찰대상 사이의 관계에서 현상하며, 관계성이 없다면 현상하지 않는다고 하는 물리학적 사고방식도 들어 있다. 이러한 사고를 발전시킨 형태로 화엄에서는 '이사무애理事無碍'라는 사상을 내놓고 있다. 이理는 이치, 이념이고, 사事는 실제로 구체적인 사건이 다양하게 일어나고 있는 장이다. 이 양자는 서로 무애, 즉 걸림 없이 교환이 가능하다는 것을 화엄에서는 하나의 진리로서 설한다.

이 사실을 구스타프 융의 방식으로 고찰해 보면, 내면세계에서 다양한 사건이 발생하는 것처럼 현실세계에도 여러 가지 일이 일어나고 있으며, 양쪽 사건이 서로 뒤섞였을 때 비로소 사물이 현상하게 된다. 상상만으로는 아무것도 이룰 수 없으며 사물 역시 상상력이 더해지지 않으면 안 된다. 즉 양쪽을 한 세트로 보지 않으면 통합적인 사고방식은 이루어지지 않는 것이다.

이러한 사상에 관해서 1930년대의 어느 물리학자가 제시한 의문으로 '관측이란 무엇인가?'라는 문제가 있다. 관측이란 관찰자와 대상, 양쪽 모두를 포함한 시점이라는 것이 처음으로 성립되었고, 사물을 관찰자의 입장에서 단지 대상으로만 본다면 진실을 알 수 없다는 견해가 나온 것이다.

그로부터 하이젠베르크에 의해 제창된 양자역학의 기초 원리인 '불확정성 원리'는 양자론을 고전물리학과 구별시킨 특유한 자연현상의 이해 방법이다. 이 말은 뉴턴 물리학의 차원에서는 무슨 의미인지 알 수 없을 것이다. 왜냐하면 현대물리학의 차원, 요컨대 물질의 가장 밑바닥까지 연구가 진행되고 있는 소립자론 등에서 처음으로 언급된 것이기 때문이다. 결국 흔히 말하는 사물도 보다시피 애매한 것이기 때문에 동일한 사물이라도 인간이 볼 때와 보지 않을 때가 다르다. 화엄 사상과 똑같은 인식이 생겨난 배경에는 이와 같은 과학의 변천이 있다. 화엄은 단순히 교리로서만 존재하는 것이 아니라 분명 자기 스스로 체험함으로써 인식 가능한 것이다. 두뇌에 의한 사고에서는 언제나 언어와 숫자 따위의 기호를 수단으로 사용한다. 그러나 기호가 아니라 좀 더 커다란 이미지 체계로도 모든 사물을 파악할 수 있다. 이미지는 논리가 아니기에 이율배반적인 내용을 동시에 전개해 보일 수 있는 것이다.

카프라는 『화엄경』의 다음 구절을 들어 현대물리학의 이론과 일치시키고 있다.

"그 큰 누각은 하늘처럼 넓다. 지면에는 모든 종류의 보석이 무수히 뿌려져 있고 큰 누각 안에는 무수한 궁전, 문, 창, 난간, 통로가 있고 각기 그 가운데는 수많은 누각이 있고 그것은 큰 누각과 마찬가지로 정교하게 장식되고 하늘처럼 넓다. 이 무수한 누각은 서로 침해하지 않는다. 각기 다른 모든 것과 조화를 이루며 개체로서의 존재를 유지하고 있다. 완전한 혼합 상태에 있으면서 완전한 질서를 유지하고 있다."

『화엄경』의 이 표현은 바로 현대물리학의 세계이며, 카프라는 1975년에 출판한 『물리학의 도』에서 물질적 세계는 기본적 구성요소로 환원할 수 있는 것이 아니라, 우주는 서로 연관되어 있는 사건의 직물이라는 이론을 전개하여 현대의 양자물리학이 『화엄경』에 접근하고 있음을 입증하였다.

불교는 현세 긍정적이다.

확실히 이 세계는 누구나 번뇌 속에서 살고 있으며 애욕, 권력, 투쟁 등등 모든 것이 소용돌이치는 세계이지만, 동시에 바로 그 세계가 부처의 세계라는 것을 화엄에서 설한다. 그리고 이 사실을 깨닫기 위해서 선을 하고 수행을 하는 것이다. 그러나 화엄은 단순히 교리로서만 존재하는 것이 아니라 분명 자기 스스로 체험함으로써 인식이 가능하다는 것을 가르친다.

현재까지 기독교가 세계의 여러 종교들 중에서 가장 큰 세력을 지닐 수 있었던 것은 그 가르침이 매우 탁월하게 언어화되었기 때문이다. 다른 종교에 비해 언어적으로 분명한 것이다. 그러나 어떤 사물을 깊이 이해할 때는 언어란 거의 일부밖에 사용할 수 없으며, 실제로는 언어를 사용하지 않는 '암묵지'(보이지도 않고 들리지도 않는 가운데서 느낌으로 오는 지혜)로서 더 많은 것을 이해해 왔다.

유럽이 자기 문화를 스스로 재조명하게 된 커다란 동기 중에 하나는, 사해문서와 같은 문헌이 제2차 세계대전 후에 속속 발견되었기 때문이다. 사해문서가 발견됨에 따라서 그때까지 기독교문화

중심으로 모든 것을 바라보던 습관이 완전히 바뀌게 되었다.

실제로 기독교는 기원전후에 출현한 많은 종교들 중의 하나에 불과하다. 기원전후의 세계는 종교적으로 한층 더 뒤엉켜진 세계였다는 것이 사해문서를 해독함으로써 명확히 밝혀진 것이다. 사해문서가 발견될 때까지는 이 같은 사실이 기독교 전통을 뒤흔든다는 이유 때문에 금지되어 왔다. 어쨌든 기독교는 창세기부터 전부 자기들의 세계관으로 조작하였기 때문에 유럽 사람들은 이 세계가 생기기 전부터 기독교가 있었으며, 그것이 오늘날까지 계속되고 있다는 착각을 일으켜 온 것이다. 그런데 기독교가 약 2,000년 전에 출현하였던 수많은 신흥종교 중에 하나였다는 사실이 알려지면서 유럽의 정신사는 관점의 대전환을 하지 않을 수 없게 되었다. 기독교의 제약을 벗어나 보다 확실한 전체상을 본 것이다. 사해문서를 발견했던 1946년 이집트의 나그함마디에서 나그함마디 문서가 발견되었다. 기독교가 이단시하여 불태워버린 갖가지 문헌의 원본들이 속속 발견된 것이다. 이 문헌들에 의해 지금까지는 유태교 속에서 기독교만이 나왔다고 생각했었지만 실제로는 훨씬 많은 종파들이 생겨났었다는 사실이 밝혀졌다. 이처럼 메소포타미아 주변을 연구하는 과정에서 마니교(3세기 경 페르시아인인 마니Mani가 페르시아의 배화교를 바탕으로 하고 기독교와 불교의 요소를 가미하여 만든 종교)나 네스토리우스파(5세기경에 시리아인인 네스토리우스 Nestorius가 연 그리스도교의 한 파. 그리스도의 신성과 인성을 엄격히 구별함) 등의 연구가 하나하나 진척되고, 그 연구를 바탕으로 실크로드가 한 번 더 빛을 받게 되었다. 동서 문화는 지금까지의 통념처럼 고정적인 것이 아니라 상당히 오래 전부터 교류하고 있었음을 분명히 알 수 있게 된 것이다.

성경에서는 선과 악을 신이 의식함으로써 영원한 평화로 들어간다고 생각하지만, 화엄은 선이든 악이든 동일한 세계의 양면이라고 생각한다. 순간순간마다 이미 선이든 악이든 하나라고 생각하는 것이다. 이처럼 동양은 논리가 비약적이기 때문에, 인간의 고뇌 따위는 한 번 획 하고 돌려서 생각하면 없어지는 것이므로 전혀 고뇌할 필요가 없게 된다.

어떤 때는 내가 불교 교리에 빠져서 열심히 공부하다 보니, 착하고 참고 뒤집어 이해하고 하는 것으로만 마음을 돌리는 노력을 하느라고 실제로 인간이 살아가면서 겪는 괴로움이나 성냄, 아픔 등의 다양한 어려움들을 잊어버린 것이 아닌가 하고 느낄 적이 가끔 있다.

세상은 화엄이 교설하는 그만큼 단순하고 달콤하지만은 않다. 불교도 애초에는 고통으로부터 시작했었고, 고통을 똑똑히 주시하지 않을 경우에는 쉽게 깨달을 수가 없다는 것, 바로 그것이 화엄의 함정이며 선의 함정이라는 것을 알게 될 것이다. 『화엄경』을 낙관적으로만 고찰하는 것은 불교가 될 수 없다. 기독교에서처럼 자기는 이미 구원을 받았거나 곧 구원을 받을 것이라고 생각하고 있다면, 다른 사람의 고통은 좀처럼 이해해 줄 수가 없게 된다. 마치 내려다보고 있는 것 같은 자세에서는 별로 좋은 의논의 대상자가 될 수 없는 것이다. 인간의 실제적인 슬픔을 알고 있는 사람, 땅을 디디고 사는 사람, 즉 사상이 아니라 실제적인 체험 속에서 몸으로 느긴 사람이 아니면 고통받는 이웃에게 참다운 도움이나 위로를 줄 수가 없다고 본다.

༄

미카엘 프랑크(Michael Franck: 헝가리 출생의 과학사상가)의 저서 『암묵지의 차원』은 현대과학사상이 동양사상적인 것에 접근하고 있음을 시사하고 있다. 『암묵지의 차원』은 언어적 명확함에 대한 부정을 주장하고 있다. 사물에 관한 이 같은 사고방식은 동양에 매우 근접하고 있다. 동양사상은 확실히 수많은 언어를 사용하고 있으며 그중에서도 특히 불교경전은 막대한 수량이 만들어졌다. 결국 언어로만은 어쩔 수 없는 세계를 표현하고자 노력해 온 것이다. 화엄이나 화엄을 뒤이은 밀교의 세계, 또는 선의 세계는 언어를 초월한 이미지의 세계나, 언어로써 설명할 수 없는 체험의 세계를 전개하고 있다. 이러한 동양사상은 프랑크의 암묵지의 사고방식과 상당히 밀접하다고 하겠다. 프랑크의 주장은 우리가 사물을 이해할 때 언어는 거의 일부밖에 사용할 수 없으며, 실제로는 언어를 사용하지 않는 '암묵지'로써 더 많은 것을 이해해 왔다는 것이다.

결국 과학적 실험이라 해도 이미지가 선행하고 있으며, 그 이미지네이션이나 상상력이 사물의 진화를 지배하고 있다. 그러므로 처음엔 암묵지 같은 상상적인 그 무엇이 있고, 그것이 실험에 의해 비로소 구체적 사물로 나타나는 것이다. 오늘날 과학은 동양사상적인 요소를 수용함으로써 더욱 발전하고 있다. 그것은 근대를 이끌어왔던 근대 합리주의 사고의 종말이며, 새로운 세계관의 출발인 것이다.

1930년경부터 물질을 연구하는 자연과학 분야에서, 실험적 연구를 통하여 물질의 궁극적인 실체를 밝혀내려고 노력해 온 과학자들은 아무리 노력해도 그 궁극적 실상을 명확하게 할 수가 없었다. 실험하는 주체와 실험을 받는 객체는 별개의 것이지만, 그럼에도 불구하고 이 양자를 연결하는 관계를 생각하지 않으면 실험 자체가 성립되지 않는다는 사실을 알게 된 것이다.

물질적 실체가 금세기 초에 진행된 연구결과로 확실히 밝혀졌기 때문에 이후부터는 인간의 이익을 위해 그 결과를 이용하기만 하면 된다고 생각했었으나, 그러나 전혀 이해할 수 없는 중요한 문제가 남아 있었다. 광전 효과이다.

이 문제는 에너지와도 관련되어 있다. 즉 에너지는 연속적인가 아니면 분리된 것인가, 파동인가 입자인가라는 문제와 관련되어 있다. 막스 플랑크Max Planck를 비롯한 아인슈타인Einstein, 닐 보어Niels bohr 등이 소립자 물리학을 생각해 내면서부터 에너지뿐만이 아니라 물질도 파동과 밀접하게 관련되어 있다는 사실을 알기 시작한 것이다.

그 이후로 슈뢰딩거E. Schroedinger를 거쳐 하이젠베르크W. Heisenberg에 이르는 양자역학이 전개된다. 요컨대 실체라는 개념은 철학적 입장에서 머릿속으로는 생각할 수 있어도 과학적으로 분석하려고 하면 그 찰나에 환상이 되고 만다. 즉 물질에서 액체, 액체에서 원자, 원자에서 전자로 분석해 들어가면 결국 물질의 실체는 어디론가 사라져 버린다. 이러한 현실을 가장 극단적인 말로 표현한 것이 바로 슈뢰딩거의 '주체와 객체는 하나다'이다.

우리가 물질이라고 생각하고 있는 다양한 사물이 실제로는 우리가 갖고 있는 개념이나 언어 이론의 관념이지 물질 그 자체는 아닌 것이다. 그러므로 그런 것들을 통하여 이루어지는 실험이나 추론은 일종의 환영을 좇는 것일 뿐 사물 자체에는 접근할 수 없다. 그렇다면 일체의 사물(물체)은 인간 의식이 지어낸 제멋대로의 환상일까? 이러한 것들이 뉴사이언스가 제출한 문제점이었다.

언어나 이론이 사물 자체가 아니라 그 사물을 나타내는 간접적인 표현에 불과하다면, 사물 자체를 파악하기 위해서는 사물과 그 사물을 관찰하고 체험하는 주체가 하나로 통일된 새로운 사고방식이나 지각방식이 있어야만 한다. 이것은 체험주의와는 전혀 다른 것이다.

체험은 사고적인 인식과는 달리 언어나 개념이 필요 없을 수도 있다. 그런 의미에서 체험은 확실히 관찰보다도 종합적이고 직접적일 수 있다. 그러나 그 체험에 한 개인의 독단적인 생각이 끼어들어도 안 되고, 도구나 기계를 사용하는 실험적인 파악에 의지해서도 안 되며, 특히 이런 결과들은 개념이나 언어로 설명하려고 하면 더욱 더 사물 자체로부터 벗어나게 된다. 이를 위해서 심리학 분야뿐만 아니라 사물의 실재에 대해 생각하는 모든 사람들에게 의식의 변혁이 필요해진다.

～

프리초프 카프라pritjof capra의『물리학의 도(Tao of Physics)』는 다음과 같은 새로운 물리학을 제시하고 있다.

그는 물질적 세계는 '기본적 구성요소'로 환원 가능한 것이 아니고, 우주는 서로 연관되어 있는 사건의 직물이라고 하는 '붓트램 이론'을 전개하였다. 이 저서는 현재 양자물리학이 내포하고 있는 사상이 동양사상과 통한다는 것을 논하여 주목을 끌었다. 그런데 카프라는 이 책의 3장에서 우리가 사고의 근거로서 사용하고 있으며 의사를 전달하는 데 가장 필요한 언어를 문제 삼고 있다. 그는 3장 첫머리에 스즈끼 다이세쯔의 말과 하이젠베르크의 말을 나란히 놓고 있다.

"언어를 근본적으로 초월하는 내적 체험을 전달하기 위해서는 불가피하게 언어를 사용할 수밖에 없는데, 바로 이러한 상황에서 이해하기 어려운 모순이 발생하는 것이다."
"언어의 문제는 진실로 심각하다. 어떤 방식으로든지 원자의 구조에 대해 말하고 싶다고 생각하지만…… 통상적인 언어로서는 원자의 세계를 말하는 것은 불가능하다."

선적인 깨달음의 세계는 일상적 언어나 상식을 초월한 세계이지만, 별개의 어떤 신기한 세계는 아닐 것이다. 물리학은 너무나 모순이 많은 세계로 들어가 있어 언어에 의한 설명으로는 어려워지고 말았다. 가장 유명한 문제가 '빛의 문제'이다. 빛이 입자인지 파동인지는 확실치 않다. 극미한 물체인 입자와 공간의 넓이를 갖는 파동은 완전히 서로 모순되며, 이 모순된 성격이 마치 선문답 같아서 일상적인 언어로는 설명할 수가 없다. 지금까지의 고전물리학은 물질에 중점을 두고 있었다. 그런데 새로운 물리학이 주목한 점은 물질이 아니라 그 물질이 움직이고 있는 공간이다. 물질이 있으면 그 물질 주변에는 반드시 휘어진 공간이 이루어지는데 이것이 아인슈타인의 일반 상대성이론에서 나온 공간에 대한 사고방식이다. 그래서 아인슈타인의 장의 방정식에서 물질과 공간은 분리할 수 없으며, 둘 중 어느 하나라도 전체를 이루고 있는 나눌 수 없는 부분이다. 오스트리아의 물리학자 에른스트 마허ernst mach나 아인슈타인 두 사람의 생각은 모두 '사물은 홀로 존재하는 것이 아니라 언제나 주변과의 관계 속에서 존재하고 있으며, 모든 사물의 성질은 그 자체의 본질이 아니라 주변 사물과의 상호 작용'이라는 의미로 이해할 수 있다.

천문학자 프레드 호일에 의하면, 오늘날 우주론의 진보는 다음과 같은 사실을 분명히 보여주고 있다. 즉 우주의 저 너머가 없다면 일상적인 상황은 존속할 수 없으며 우리의 공간이나 기하학적 형상의 개념은 전혀 의미를 갖지 못한다. 우리의 일상체험은 극히 미세한 곳까지 거대한 우주와 밀접하게 연결되어 있으며, 이 둘이 분리되어 있다고 생각하는 것은 이제는 불가능에 가깝다. 적어도 선과 동일한 방향을 가리키면서 이제까지는 없었던 신비적인 것을 물리학자들 역시 말하고 있다.

고대 및 중국인들이 파악하고 있던 물질세계는 완전히 연속체였다. 물질 속에 응축된 기는 입자 같은 것이 아니다. 개개의 물체가 음과 양이라는 두 가지 기본적인 힘의 리드미컬한 변동과 연속적으로 운동하는 파동이나 진동 같은 형태로 다른 물체와 서로 작용하는 것이다. 그러므로 개개의 물체에는 고유의 리듬이 있으며 그리듬이 통합되면서 전반적인 조화의 세계를 창조한다. 이 말은 주역에서 비롯하는 음과 양의 조합과 그 근원이 있는 전체성을 드러내는 태극을 설명한 것이다. 이처럼 동양인의 입장에서 볼 때 최근 서구물리학의 물질에 대한 사고방식은 까다로운 수식을 빼버린다면 지극히 자연스럽게 수용될 수 있는 성질을 갖고 있다.

소립자는 자전하는 성질에 의해 물질을 구상하는 페르미 입자와 상호 작용력을 매개하는 보조 입자로 나누어진다. 힘에는 중력, 전자력, 약한 힘, 강한 힘의 네 가지가 있으며, 중력은 모든 소립자에 작용하고 있다. 요컨대 입자는 생성과 소멸의 상호 작용을 반복하면서 물질을 구성하는 안정된 원자나 분자를 창조해내고 있다. 안정된다고 해도 결코 정적인 안정이 아니며 늘 리드미컬하게 진동하고 있다. 따라서 우주 만물은 미세하게 진동하면서 영원히 운동과 약동을 계속하고 있으며, 이러한 약동이야말로 진정 에너지의 춤이라고 할 수 있을 것이다.

고대 인도인은 존재하는 일체 만물의 근본이 '나날이 생과 사를 반복하는 리듬'으로부터 생겨난 환영이라고 하였는데, 그 모습을 한쪽 발로 서서 몇 개의 팔과 다리를 사방으로 펼쳐 춤을 추는 시바 신의 형상으로 표현하고 있다. 몹시 거칠면서도 우아한 시바의 모습이 우주적인 환상을 펼쳐 나간다. 하늘의 춤을 추는 팔이나 다리, 그리고 몸체의 굴곡이 만물의 끊임없는 창조와 파괴를 나타내고 정확히 대응하는 생과 사, 생산과 소멸을 낳으며 또한 움직임 자체가 이런 것들의 현상이다. 현대물리학자들은 이 시바의 무용 법칙을 발견하려고 노력하고 있는데, 과학자들은 시바의 춤이 결코 혼

돈이 아니라 일반적인 규칙성을 가지고 있다고 말한다.

하드론 붓스트랩은 모든 입자가 그 밖의 다른 모든 입자로부터 이루어지며 자기 조화적인 형태로서 다이나믹하게 서로를 구성하고 있는 것이다. 그 이론은 『화엄경』에서 가장 잘 알려져 있는 인드라 그물의 비유를 사용하고 있는데(인도신화에 나타나는 힘의 상징인 인드라왕의 궁전은 그물과 같은 장막으로 덮고 그물에 반짝이는 보석을 달아 서로서로 빛을 비추는데, 이것을 인드라망이라 한다), 이에 대해 찰스 엘리어트charles elliot 경은 "제석천에는 어느 누가 하나의 진주를 보면 그 밖의 모든 것들이 그 하나 속에 반영되도록 배치된 진주 그물이 있다"고 한다. 그와 마찬가지로 세계 속의 사물은 각각 독립해 있는 것이 아니라 그 밖의 모든 사물과 관련되어 있다. 사실 각각의 사물은 그 밖의 모든 사물인 것이다. '하나하나의 티끌 속에 티끌 수효만큼 무수한 부처가 존재하고 있다'고 설명한다.

데이비드 보옴david bohm은 지금까지의 국소적인 기계론에 반대하는 새로운 스타일의 물리학자인데, 그 역시 숨겨진 그 무엇을 매개로 해서 비인과적인 확률의 세계를 증명하려고 한다. 예를 들면 바다와 파도와 같은 것이다. 바다라는 전체에서 하나하나의 파도가 투영으로 나타났다가 주입으로 다시 바다로 돌아간다. 그리고 다시 다음의 파도가 생겼다가 바다로 돌아간다. 요컨대 바다라는 전체성을 변수로 하여 하나의 파도는 다음의 파도와 관련되어 있으며, 전혀 다른 곳에서 생겨난 파도 역시 관계가 있다. 그러나 어떤 파도가 다음 파도에 직접적인 영향을 미치는 것은 아니어서 다른 해안에 밀어닥친 파도와는 직접적인 인과관계가 전혀 없다.

모든 사물의 관련성을 시간·공간을 초월한 하나의 전체로 보는 생각은 동양의 신비적인 사물관과 그대로 통하고 있으며, 현대물리학의 입장에서도 통하는 것이다.

불교는 일찍부터 찰나 찰나로 끝나는 사물의 현상을 어떻게 연결시킬 수 있는가 하는 문제에 직면했기 때문에 과거의 모든 체험을 포함한 전체성의 개념으로 아뢰야식을 생각해냈다. 큰 바다에 비유해서 가정한 보옴의 '암재계(暗在界: 미지의 모르는 세계)'는 개념적으로 볼 때 아뢰야식과 상당히 비슷한 면이 있다. 이는 현대물리학에 새로운 사고방식을 제기했다고 보겠다.

식물생리학 전문가인 로버트 쉘드레이크는 불교에서 말하는 아뢰야식은 일종의 의식의 축적이며 우주적 기억 같은 것이 아닐까 생각한다고 말하고 있다.

물론 불교의 유식학은 불교의 교의를 염두에 두고 있는 것이므로 실용적인 의미와는 전혀 관련이 없는 논리학 같은 것이다. 더욱이 유심론이기 때문에 생물학이나 물리학과 동일한 수준에서 생각하는 것은 적합지 않다. 단지 사물에 대한 사고방식으로서 비유적으로 사용할 때는 대단히 흥미가 있다.

아더 쾨스틀러arthur koestler는 홀론이라는 새로운 개념을 제시하였다. 홀론은 상위의 것에 대해서는 부분이나, 하위의 것에 대해서는 전체이다. 이 홀론이라는 패러다임은 생명 있는 유기체에 관한 설명에서부터 물리, 사회구조, 기타 일반적인 것들에 대해서도 사용할 수 있다.

| 도오겐 선사의 『정법안장』

일본 도오겐(道元) 선사의 『정법안장正法眼藏』「현성공안現
成公案」에서 현성이란 현실화되어 있다는 의미이고, 공안이
란 관공서에서의 조서를 뜻하는 것이지만, 선에서는 근본적인 문
제라는 의미로 쓰인다. 현성공안이란 근본적인 문제의 현실화라고
생각해도 무방하다. 도오겐은 현성공안에 대해 "이 길의 터전은 작
지도 않고 크지도 않으며, 스스로에 있는 것도 아니며 남에게 있는
것도 아니다. 전부터 있는 것도 아니며 지금 나타나는 것에도 있지
않다. 그렇기 때문에 그렇게 존재한다"라고 서술하고 있다. 다만
우리가 일상적인 행동 속에서 모든 것과 관련하여 삶을 영위할 때,
그 생활의 장 속에서 문제가 나타나는 것이다

이 현성공안 속에서 가장 유명한 것이 다음과 같은 구절이다.

"불도를 배운다 함은 자기를 배우는 것이다.
자기를 배운다 함은 자기를 화합하는 것이다.
자기를 화합한다고 함은 만법으로 증명되는 것이다.
만법으로 증명된다고 함은 자기의 심신을 끌어 들이면서 타기(자
기 이외의 것)의 심신을 탈락시키는 것이다."

'만법으로 증명된'이란, 요컨대 자기를 잊는 것이 만법이 자기 자
신을 스스로 증명하고 타자를 증명하는 것이며, 결국 자기라는 존
재도 타인이라는 존재도 없어진 하나의 전체로서 모든 것이 나타

난다는 의미라고 생각할 수 있을 것이다. 전체라고 할 때, 그 전체는 항상 일상적인 자기와 관련되어 있다. 즉 일상적인 주변의 대상이나 환경과의 관련 속에서 하나가 되어 자기를 벗어나 관념적으로 전체를 이해하는 것은 아무런 의미가 없다. 따라서 도오겐의 가르침은 우리의 일상적인 행위와 깊이 관련되어 있다.

대상에 대한 연구가 의미 있는 것이 아니라 그 대상과 합일할 때에 의미가 나타나는 것이다. 그렇기 때문에 자기 멋대로 이해하거나 궁리하려고 하면 금방 자기 자신을 잃고 만다. 이 존재 방식만 이해한다면 그것이 현성공안이다. 자타니, 대소니, 전후니 하는 모든 것들을 초월해서 자기가 존재하고 사물이 존재한다는 것이 바로 현성공안이다.

『정법안장』에는 「일과명주一顆明珠」라는 장이 있다. 일과명주는 자기와 대상 사이에 구별이 없는 하나의 전체성이며, 시방계인 일체를 포함하고 있다. 결국 이 세계 안의 모든 것은 그 자체 자립하고 있으면서 전체성을 반영하고 있다는 것이 도오겐의 기본적인 생각이라 하겠다.

도오겐의 경우, 그의 방대한 『정법안장』 중에서 그 어느 것을 취해도 이 비일상적이고 비인과적인 말을 찾아낼 수 있다. 그러나 이 같은 사고방식을 이른바 과학적인 서양사상 속에 있는 학문 중에서 발견하기란 절대로 쉽지 않다. 특히 정신분석은 문자 그대로 마음의 분석을 주로 하는 것이며, 가능한 한 마음의 움직임을 정확하게 파악하려는 목적을 갖고 있다. 그러나 이 경우 마음을 하나의 대상으로 분석할 때는 물리학의 경우와 마찬가지로 일상적인 문제는 일단 해결할 수 있다 하더라도 근원적인 문제는 해결할 수 없다. 어쨌든 분석을 할 때는 자기 자신과 대상과의 관련성 전체를 파악하지 않으면 안 된다.

심리학자 구스타프 융이 아마도 이러한 임상적 체험으로부터 그의 비인과적인 사고방식을 도출했다고 본다.

우리는 다른 사람과 어떤 문제에 대해서 이야기할 때, 특히 상대방이 어떤 문제를 가지고 상담을 청해 왔을 때는 일단 냉정한 이성적 비판에 근거해서 그의 이야기를 들으려고 한다. 그러나 상대방의 기분을 정확하게 파악하기 위해서는 반드시 나(상담자)에게 호소하는 바를 발견하지 않으면 안 된다. 그렇게 할 때 비로소 공감을 하면서 상대방의 이야기를 들을 수 있다. 그러나 상대방이 내 마음에 호소하는 내용이 어딘지 모르게 내가 갖고 있는 문제와 일치할 때, 그 많은 이야기를 계속하다 보면 그 문제가 과연 상대방의 문제인지 아니면 나 자신의 문제인지 명확하지 않게 된다. 이때 두 사람은 한 문제에 대해 이야기한다는 점에서 하나의 끈으로 연결되어 있지만, 그래도 두 사람 사이에는 자기와 타인이라는 틈이 있는 법이다. 그래서 상대방의 이야기가 그 사람의 사적인 문제에 깊이 관련되어 있을 때, 듣는 쪽은 그만큼 그 문제에 대해서 모를 뿐만 아니라 공감도 갖기 어렵기 때문에 상대방과의 틈은 훨씬 넓어져간다. 그러나 이쪽이 자기 일처럼 성실하게 듣는다면 틈은 훨씬 좁아져간다. 더구나 상대방과 완전히 공감해서 연결된 끈이 틈이 없어진다면 완전히 하나로 일치한다. 그때 주체와 대상은 하나의 전체가 되며 문제의 근원인 초점은 두 사람 앞에 모습을 드러낸다. 두 사람이 그 실상을 이해하고 그때까지 알지 못했던 문제를 제각기 앎으로써 새로운 세계관을 갖도록 하는 것이 융 심리학의 기본적인 치료 방법이다. 이 같은 관계는 대화적 관계라고 할 수 있다. 그래서 융은 자기의 심리학을 다이엘렉틱 심리학이라 부른다. 융 심리학 입장에서의 치료는 마음의 조화이다.

깨달은 사람이란 바로 수행을 계속하는 사람

의식을 내부로 돌려서 자기를 비추어보는 뒷걸음질을 배우라. 그러면 심신이 탈락되고 자신의 본래면목이 드러날 것이다. "진여를 이루고 싶으면 지체 없이 진여를 수행하시오"라고 도오겐 선사는 말해준다.

내가 제일 처음 받은 교육은 어머니로부터 받은 철저한 반일교육이었다. 언제 일본경찰에 체포될지 모르는 상황으로 매일을 살아가는 입장이라, 만약 어떤 상황이 닥쳐와 다시는 나를 만날 수 없게 될 것을 생각해서 어린 나에게 가능한 데까지 살살 주입식 훈련을 시켜왔던 것 같다.

대여섯 살 때부터 "대한민국 만세"를 숨어서 가만히 불러야 하는 이유를 어렴풋이나마 알게 되었고, 일본 군대에 징병으로 끌려가는 우리나라 청년들을 배웅하면서 길가에서, 특히 기차 정거장에서 기차가 떠나기 전에 사람들이 몰려서서 두 손을 높이 쳐들고 불러대는 일본 국가 혹은 군가 같은 것을 피해 다닐 줄을 알았다. 그때는 국민학교에서도 우리말을 사용하는 것을 피하던 시절이었는데 나는 우리나라 이름이 대한민국이라는 것을 알고 있었고 우리나라의 국기가 어떻게 생겼다는 것도 알고 있었던 것이다. 그러니 어른이 된 후에도 일본을 좋게 받아들이지 못하는 것은 내 할아버지 때부터의 핏속의 교육이라 일본말 배우는 것을 배척했었는데, 아들에게는 적을 이기려면 우선 적을 잘 알아야 하는 것이 중요하다고 하면서 일본말을 배우는 것을 권장했었다.

그러한 내게 일본인 한 사람이 아주 존경스럽게 다가선다.

바로 도오겐 선사다!

도오겐 선사의 깨끗하고, 분명하고, 간단하고, 칼날같이 또렷한 수행의 자세와, 모든 선배 선사들의 가르침을 이것저것 족보를 가리지 않고 필요에 따라서 주저 없이 활용한 깊은 지식과 용기와 넓은 마음이 존경심을 일으킨다.

| 사성제, 고집멸도

'고집멸도苦集滅道' 사성제四聖諦의 첫 번째인 고(苦: 고통, 괴로움)성제는 일체가 모두 고라고 본다. 삶이란 고이다. 늙음도 고이고 병을 앓는 것도 고이다. 죽는다는 것 또한 고이다. 그리고 고는 정념(情念: 온갖 감정에 따라 일어나는 억누르기 어려운 생각)적 요소들이 쌓여(集)이 생긴다. 따라서 이 고를 없애면 완전한 세계(滅)에 가까이 갈 수 있다. 이러한 고를 없애기 위해서 여덟 가지의 올바른 도(道: 팔정도)를 실행하지 않으면 안 된다. 이상이 사성제에 대한 관찰이다. 괴로운 인생을 자각하고, 괴로운 인생에서 해탈하고자 하는 것이 부처님의 가르침이다. 이 괴로운 원인이 외부에 있는 것이 아니고 내부에, 바로 자기의 마음속에 있다는 것이며, 이 마음을 정밀하고 깊게 관찰하여 그 실태를 하나하나 파헤쳐 가며 고를 깨우치고 욕심이나 욕망에 대한 미련을 털어내어 진리 속에서 살아가는 수행의 길로 들어서라는 것이다.

사성제는 마음에 알맞은 욕망을 가지고 과도한 욕망에 사로잡히지 않는 중도의 길을 발견함으로서 인생의 고를 없애는 것을 목표로 하는 부처님의 가르침이다.

팔정도와 육바라밀

참다운 삶으로 가는 길로서 불교의 팔정도八正道와 육바라밀六波羅蜜이 있다. 팔정도를 크게 나누면 '계·정·혜' 삼학으로 표현된다.

우리가 살아가는 데 있어서 깨어 있는 길이 불도요, 이 길을 택해서 따라가는 사람은 부처님의 길에 들어선 사람이다. 불교의 불佛이라는 글자에 깨어 있음이란 뜻이 들어 있다. 불佛, 즉 깨어 있음, 이 한 가지에 팔정도가 다 들어 있다.

계戒: 계율이란 우리를 막는 것이 아니고 우리의 마음을 열게 하는 것으로, 습관화되고 고정화된 견해나 관습으로부터 벗어나게 하는 것이다. 몸과 마음에서 일어나는 모든 행위를 부드럽게 하도록 자신을 닦아 가면, 계의 깨달음이 계속 열리면서 자기의 주변을 부드럽게 만들어간다. 정념을 동반하는 계는 삶을 외향적으로 부드럽게 하는 향을 내며, 계를 지킬 때 계의 향이 밖으로 드러나는 동시에 안에서도 일어나 생명의 향기 속에서 살게 된다.

정定: 정의 힘이 강해졌을 때, 생각의 처음 일어남을 알아차리게 한다. 정의 힘이 강해질수록 생명의 본질로 들어가며 본질은 말이 나오려는 그 순간을 알아차린다. 말이란 밖으로 나오면 다스리기가 어렵지만, 바로 일어나려는 그 순간에는 다스리기가 쉽다. '정진, 정어正語' 등의 힘이 커질수록 바로 마음, 곧 깊은 곳에서 일어나는 모습을 헤아리기 시작한다. 밖으로 완전히 드러나서 선악의 시비로 흘러가는 것을 다스리는 수행을 계라고 하면, 그것이 나오려고 하는 마음속, 곧 구생기(俱生起: 태어남과 동시에 자연스럽게 생긴다는 뜻)가 일어나는 처음으로 들어가서 고요하게 하는 수행을 정이라고 한다. 정이 깊어진 만큼 삶이 조용해지며, 정념正念이 한 순간에 살아 있으면 내 속에 들어 있던 자아의 벽이 없어진다. 자아의 벽이 없어져서 삶이 참다운 모습으로 되어 진여(眞如: 우주만유에 항상 변함이 없는 본체)로 변한다. 진여의 흐름이 일어나게 되면 사랑과 자비와 이해의 행동이 끊임없이 일어나면서 '계·정·혜'의 삼학이 이루어진다. 이때야 비로소 번뇌의 장애(煩惱障)와 소지의 장애(所知障)가 없어진다. 본래적인 진실한 삶을 왜곡시키는 것을 소지장이라 한다.

혜慧: 무엇을 안다는 말이 아니고, 나와 상대방과의 사이에서 나의 범주로만 상대방을 파악하던 벽이 궁극적으로 없어져서 부드럽고 따스함 속에서 함께 살아간다는 말이다. 그것이 정견正見이고 지혜이고 사랑이고 자비이며, 이때야 비로소 삶을 바로 알게 된다. 우리 사이에 흐르고 있는 삶의 내용을 밑바닥까지 볼 수 있는 힘이 지혜로, 삶을 살아가는 데 있어서 자비와 이해가 함께해야 하는 것이다.

정도正道란 아집과 법집으로 사는 삶으로부터 벗어나려는 노력으로, 구생기의 수상受想(행동으로 옮겨지기 바로 직전까지의 생각. 법화(고정된 틀)된 현상이 완전히 없어지면 해탈이 된다)이 행동으로 흐르는 것을 면밀히 관찰하고 있는 상태이다. 행온의 흐름이 공空·무아無我·무상無常의 힘으로 바뀌면서 아집과 법집이 없어져 개인과 집단의 구별의 사유가 없어진다. 이것이 선(정신을 가다듬어 번뇌를 버리고 진리를 깊이 생각하며 무아의 경지로 드는 것)이며 공의 세계이며 열린 마음이다.

팔정도

정견正見: 바른 견해를 갖는 것을 말한다. 바른 견해란 독단적인 견해와 무견해의 중도에 있으며, 보통사람의 생각으로는 도저히 이해할 수 없는 데까지 이해하게 되는 마음으로, 이 가운데서 용서도 미움도 저절로 없어져 버린다.

'나'로부터 원인을 분석하고 관찰을 시작한다. 나로부터가 참으로 꿈같은 것임을 보면서 무아의 경지, 즉 연기실상을 알게 된다. 바르게 보는 것, 이때부터 삶의 근거를 보게 되며 정견에 선다.

정념正念: '깨어 있음, 알아차림'이라는 말은 팔정도 가운데서도 정념이 중심이다. 한 발짝 뒤로 물러서서 자기와 상대방, 자기와 환경 속에서 일어나는 관계를 관찰하는 것을 정념이라 한다. 정념의 흐름은 현존하는 생활 속에서 나와야 하며, 한 생각이 일어나고 한

동작이 일어날 때 바로 거기에 속하지 않고 고요히 흐르게 하는 힘을 정념이라 한다. 곧 바른 마음 챙김이다. 염念은 원이다. 바라는 것이 없는 인생은 있을 수 없다. 염도 조화라는 중도에 따르는 것이라야 하며, 욕심을 억제하고 만족할 줄 알아야 하고, 인생의 바른 목적을 자각한 염원이라야 한다. 정념 수행을 한다는 것은 무엇을 안다는 것이 아니고, 나의 삶을 삶답게 그리고 나의 이웃, 자연, 지구와 어울려서 살아가는 것이다. 냉철한 관찰은 각성의 작용이요, 부처의 모습이 생각으로 이어지는 것은 정진이다,

정어正語: 나만을 보는 언어의 세계로부터 벗어나려면 언어에 대해서 명확하게 관찰하여야 한다. 언어를 바르게 관찰하는 것을 정어라 하고, 정어 속에는 반드시 정념이 들어 있어야 한다. 말은 마음을 담는 그릇이다. 그릇이 움직이면 담겨 있는 물은 더욱 심하게 흔들린다. 말을 올바르고 겸손하게 구사하는 것은 인간이 삶을 살아가는 데 있어서 반드시 필요한 요소이다.

정업正業: 활동과 생각이 일어나고 사라지는 과정에서 정념을 동반한 명확한 활동을 정업이라 한다. 바른 행위로 생명을 해치는 것을 삼가고, 주어지지 않는 것을 갖지 않으며, 감각적 쾌락을 누리고자 하지 않는다. 건강한 몸으로 즐겁게 일하기 위해서는 감사한 마음이 있어야 한다. 일은 생활의 윤기를 더하여 준다.

정명正命: 구생기에서 분별기分別起로 흘러가는 한 시점에 있을 때 정념으로 정업·정어할 수 있는 장소에 내 몸을 두는 것이 정명이다. 직업이나 사회활동을 하면서 몸과 마음을 진실한 생명의 흐름에 두어, 그 속에서 일어나는 활동을 명확히 관찰하는 것이 정명

과 정념을 같이 하는 것이다. 바른 생계를 말한다.

정정진正精進: 한 생각이 일어날 때마다 그것을 명확히 보는 정념이 있어 비로소 계의 내용인 정어·정업·정명이 일어난다. 정념이 집중되어 가는 과정과 관찰을 정정진이라 한다. 즉 바른 노력이다. 사람과 사람이 서로 조화를 이루는 것을 말한다.

정정正定: 바른 정진이 계속되어 고요함 속에서 말이 나오고 행위가 나오게 되는 것을 정정이라고 한다. 건전하고 유익한 사실과 상태, 그리고 과정에 마음을 집중하는 것이다. 정정은 바른 집중이다.

정사유正思惟: 생명의 끝을 보게 되며 중도실상으로 사유케 하는 것이 정사유이다. 깨어 있음은 정념으로부터 시작되나, 정념의 내용인 정견·정사유·정업·정명·정정진은 정정과 함께한다. 정견인 이해와 사랑과 자비가 자신의 내부에서 일어난다. 삶을 지속적으로 (정정진) 지켜보아(정념) 고요하게(정정) 하는 것이 '정'에 속한다.

팔정도는 다른 수행법을 모두 포괄하는 것으로, 경전은 팔정도 수행에 의해서 열반에 이른다는 것을 강조한다. 특히 팔정도는 다른 어떤 수행법보다도 명백하고 올바른 인식을 전제로 하는데, 팔정도는 세계와 존재의 올바른 이해, 실천이기 때문이다. 팔정도의 수행법을 담고 있는 사성제 또한 핵심 교설의 하나인 연기설이나 오온설의 다른 표현이기 때문에 사성제, 팔정도는 불교세계의 이해 방법과 수행법을 거의 모두 포함하고 있다.

보살의 길, 육바라밀

육바라밀은 다음과 같다.

①보시바라밀이란 재물이나 노동력을 나누는 재시, 지혜의 말을 나누는 법시, 포근한 마음을 나누는 무외시 등을 말하며, 소유를 버리는 곳에서 보시가 이루어진다.

②지혜바라밀, 계향을 뜻한다.

③정념수행이 동반된 인욕바라밀.

④정념수행이 동반된 선정바라밀.

⑤정념수행이 동반된 지혜바라밀.

⑥지관바라밀(반야바라밀), 반드시 정념수행이 동반되어 있어야 한다.

보시란 우리의 몸과 마음의 소유를 줄이는 것으로 일상생활에서는 자기의 견해로부터 자유로워지는 것, 재물로부터 자유로워지는 것으로부터 출발한다.

몸과 마음을 극도로 간소화시키는 것이 보시이다. 무아·무소유인 보시의 바탕이 무상·무아·공인 연기실상이기에 줄이고 버림을 통하여 넉넉한 마음자리가 이루어진다. 반야바라밀은 앞에 있는 다섯 바라밀이 완성되어 나타나는 것이라고 생각하기 쉬운데 그렇지는 않다. 관이 깊어지면 처음에 일어나는 것을 보는데, 처음과 끝을 여실히 보는 것이 반야지혜이다. 깨어 있음(정념)이 살아 있는 순간을 '반야'라 한다. 삶을 꿰뚫어보는 힘이 있느냐에 따라서 반야바라밀이 어느만큼 되고 있느냐가 결정된다. 반야바라밀은 몸과 마음의 활동을 잘 들여다보아 마음이 바뀌어 가는 것으로, 이는 정념수행의 공덕이다. 따라서 보시가 이루어지는 가운데 반드시 정념이 전제되어야만이 청정한 보시가 된다. 이해와 자비가 동반되는 정념수행을 한다는 것은 무엇을 안다는 것이 아니고 '이웃의 모든 것과 서로 얽히고 어울려서야 존재하는 나의 참 삶을 제대로 알고 삶답게 살아가자'는 것이다.

우리의 삶은 연기실상인 총체적인 앎에 의해서 유지되면서 흘러간다. 바로 우리의 주관과 객관이 하나가 된 상태가 연기실상의 청정한 흐름이다. 삶을 통해서 지켜보는 수행을 계속해 나가다 보면 우리가 여러 생에서부터 습관이 되어온 고정된 틀로부터 자신을 자유롭게 할 수 있다.

이러한 수행을 지켜보는 것으로서 사념처가 있다.

몸의 느낌(身), 느낌의 흐름(受), 기뻐하고 슬퍼하고 믿고 뉘우치는 등의 마음의 흐름(心), 이것이다 저것이다 하는 인간의 논리와 근거(法)가 그것이다.

이상의 네 가지를 매일 매일의 생활 속에서 잘 지켜보아서 그 특징을 알고 법法과 아我의 분별로부터 자유로워지면 참된 삶, 고요하고 맑고 고통 없는 삶을 살게 된다.

연기란 총체적인 삶이 흐르는 모습, 모두가 어울려서 함께 사는 세계를 말함이다. 불교의 특수한 수행 방법인 정념 수행에는 한 현상에 대한 명확한 관찰(사마타)과 현상의 흐름에 대한 관찰(위빠사나), 이 두 가지가 있다.

위빠사나는 현상의 흐름에 대한 관찰이기 때문에 흐름을 보기 시작하면 '나'가 없어지기 시작한다. 흐름을 보면 볼수록 '나'가 없어져서, 아예 '무아'가 되어 버린다.

나와 나의 소유로부터 자유로워져서 보시가 완전하게 이루어진 것이다. 이와 같이 관觀 수행으로서 삶의 흐름을 명확히 보아, 무아·무상·고에 대해 확실히 아는 것을 정견이라 한다. 바른 이해로 모두를 너너히 반아들일 수 있는 공간이 생긴 것이다.

| 십이인연

존재는 무명이라고 하는 전혀 분명치 못한 곳에서 생겨나와 이윽고 생명으로 태어나며, 태어난 이상 병들고 노쇠하고 죽는다. 죽으면 다시 무명으로 돌아가 그 무명에서 다시 윤회한다. 이처럼 빙빙 돌고 도는 생의 방식을 올바르게 이해할 때 비로소 이 윤회로부터 해탈할 수 있다는 것이 십이인연의 가르침이다.

십이인연법에서 설명하는 무명無明, 행行, 식識, 명색名色, 육입六入, 촉觸, 수受, 애愛, 취取, 유有, 생生, 노사老死는 여러 면에서 연구할 수 있지만, 그 골자는 과거·현재·미래의 삼세에 걸친 인과를 설명한 것이다. 무명으로 인하여 번뇌가 생기고, 무명으로 행하는 것이 업을 만든다. 즉 무명과 행은 과거로서의 원인이 된다. 이러한 행으로 인하여 식이 생기고, 식으로 인하여 명색이 생기고, 명색으로 인하여 육입이 생기고, 육입으로 인하여 촉이 생기며 촉으로 인하여 수가 생긴다. 식·명색·육입·촉·수는 앞의 무명과 행의 인으로 생긴 과로서 현재의 삶이다. 수에서 애가 생기고 애로 인하여 취가 생기는데, 애와 취는 현생에서의 번뇌이다. 취로 인하여 유가 생기는데, 바로 이 유가 현생에서 짓는 업으로, 애·취·유는 미래의 인이 된다. 유로 인해 생이 생기고, 생으로 인하여 늙고 죽음이 생긴다.

여기에서 생·노사는 애·취·유의 인으로 된 과로서의 생이다. 무명이라는 번뇌가 간접 원인, 행이라는 업이 직접 원인이 되어 자기(식으로부터 수로 인하여 애까지)가 형성되고, 현재에는 애·취라는 번뇌가 간접 원인, 유라는 업이 직접 원인이 되어 미래의 자기(생과 사)가 형성되는 것이다. 번뇌가 무명을 근본으로 하는 갖가지 정신적인 오염이고, 업은 그러한 정신적인 오염에서 비롯된 정신적·신체적·언어적인 행위이다. 이 두 가지에 의한 행위가 미래의 자기를 형성해 내는 원인 내지 힘이 된다.

여기에서부터 거꾸로 돌아가서 노사를 없애는 것은 생을 없앰으로 인하고, 생을 없앰은 유가 없음으로 인하고, 유가 없음은 취가 없음으로 인하고, 취가 없음은 애가 없음으로 인하고, 애가 없음은 수가 없음으로 인하고, 수가 없음은 촉이 없음으로 인하고, 촉이 없음은 육처(육입과 같은 것, 정신활동이 그것을 통해 일어나는 여섯 가지 영역)가 없음으로 인하고, 육처가 없음은 명색이 없음으로 인하고, 명색이 없음은 식이 없음으로 인하고, 식이 없음은 행이 없음으로 인하고, 행이 없음은 무명이 없음으로 인한다.

무명에서 시작해서 늙고 죽음에 이르는 생존을 유전연기(고락의 결과를 초래하는 연기)라고 하며, 거꾸로 늙고 죽는 것으로부터 무명의 극복까지를 환멸연기(번뇌를 끊고 깨달음을 얻는 연기)라고 한다. 즉 마음가짐의 태도에 따라 독창적인 삶을 누릴 수 있다고 보는 것이 십이연기의 근본정신이다.

십이연기의 인연법은 자연의 인과율처럼 원인에서 결과로 기계적으로만 더듬는 게 아니라, 구제론적 개념에서 어떻게 번뇌를 끊고 깨달음에 이르는가를 근본적인 관점에서 설하고 있다. 거기에서 분명하게 밝혀진 것이 마음의 실태이다.

무명: 생사윤회의 근본이 되는 어리석은 마음으로 아득한 과거로부터 지어온 번뇌, 진실을 모르는 것.

행: 무명으로 행하는 것. 이것으로 업이 생긴다. 이것은 과거로서의 원인이 되며, 식에서 수까지는 무명과 행을 인으로 하여 생긴 과로 현재의 생이다.

식: 모태에 심어진 그 마음은 이름만 있고 모양은 없다.

명색: 몸뚱이는 눈·코·귀·혀 등의 모양이 있기에 색이라 부르는데, 모태에서 생명체의 모양을 갖출 때 가장 먼저 생기는 것이 콧구멍이다.

육입: 다섯 번째의 인연인 육입은 눈·코·귀·혀·몸·뜻의 여섯 감각기관을 말하며, 이 육근이 제대로 갖추어져 있을 때 비로소 세상으로 나오지만, 네 살까지는 감촉만 있고 괴로움에 대한 분별능력이 없다.

촉: 사람은 보통 일곱 살 전후로 철이 나기 시작하며 사물을 대할 때 고락을 식별하는 정신작용이 발달한다.

수: 촉으로 인해 느끼는 감수 작용이 바로 일곱 번째인 수로 표현되는 것. 애와 취는 현생에서의 번뇌.

애: 열너댓 살 때부터 시작되는 사춘기의 여러 가지 애욕을 강렬하게 느끼는 때.

취: 성인이 되어 애욕이 성장하여 욕심을 구하는 때를 말한다.

유: 현생에서 짓는 업으로, 애·취와 유는 미래의 인이다.

생: 유로 인하여 미래의 새로운 존재로 태어나는 것이다.

노사: 생이 있으면 반드시 늙음과 죽음이 있다. 생·노사는 애·취·유의 인으로 된 미래의 생이다.

| 모든 고뇌의 원인은 자기 속에 있다

인간의 가장 큰 근본적인 고통인 생로병사는 윤회가 원인이며, 이 윤회에서 자유로워지는 것, 그것이 해탈이고 깨달음인 것이다. 즉 이것이 불교의 기본 가르침인 십이인연 혹은 십이연기의 법이다.

요컨대 우리들은 현실에 대해 모두 의미를 부여하여 보고 있다. 엄밀히 말하면 인간은 무언지 확실히 알지 못한 채로 내면세계의 여러 요소들을 투영하는 자기류의 현실을 만들어낸다. 그러니 현실은 완전히 만들어진 것이라고 하는 사고방식도 생겨나는 것이다.

융의 심리학, 그노시즘, 그리고 화엄 사상에서도 현실은 모두 의미가 부여된 것이라고 생각한다. 현실이 모두 의미가 부여된 것이라고 한다면, 우리 눈앞에 있는 것에 대해서도 완전히 없다고 말할 수도 있는 것이다. 그리고 그것은 결국 있다고 생각하는 것과도 같다. 이처럼 현실과 마음이 만들어낸 세계는 양쪽이 서로 관계하면서 존재하고 있다고 생각한다.

17세기 데카르트Descartes 이후 최근에 이르기까지 근대 합리주의 사상이 과학만능주의를 가져왔으나, 그로 인해 오늘날 과학으로서는 도저히 설명할 수도 없고 회복할 수도 없을 정도로 비참하게 지구가 침몰해 가는 현실을 보게 된 것이다.

현대의 물리학으로 양자장의 이론을 이해하게 되니, 비로소 이 우주의 본질이 2,500여 년 전에 석존이 설파하신 '순냐(śūnya: 空)와 연기의 법칙'과 너무도 일치함에 놀라고들 있는 것이다.

서양의 온갖 학문을 이루어 온 아리스토텔레스Aristoteles의 2차원적인 합리론은 물질을 설명함에 있어서 논리성만을 고집하고 나머지는 형이상학적인 비합리로 몰아세워 3차원과 4차원의 세계가 우리와는 전혀 관련이 없는 것으로 생각게 하는 어리석음을 저질러 온 것이다.

석존께서는 '버려라, 버려라. 지식을 버려라. 지식이란 것은 분별을 낳을 뿐이어서 그 자체 관념에 머무르고 마느니라'고 말씀하셨다. 즉 분별을 버리고 텅 빈 상태에서 오직 직관에 의해 사물을 통찰하여 그것의 통일점, 즉 지혜를 얻으라고 이르신 것이다. 이 통일된 원리, 즉 지혜에 의해 얻어진 원리가 바로 '불성의 평등'이다.

현대의 우리는 부처님의 생존 시가 아닌, 그로부터 약 2,500여 년이 지나간 다음, 더 다음 세대에서 살고 있다. 그러나 부처님의 가르침을 받아들이는 데에는 그때나 지금이나 전혀 차이가 있을 수 없다. 부처님은 "가르침을 바르게 전하는 한, 그 가르침을 누가 전하더라도 상관이 없으며, 그 가르침을 티 없이 받아들이는 한, 아무리 무식한 사람이라도 모두 부처님의 깨달음을 얻을 수 있다"라고 전해 주셨다. 오로지 순수하고도 청순한 마음으로 그 가르침을 바르게 받아들이면 되는 것이다.

| 그노시즘과 기독교, 그리고 불교

그노시스에서는 우리가 아무것도 모르는 채 이 세상에 태어났지만, 우리가 태어난 세계는 본래의 세계와는 다른 것이며, 본래의 세계와 다르기 때문에 나날이 고통을 받고 있다는 사실을 자각해야 한다고 말한다. 즉 자각의 지혜를 가르치고 강조하는 것이다. 그 지혜를 자각했을 때 불교에서 말하는 해탈로 가는 길이 시작된다. 이러한 면에서 그노시스와 불교는 기본적으로 상당히 비슷하다고 말할 수 있다.

헬레니즘 시대에는 지극히 현실적이고 합리적인 경향이 강한 그리스 문화와 종교적이고 환상적인 동양 문화가 서로 만나서 다채롭고 새로운 종교운동이 발생하였다.

기원전 334년 알렉산더 대왕의 동방 원정 이래 동방에 주로 퍼져 있던 다양한 사상들이 기원을 전후해 그리스 문화의 영향 하에서 처음으로 표면에 등장하였으며 새로운 종교운동으로 일제히 전개된다. 기독교도 역시 유태교의 흐름을 이어받은 그 당시의 신흥 종교 중의 하나였다.

그노시스의 종파들은 처음부터 쭉 엘리트주의였으며, 기독교도 똑같은 신화를 언급했지만 그 내용에 대한 해석이 서로 달랐기 때문에, 훗날 기독교의 교세가 융성해짐에 따라 점차 탄압을 받아 전멸하게 된다. 그노시즘의 쇠퇴와 때를 같이 해서 그 밖의 여러 종교들도 모습을 감추게 되고, 기독교는 이 종교들의 특성을 자체 내에 수용하면서 더욱 크게 성장한다. 그노시즘과 비슷한 사상을 갖고 있었던 연금술은 황금을 제조한다는 생각이 겉으로 드러나서 종교 운동으로 인정되지 않았기 때문에 기독교의 탄압을 모면하면서 중세 시대에도 계속 남아 있었다. 불안전하고 질이 낮은 금속 속에는 본래의 성질인 황금이라는 빛나는 혼이 숨겨져 있다고 보기 때문에 그 황금을 추출함으로써, 즉 다시 말해 본래 구원받지 못할 인간의 혼을 회복함으로써 일체가 구원될 수 있다는 생각이다. 연금술은 그 의미와 사상으로 볼 때 그노시즘의 흐름을 이끌어 온 구원의 종교라 하겠다.

종래 서양의 보편주의가 불교를 왜곡해서 본 것으로 크게 두 가지 측면이 있다. 첫째, 불교가 무신론이라는 관점, 둘째, 불교가 철학이지 종교는 아니라는 관점이다.

기독교에는 유일신이 있으나 불교에는 그와 같은 신이 없다. 서구의 기독교에서 보면 불교는 무신론이다. 그러나 막상 '신은 무엇이냐?' 할 때 그 정의를 내리기가 매우 힘들다. 신에 대한 설명에는 일신교, 이신교, 다신교 내지는 범신교 등이 있다. 기독교의 신은 창조신으로, 자연과 인간과 그 외의 모두를 창조한 신이다. 범신론은 신이 그대로 이 세계이고 또한 자연인 것이다. 기독교의 신은 초월신이고, 범신론의 신은 내재신이다.

서구의 관점에서 볼 때, 서구의 보편주의 철학이 자기 내부에서 순환을 거듭할 뿐 아니라 실존주의 입장은 그것을 돌파해서 불교 사상에 이르고 있는 것이다.

신을 내세우지 않는 전형적인 종교가 불교이다.

모든 중생이 다 불성을 가지고 있기 때문에 사람은 누구나 다 부처가 될 수 있다는 것이다. 그러나 대부분의 인간은 번뇌에 사로잡혀 불성이 나타나지 않는다. 즉 인간은 왜곡된 삶을 살고 있는 것이다. 바로 이것을 제대로 바르게 잡아주는 것이 불교 수행의 목적이다. 태어날 때부터 가지고 있는 불성을 찾지 못하고 번뇌와 집착 속에서 헤매이다 다시 불성을 찾는 것, 이런 의미에서 볼 때 불교는 분명히 재결합의 사상이며, 참된 의미의 종교이다. 불교가 십이인연법을 설하고 사성제, 팔정도를 설하는 것은 불교가 인생을 논리적으로 설명한 면이다. 이 때문에 서양인들은 불교가 종교가 아니라 철학이라고 생각한다. 서양철학적인 면에서 본다면 불교는 철학의 존재론, 인식론에 해당하는 하나의 논리적인 철학이다.

인간은 이성의 동의와 감시 아래 우리 자신의 의지의 힘을 사용할 필요가 있다. 이것은 우리 모두의 업이다. 인간은 스스로 자기를 구제해야 한다. 그때에 신도 인간을 구제해 줄 수가 있는 것이다. "신은 스스로 돕는 자를 돕는다" 혹은 "두드려라. 그러면 문은 열릴 것이다"라는 서양의 속담도 스스로가 자기를 구제해야 함을 강조하고 있다. 인간 모두에게 불성이 있다는 것은 우리들 누구에게나 잠재되어 있는 자기 능력을 개발하도록 북돋아주는 힘이 있다는 뜻이다. 신을 내세우는 기독교에서는 불교가 무신론이지만, 그러나 불교는 뛰어난 종교이다. 불교는 기독교에 못지않은 초월과 구제의 사상이 있기 때문이다, 아니, 오히려 더 넓고 더 큰 무게를 갖춘 구제 사상이 있다.

신을 내세우지 않는 종교인 불교에서는 모든 중생이 다 불성을 가지고 있기 때문에 사람은 누구나 부처가 될 수 있는 자질을 가지고 있다고 한다. 그러나 대체로 인간은 욕심과 번뇌에 사로잡혀 잠재하고 있는 그 불성이 나타나지 않는다. 인간은 왜곡된 허울 속에서 살고 있기 때문이다. 이 왜곡된 허울을 벗겨내는 것이 불교 수행의 목적이다. 즉 불성과의 재결합인 것이다. 불성이란 절대로 창조신이나 초자연신은 아니다. 인간이 본래 갖추고 있는 불성은 바로 기독교의 신성과 같다. 오늘날 불교가 종교적인 면에서 다른 어떤 종교보다 더 깊은 사상적 뿌리를 갖고 있는 종교라는 것을 부인할 사상이나 지식인은 없을 것이다.

알버트 슈바이처는 "불교는 논리적 종교이고 기독교는 윤리적 종교"라고 말했다. 오늘날에 와서 종교에 조금이라도 깊은 관심을 갖고 있는 사람이라면 이 말에 선뜻 동조하기가 어려울 것이다. 아마 알버트 슈바이처 자신도 현재 살아 있다면 그와 같은 말을 계속해서 하기는 어려울 것이라고 본다.

불교에는 계율이 있다. 이 계율을 지키고 마음을 평안히 하여 명상을 하고 깨달음의 지혜를 얻는 것은 불교의 핵심 교리를 요약한 것이다. 계율을 지켜나가기 위해서는 마음의 안정이 필요하고, 또한 계율을 지키면 마음의 평정을 얻고, 지혜는 마음이 평정한 상태에서 분명해지며, 지혜의 눈이 생김으로써 선정도 그 의의를 갖게 되는 것이다. 이런 점에서 도덕의식에서의 계율이나 종교의식에서의 깨달음이나 해탈, 구제는 하나인 것이다

불교의 입장에서 본다면, 논리는 단순한 형식논리가 아니고 수행이나 체험에 입각한 종교 체험을 바탕으로 하는 논리이기 때문에 '계·정·혜'가 보여주고 있는 바와 같이 거기서 쉽게 윤리를 구

하는 것이 가능한 것이다. 기독교가 오직 인간 중심의 종교라면, 불교는 인간의 종교이면서 인간 이외의 생명을 가진 모든 것들과 무생물까지도 관심을 두는 종교이다. 더 나아가 불교는 우주적인 종교이다.

불교는 감각을 가진 것뿐만 아니라 존재하는 모든 것에 불성이 있다고 한다. 이것은 바로 인간의 윤리, 동물의 윤리, 식물의 윤리이며, 우주의 윤리인 것이다. 그것은 또한 불교가 윤리적 종교냐, 아니냐 하는 문제를 훨씬 초월해 있는 것이다. 왜냐하면 불교는 생명과 무생명을 가리지 않고, 존재하는 모든 것에 대한 윤리이며, 종교이며, 전 우주의 종교이기 때문이다. 후에 서양철학과 융화되어 기독교에도 신학이 형성되기는 하였지만 처음부터 기독교에 철학적인 존재론이나 인식론이 있었던 것은 아니다. 그런 점에서 기독교는 논리적인 종교라고는 할 수 없는 것이 확실하다. 그러나 불교는 처음부터 뛰어난 논리적인 종교인 동시에 매우 강한 윤리적인 종교란 점도 분명하다.

생명에 대한 존중이 종교의 본질이 아니겠는가?……

기독교에서는 인간 이외의 피조물은 모두 인간을 위해서 만들어진 것이라고 가르친다. 모든 생물과 자연을 인간을 위해서만 이용하다 보니 오늘날 생태계에 비상이 걸리게 된 것이다. 이에 비해 불교는 생명과 무생명을 가리지 않고 모든 존재하는 것을 사랑하는 윤리적인 종교이다. 즉 불교에 있어서는 인간이나 생물, 존재하는 것 그 자체가 사랑이고 자비인 것이다. 불교는 본래가 지혜와 자비의 종교이다. 부처님이 보리수나무 아래에서 깨달은 것은 자비행의 지혜였다. 이 지혜는 자비행이 함께하지 않으면 의미가 없는 것이다. 반야의 지혜는 자비가 되어서 실천이 반드시 따라야 하는 것이다. 그러나 서양의 이성주의 입장에서는 반야의 의미를 파악하기 어려울 것이다. 그러기에 슈바이처 같은 대사상가도 불교에 대하여 대단히 편견적인 해석을 한 것이다.

다행히 오늘날에 와서는 불교의 참뜻이 서양인들에게도 이해되는 정도를 넘어서서, 서양에서 소위 지식인이라고 자처하는 사람으로서 불교에 대해서 제대로 알지 못하면, 그는 이미 지식인층에서 비켜서게 된다는 것을 인정하는 현실이 되어가고 있는 것 같다.

불교는 철학이면서 종교이고, 종교이면서 철학이다!

기독교가 윤리적 종교라면, 불교는 윤리적 종교이면서 논리적 종교인 것이다.

과학의 발달과 불교의 공사상

서양에서 원자핵과 전자에 대한 이론이 발견되기 전까지는 서양 사람들은 불교의 공사상을 도무지 이해할 수가 없었다.

이제까지는 보편주의라는 말로 동양 사상에 대한 서양 사상의 우월성이 주장되어 왔다. 더욱이 근대에 와서는 '과학적인 보편주의'의 사상이 지배적이었다. 서구에서 발달한 자연과학이 기준이 되어 이것으로 모든 것을 판단해 온 것이다. 바로 '과학지상주의'로, 보통 과학적이라는 말을 마치 진리의 기준인 것처럼 사용해 오고 있었다. 과학의 합리주의란 전제 아래 다른 모든 사상을 비판하는 태도가 상식화되었던 것이다. 그러나 불교에서는 그런 합리성과 비합리성의 영역을 초월한 경지에서 지혜를 추구해 왔다. 과학기술의 발달은 우리에게 희망을 주는 면도 많지만, 그에 못지않게 인류를 불행하게 하거나 파멸로 이끄는 요소도 지니고 있다.

서양은 오랫동안 불교가 과학과 대립되는 것으로만 생각해 왔다.

첫째, 서구의 과학은 실증을 가장 중요시하며 말이나 글로서 최대한의 표현을 하여 그것을 객관적인 형태로 제시한다. 그러나 서구인들은 과학적인 실증은 하지 않고 좌선이나 불립문자를 내세워 순간적으로 깨닫고자 하는 태도가 과학정신과는 상반된다고 보았다.

그러나 오늘날에 와서 서양 사람들은 불교의 가르침이 서구의 현대과학과 매우 유사할 뿐만 아니라 보다 앞서 있는 점을 발견하고 놀라고 있는 것도 사실이다. 2,500여 년 전에 석가모니 부처님께서 설해주신 그 가르침 속에서 현대의 물리학이나 과학이나 사상의 중심 되는 요점들이 모두 들어 있다는 데 놀라고 감탄하고 따를 수밖에 없는 입장이 된 것이다. 그들은 불교가 기독교보다 훨씬 더 과학에 접근할 수 있고 어떤 면에서는 오히려 이끌어가고 있는 철학이고 사상이라고 생각한다. 불교가 보다 합리적인 면들을 추구해 왔으며, 이러한 합리성을 지닌 철학에서 현대과학은 그 진로를 발견하게 된 것이다.

한 가지 예로, 불교의 근본 원리인 십이인연법의 가르침이 서구의 과학이 아직 미치지도 못한 태생학의 여러 가지 문제를 해결하고 있다고 보는 점 등이다.

| 석존의 가르침은 존재의 진상을 밝히는 데서부터 시작한다

서양철학의 근본 문제는 '존재란 무엇인가?' 하는 데 있다.

서양철학은 플라톤 이래 오늘날의 실존주의 철학에 이르기까지 '존재의 문제'를 다루어 왔다. 여기에 대해서 불교는 '존재는 실체가 없다'라는 답을 해준 것이다. 불교에서는 모든 것이 인연 따라 생기고 인연 따라 사라지는 것이므로 존재라는 실체를 인정하지 않으며, 이런 무아의 경지를 인간에만 한정하지 않고 모든 사물에 대해서도 실체가 없음을 강조한다. 이를 인정하지 않고서는 공의 원리를 알 수 없는 것이다. 이것이 일체개공一切皆空이다. 이러한 존재론, 인식론은 해탈과 구제에 뿌리를 박고 있다. 존재에 실체가 없다는 것은, 그것을 밝힘으로써 존재에 대한 집착에서 벗어나 깨달음의 경지에 이르게 하기 위함이다. 일체개공은 깨달음을 위한 전제이며 과정인 것이다. 따라서 자연히 불교는 구제론적이고, 인식론 내지 구제론적인 존재론으로서 종교이면서 동시에 철학이다.

심리학에 있어서도 프로이드나 융의 심층심리학이 주장하는 서구의 선구적 이론을 불교가 훨씬 앞지르고 있는 점에 서구인들은 놀라고 있다. 특히 융의 사상은 최근 서구에서 새롭게 재평가되고 있으며, 이에 따라 불교 사상의 새로운 연구가 활발해지고 있다. 그 외에 현대 서구의 사회 사상이나 의학에 있어서도 불교 사상에 바탕을 둔 새로운 연구가 활발히 진행중이다.

불교에서 업의 문제를 다룰 때는 그것은 자기 자신의 문제로, 즉 타인과의 인간관계가 아니라 자기 자신과의 인간관계로 다룬다. 불교에서는 고통을 주로 개인적인 문제로 말한다. 그래서 업과 윤리를 말하게 되는 것이다. 그러나 고통은 혼자서 만들기보다는 타자와의 연기관계에서 일어난다. 연기의 세계에서는 고통과 즐거움이 구별 없이 항상 존재한다. 그러므로 고통과 즐거움에 대한 집착을 버리고, 고통과 즐거움이 동거하는 이중성임을 깨달아야 한다. 이러한 이중적인 동거의 이해가 바로 중도의 참뜻을 이해해 가는 것이다.

명상과 고행으로 열반을 얻지 못한 부처는 혼자만의 방법으로 깨달음을 얻고자 했다. 그리고 마침내 부처는 깨달음을 얻었다.

깨달음을 얻은 석존은 첫 설법에서 다음과 같이 설했다.

"비구들이여, 출가한 자는 두 극단에 접근해서는 안 된다. …… 비구들이여, 나는 이 두 가지 극단을 버리고 중도를 깨달았다. 중도는 눈을 뜨게 하고 지혜를 생기게 하며, 적정과 등각과 열반에 도움이 된다."

도는 육체를 학대함으로써 얻어지는 것이 아니라, 욕망에 집착하지 않는 생활 속에서 철학적 깨달음을 통해 얻어지는 것이다. 철학적 깨달음이 없는 학대는 의미 없는 고통만 가져다 줄 뿐이다.

이렇게 시작한 붓다의 초전법륜이 성공적으로 이끌어진 데는 두 가지 큰 원인이 있다. 첫째, 알맞은 방법으로 설하였음이고, 둘째는 알맞은 대상에게 설함이었다.

알맞은 방법으로 설했다 함은 법을 논리적이고 체계적으로 잘 정리하여 설했다는 것이고, 알맞은 대상에게 설했다 함은 그 법을 이해할 만한 자들을 골라 설했다는 것이다. 이렇게 시작된 초전법륜 이후 붓다가 행한 설법은 그 논리정연함에 있어서 반열반(부처님이 입적함)에 들 때까지 거의 변화가 없었다. 하나같이 논리정연하여 그 차이를 구별할 수가 없었다. 이런 것은 붓다가 최초의 설법을 행하기까지 얼마나 철두철미하게 준비를 했었는지를 알 수 있게 한다.

석존의 깨달음의 도는 본질적으로 모든 사람들에게 개방되어 있다. 그러나 그렇다고 해서 듣는 사람들의 지적 능력의 차이를 무시한 것은 아니었다. 자연히 불법을 이해할 만한 지력이 있는 사람에게는 철학적이고 논리적으로 더 자세하게 설명을 했고, 그렇지 못한 사람들에게는 이해하기 쉬운 비유나 이야기를 통해 간단하게 핵심만 강조하곤 했다. 생활 속의 비유를 통한 부처의 설명은 모든 사람들이 쉽게 이해할 수 있게 하는 가장 합리적인 방법이었던 것이다.

석존은 수행 정진하는 데에도 중용(중도)이 필요하다고 생각했다.

"소나여, 거문고를 뜯는 데조차 줄이 적절하게 죄어 있지 않으면 아름다운 소리를 낼 수 없지 않느냐? 도의 실천도 역시 마찬가지이니라. 각고정진이 지나치면 마음이 격양되어 고요하지 못하고, 정진이 너무 완만하면 나태에 빠진다. 그러므로 소나여, 너는 중中

을 취해야 하느니라."(『잡아함경』)

속세에서 거문고를 잘 타던 제자 소나에게 하신 충고이다.

중中은 정正이다.(중용은 바름이다)

극단적 태도를 취하지 않는 것은 집착함이 없다는 것이고, 집착함이 없다는 것은 사물의 무상함을 안다는 것이다. 석존이 중도를 단순히 생활의 지혜로 말하지 않고 그 안에 깨달음이 있다고 생각했던 것은 그 때문이다.

중용은 때와 장소에 따라, 상대에 따라, 상황에 따라 판단과 행동이 여러 가지 모습으로 변화무쌍하게 달라짐을 의미한다. 각자의 경우에 따라 알맞게 판단하고 처신해야 한다. 그것이 바로 중용이다. 중용은 양 극단을 피하지만 그렇다고 그 한가운데를 뜻하는 것도 아니다. 중용은 저울처럼 유동적인 것이다.

지혜로운 판단은 만물의 이치를 파악하고 있을 때 가능하다. 어떠한 상황이 전개되어 가는 과정에는 수많은 변수가 작용한다. 변화를 주동적으로 포착하는 지혜와 더 넓은 안목이 있어야 현실에 바르게 맞는 처신을 행할 수 있다.

"군자가 천하를 대함에는 절대적으로 긍정하는 것도 없고 절대적으로 부정하는 것도 없다. 다만 의에 견줄 따름이다."(『논어』)

두 명의 바라문 승려가 성자가 될 수 있는 문제로, 한 승려는 부모의 혈통을 들어 말하고, 다른 승려는 계를 지키는 의무를 놓고 말했을 때에 부처님께서는 "인간은 출생에 의해서가 아니라, 인간의 행위에 의해서 바라문이 된다"고 하셨다. 인간에게 가장 중요한 것은, 인간에게는 자신의 자유의지를 가지고 자기의 행위를 선택하는 가능성이 있다는 것이다. 이것이 되느냐, 저것이 되느냐의 결정적인 요소는 자기가 주체의지를 가지고 선택할 수 있는 그 자신의 행위에 의해서인 것이다. 즉 그 행위에 의한 업이야말로 인간의 존재를 정하는 결정적 요소라는 점이다.

신체의 행위에 의해서 나오는 업은 밖으로 향하는 것, 의식의 업은 안으로 향하는 것으로, 입에서 나오는 업은 이 두 가지를 연결하는 것이다. 이상의 세 가지의 업 중에서도 부처님은 마음에서 오는 업을 가장 중요시하셨다.

"모든 법은 마음에 의해 이끌려 마음으로 성립된다. 더러운 마음을 가지고 언행을 하면 더러운 업이 생기고, 맑고 깨끗한 마음을 가지고 언행을 하면 깨끗한 업이 생긴다."(『법구경』)

가지가지의 욕망이나 욕심이 일어나는 마음을 다듬고 얼러서 방향을 바로 잡는 것, 이처럼 조건을 바꾸어 갈 수 있는 것은 자기 자신의 자유의지이다.

| 공사상의 의미

초기불교에서의 공은 단순히 자아 실체성의 부정이었다. 그 후 『반야심경』에 와서 그 부정이 보다 철저화되어 존재의 실체성은 물론 존재를 구성하고 있는 여러 요소들까지도 부정하였다. 나가르쥬나(용수)는 이 『반야심경』을 연구하면서 '공'에 대한 독자적인 해석을 내렸다. '공'이란 일체의 존재가 고정적인 존재성을 갖지 않는 것이며, 또 개개의 존재가 그 자신이 독립하여 존재하는 것이 아니고 무자성으로 타자와 서로 얽히고 함께 함으로서 존재하는 연기를 뜻한다. 그것은 단순한 실체의 부정이 아니고 존재의 의존관계인 연기를 나타내는 것이다.

즉 연기가 무자성이고, 무자성이 '공'이다.

나가르쥬나의 『중론』에서 연기는 불생불멸로 대표되는 사물의 상대적 입장을 초월해 있음을 말하며, 즉 연기는 고정적 견해에 따라 표현할 수 없음을 나타내고 있다. 연기와 공은 고정적 견해에 집착하지 않는 점에서 같다.

공은 중도이기도 하다. 중도는 석존이 초전법륜에서 설명하신 실천론으로서 양 극단의 고정적 입장을 취하는 것을 부정한 것이다. 불교에서 무지라 함은 공에 대한 지식이 없다는 것이다. 공에 대해 무지이기 때문에 현상계에 대해서 그릇된 인식을 낳는다. 따라서 공에 입각해서 현상계를 인식한다면, 유무의 양 극단을 초월한 인식만이 참된 인식이 된다. 그렇다고 경험적 인식이 필요 없다는 것은 아니다. 그것은 궁극적으로는 없애버려야 하지만 진실한 이익을 얻기 위한 방법으로 필요한 것이다. 이 진실한 인식은 인간을 현실계로부터 절대적인 진실의 세계(열반)에 이르게 한다. 나가르쥬나가 말하고자 하는 것은, 이 현상계가 공이며, 연기이며, 동시에 중도임을 인식함으로써 인간은 열반에 이를 수 있다는 것이다.

석존이 공을 설하신 것은 모든 일에 대해서 집착하는 것이 잘못이라는 것을 사람들에게 알리기 위한 것으로, 공에 집착하는 일 또한 부정되어야 한다.(空空)

『반야심경』은 사물의 실체가 없다는 불교 고유의 사상과 모든 실체하는 것은 변한다는 생각을 이론적으로 해명한 공사상이 기본이 되는 경전이다.

나가르쥬나의 공사상은 여러 갈래로 분열되어 있던 불교의 사상을 그 원점인 석존의 가르침으로 되돌아가게 한 것이라고 본다.

서구의 사상가, 철학자들과 불교의 사상

독일의 스콜라 철학자인 마이스터 에크하르트(1260~1327)는 신과 인간이 혈연적으로 동질이므로 인간의 마음속에는 신이 될 수 있는 힘이 있는 바, 이것을 '마음의 불꽃'이라 불렀다고 한다.

기독교에 있어서 기도란 신을 목표로 한 인간 정신의 상승으로서 아우구스티누스의 설을 빌리자면, 그것은 곧 신과의 대화이다. 허나 기도의 방법에 대해선 신학적으로 올바른 대답을 얻기가 어렵다. 기도를 정의하기 어려운 것은 기도의 대상이 신비 그 자체인 신이기 때문이다. 신에 대한 정의가 불가능하기 때문에 신을 대상으로 하는 기도에 대한 논리적인 설명이 곤란한 것이다.

에크하르트는 인간인 우리 모두가 본래 신의 아들이지만 죄로 인하여 암흑 속에 빠져 자기 자신이 신의 아들임을 자각하지 못하는 것이라 하였다. 신의 아들임을 자각하기 위해서는 철저한 자기 포기가 필요함을 강조하고 있다. 이것은 바로 불교의 진리이다. 에크하르트에 의하면 차원이 아주 높은 기도의 한계에서는 아버지인 신이 그 아들을 낳아 신성을 부여하고 현실적으로 기도자가 신의 아들임을 자각하도록 한다고 말하였다. 참선을 하여 견성 체험을 하게 되면 이 몸이 바로 부처임을 자각한다는 불교의 교리와 상통하는 것이다. 신과 일치하는 자는 항상 휴식 속에 있다. 신과 함께 있음을 자각하는 자는 언제나 평안의 경지에 있는 것이다. 바로 임제 선사가 말하는 '무위진인(無位眞人: 본래의 면목에 투철한 참사람)'인 것이다.

우리의 몸 안에는 모든 것을 초월한 진인이 있다. 이 진인이 눈을 뜨면 모든 차별상을 초월하여 자재롭게 되는 것이다. 모든 것에서 완전히 해탈한 인간은 우주의 본성과 하나가 되고 모든 것으로부터 자유로워져 기쁨, 고뇌, 사랑, 증오 등의 대립을 초월할 수 있다는 것이 임제선의 내용이다.

외로운 철학자 스피노자(1632~1677)는 유태계의 홀란드 태생으로서, 범신론을 제창하다가 기독교로부터 이단자로 학대를 받은 사람이다.

불교에서는 신을 인정하지 않는다. 따라서 기독교 측에서 보면 불교는 종교가 아니라고 주장할 수도 있겠다. 하지만 신이 무엇이냐고 물으면 서양의 지식인들은 당황한다. 또 기독교의 일신론 이외에도 이신론, 다신론, 범신론 등이 있다.

범신론은 모든 존재가 신이라는 입장이다. 이러한 범신론은 문예부흥기에 가톨릭 신부이면서 철학자인 부루노(Giordano Bruno, 1548~1600. 코페르니쿠스의 지동설을 지지한 죄로 교회에서 이단자로 몰림.『원인과 원리와 일자』라는 저서에서 유기체적 무한성의 우주론을 주장. 결국 1600년 2월 8일 이태리에서 많은 대중들이 지켜보는 가운데 화형을 당함)나 그 이후의 스피노자에 의해서 제창되었다. 스피노자의 기본적 입장은 '신은 곧 자연'이라는 것이다. 실체가 그 자신에 의해서 존재하는 것, 즉 그 본질이 존재를 포함하는 것, 그것은 곧 자기원인이다. 신이란 무한히 많은 속성으로 이루어지는 실체이다. 모든 속성을 포함한 실체로서의 신은 필연적으로 존재한다는 결론이 나온다. 신의 본질에는 모든 존재가 포함되어 있기 때문이다. 신 이외에는 따로 어떠한 실체도 존재할 수가 없고 상정할 수조차 없다는 결론이다.

스피노자의 신은 스콜라 철학에서 말하는 자연을 초월한 신은 아니다. 그것은 자연 가운데 내재하는 신이다. 범신론이고, 범불론이다.

그리스 신화에 나오는 대지의 어머니 가이아의 이론에 의하면, 지구는 살아 있는 생명체이다. 땅속에서 지열이 나오면서 그로 인해 땅이 불쑥 솟아나오기도 하고 깊게 파지기도 하고, 땅 자체가 움직이기도 하면서 화산 활동을 일으키고, 바닷물이 증발하여 비를 내리고 땅이 이를 흡수하여 산천초목이 자라게 되고, 대기에는 커다란 대류 운동이 일어나 기후를 변화시킨다. 땅, 바다, 대기 이들은 서로 에너지로 연결되어 있는, 살아 있는 지구를 이루고 있다.

동양의 생명관에서 보면, 인간은 하늘과 땅의 뜻을 도와서 만물을 모두 평등하게 천지자연의 이치대로 길러 잘 자라나게 하는 의무를 지닌다고 본다. 중국의 장자 역시 생명 중심적 평등사상을 펴면서 인간은 다른 종의 지배자가 아니라 평등한 관계를 이루어 가는 하나의 일원으로 보았다. 동양 사상에서 자연에 대한 사랑은 자연을 자연 그대로 두는 것이다. 어느 때 어느 곳에서나 인간의 손이 닿는다면 의식적인 것이 되고 인간의 강한 집착심 때문에 파멸이 된다는 것을 인간의 역사에서 잘 보아왔다. 자연을 자연 그대로 유지시켜 가는 것이 자연에 대한 인간의 사랑이자 의무이다.

우주 생명에서는 정신과 물질이 하나로 되어 있으며, 그 형태와 실체는 우주의 근원적 에너지, 즉 우주 생명의 표현이라고 영국의 물리학자인 화이트헤드는 주장한다. 화학자인 일리야 프리고진은 생명이란 무생명의 자기조직화 과정의 요동에서 자연스럽게 생긴다고 보았다. 생명은 항상 요동하고 있으므로 항상 새로운 조합을 시도한다고 본다. 원자나 분자와 같은 저차원의 유기체로부터 동물이나 식물 같은 생물로서의 유기체, 그리고 인간과 같은 지적 유기체에 이르기까지 자연은 계층적 질서를 유지하고 있는 것이다.

데카르트에 있어서는 사고와 연장이 정신과 물체라는 두 가지 실체의 속성이지만, 스피노자에게 있어서는 사고도 연장도 유일한 실체로서의 신의 속성이다. 정신과 물질은 이미 독립적인 개체가 아니고 신의 속성의 표현에 지나지 않는다. 신은 물질과 정신을 존재하게 하는 원인이다, 신은 그 자신 이외의 모든 것의 원인이 되므로 자연 속의 모든 것은 신의 본성에서 필연적으로 생성되는 것이다. 신은 모든 것의 원인이지만, 이 모든 것에 대해서 초월적인 것은 아니다. 여기에 '신즉자연神即自然'이라는 근원적인 개념이 명백해진다. '신즉자연'이라는 형이상학적인 관념은 자연현상의 인과관계를 과학적 사고와 모순됨이 없이 고찰할 수 있게 한다. 스피노자의 범신론은 엄밀한 논리적 사고의 귀결이며 신비주의와는 거리가 먼 것이다. 기독교의 신은 창조적이며 세계, 자연, 그 속에 사는 인간, 모든 것을 창조한 초월신이다. 따라서 신은 자연과 인간을 초월한 존재다. 범신론을 주장하는 스피노자는 '신즉자연'을 말하는 내재론의 입장이다. 신과 자연과 일체가 되는 일종의 신비주의도 생기게 된다. 기독교 사상 속에도 신비주의는 흐르고 있다. 그러나 정통파 기독교에서는 기독교 신비주의를 이단시한다. 피조물의 입장에서 신과 일체가 되고자 하는 신비주의의 입장을 용납하기가 어렵기 때문이다. 이리하여 스피노자의 범신론은 무신론이며 반기독교이며, 즉 종교가 아니라는 낙인이 찍히게 된다. 또 하나의 극단은 '신즉자연'에 있어서, 신이 자연 속에서 해소될 수 있다는 점이다. 모든 것은 신을 속에 담은 자연과 세계의 기계론적인 인과법칙에 따라서 운행한다. 따라서 범신론이라는 용어에도 불구하고 유물론적인 관점으로 기울어지게 된다. 기독교 정통파가 범신론을 무신론으로 보고 배척하는 것도 이 때문이다.

　신을 부정하는 무신론이나 그럴 가능성을 지니고 있는 범신론은 종교가 아니며, 따라서 불교도 종교가 아닌 것이다. 서양의 지식인들은 불교를 스피노자식의 범신론으로 보았던 것이다. 불교는 신을 내세우지 않는다. 그럼에도 불교는 뛰어난 종교이다. 불교를 종교라고 할 수 있는 충분한 조건은 부처님의 초월과 구제에 있다.

스피노자는 서양의 전통적인 신앙에 대하여 의문을 품고 비판적인 견해를 발표하였기 때문에 박해를 받았지만, 자유로운 사색활동을 즐기고 가난 속에서 저작활동을 해온 그의 사상은 과학적이고 논리적이며, 그의 자연론에 이르러서는 불교, 특히 밀교와 유사한 점을 많이 지니고 있다.

독일의 철학자 칸트는 독일인 가운데 상세하게 인도를 연구한 최초의 철학자이다. 물론 그것은 철학자로서가 아니라 지질학자로서이다.

칸트가 본 인도인의 종교관은 다음과 같다. '어느 민족이나 자기의 종교를 가지고 있다'고 인도인은 생각한다. 따라서 그들은 남에게 자기의 종교를 강요하지 않는다. 그들은 기독교 선교사의 설교를 열심히 듣는다. 그러나 그 후에 인도인은 자기의 종교를 이야기한다. 복음을 전하는 데 왜 따르지 않느냐고 기독교 선교사가 화를 내면, 인도인은 조용히 대답한다. "당신의 말이 옳다는 것을 당신이 증명하지 못했어도, 나는 당신의 말을 다 들었습니다. 그런데 당신은 왜 우리의 말을 듣지 않습니까?"

이 말에 칸트는 감화를 받았는데, 그것은 인도인의 도덕적 성격에는 다른 인간에게 해를 주는 요소가 전혀 없음을 느꼈기 때문이다.

칸트는 '불교가 말하는 바에 의하면, 종교의 차이는 별것이 아니다. 불교의 한 신조는, 신이 여러 가지 다른 종교를 다 좋은 것으로 보기 때문에 불교도는 다른 종교의 신자에 대해서 극도로 관대하다. 특히 다른 종교를 믿는 가난한 자들도 돕고 있다'라고 하여, 당시의 기독교가 상상도 할 수 없는 장점을 가지고 있는 불교를 찬양하고 있다. 그 시대의 기독교는 기독교 신자들만의 세상을 주장하고 있었던 때라 실질적으로도 역사적으로도 기독교인이나 기독교 세상이 아닌 것에 대해서는 전혀 관심도 사랑도 구원도 없는 냉정과 잔혹뿐이던 세상이었던 것이다.

세상의 종말과 하늘나라의 메시지만을 전했던 예수의 사상과 행동은 다음과 같은 말에서 엿볼 수 있다.

"진실로 너희에게 말하거니와, 이 세대가 지나기 전에 이 모든 일이 성취될 것이다."
"진실로 너희에게 말하거니와, 여기에 서 있는 사람들 중에서 사람의 아들(인자)이 왕국의 임금으로 다시 오는 것을 죽기 전에 볼 사람도 있을 것이다."

이 급박한 사실을 세상에 알리고자 제자들을 내보내면서도 예수는 "너희들이 이스라엘 마을을 전부 돌기 이전에 인자가 올 것이다"라고 말했다. "아버지가 완전하심과 같이 너희도 완전하라." 이 계명은 오직 하나님만 사랑하고, 마치 이 현실의 세상이란 없는 듯이 행동하고, 이 세상에 모든 부조리가 없는 듯이 행동하라는 명령이다. 고로 마치 인간은 이 세상에 존재하지 않으며 이 세상을 구원한다거나 개조하려는 욕망을 초월한 상태를 전제로 하며, 이런 의미에서 그의 명령은 천국의 백성이 된 성인을 향한 계명이다. 하늘나라는 세상도 아니고 역사도 아니고 후세도 아니다. 하늘나라의 뜻은 하늘나라의 삶이다. 예수의 의지는 이 세상에서의 삶을 선도하고 전하는 뜻은 아니었고 오직 이 세상의 끝이나 그 다음에 올 하늘나라 그것뿐이었다. 그런데 우리들 인간은 아직도 여기 이 땅에서 살고 있는 것이다. 또한 예수가 예언한 것처럼 세계가 그렇게 끝나지 않았다. 이런 상황에서는 모든 사고와 행동은 수정을 받아야 한다. 또한 이것은 '기독교의 문화'를 토론할 때마다 이율배반적인 성격을 만들어낸다. 예수에 의해 모든 사람이 다 구제를 받는 것도 아니다. 인간 가운데 몇 명만이 뽑힐 뿐이다. 또한 예수는 하나님을 철저하게 사랑해야 하는 계율에서 낙오가 되어 지옥으로 떨어진 영혼들에 대해서는 일말의 동정이나 구원책을 보이지 않았다. 오늘날 기독교인들의 극단적인 배타정신은 그들의 종교로서는 바꾸어질 길이 없을 것 같다. 칸트가 발견한 것이 바로 이 점이라고 본다.

또한 칸트는 버마의 불교에 대해서, 서양의 기독교인이 본받아야 할 점을 다음과 같이 말했다.

"버마의 불교 스님들은 이 세상에서 가장 자비심이 많은 사람들이다. 그들은 집집으로 돌아다니며 보시 받은 음식으로 살지만, 자기에게 꼭 필요한 한두 가지 외에는 모두 가난한 사람들에게 준다. 종교의 차이에 관여하지 않고 살아 있는 것에 대해서 끝없는 자비를 베푼다.”

그 당시 보다 더 배타적이었던 기독교에서는 전혀 볼 수 없었던 것으로 불교 스님들이 아무런 차별도 없이 모든 사람에게 골고루 나누는 자비실천을 말한 것이다.

칸트는 인류가 나아가야 할 하나의 이상적인 방향에 대해서 극찬하고 있다.

중국의 불교에 대해서는 “그들은 영혼의 윤회를 믿고, 그들 사이에서는 무無가 모든 사물의 근원이다”라고 말하고, 그 고도의 철학성에 대해서 언급하고 있다. 또한 일본에 대해서는 “그들이 『묘법연화경』이라는 경전을 근거로 그 교의를 실제 생활에 응용하는 방법이 탁월하며 매우 도덕적이므로, 독일인이 이 점을 보았으면 하고 느낀다”라고 말한다.

칸트는 평생 동안 신비에 싸인 티베트에 매혹되어 왔으며 “티베트는 세계의 다른 어느 나라보다도 먼저 학문과 문화가 일어나, 인도의 깊은 철학도 그 근원은 거기에서 온 것이 거의 확실하다”고 말한다.

칸트는 그의 박식하고 대담한 언어학적 지식을 근거로 유럽의 여러 가지 제식과 의례에는 티베트 문화의 영향이 짙다고 주장하였다. 특히 칸트의 마음을 사로잡은 것은 영혼의 윤회에 대한 것이다. 윤회야말로 동양이 가진 아름다운 개념으로 동양인의 몽상적 근원은 바로 여기에 있다고 지적한다. 아울러 인간의 사후에 대해서 서양인의 식견이 너무 좁은 데 대해서 놀라지 않을 수 없다고 말한다.

불교나 힌두교는 근본에 있어서 다른 종교에서 볼 수 없는 위대한 순수성을 지니고 있다는 점을 칸트는 높이 평가하고 있다. 그는 다른 데서 볼 수 없었던 신성에 대한 순수한 개념을 직감한 것이다.

1785년 영국인 찰스 윌킨스Charles Wilkins가 『바가바드 기타 Bhagavad Gita』를 산스크리트어에서 번역해 내고, 1789년 영국인 윌리암 존스가 깔리다사의 희곡 『샤꾼딸라』와 『마누법전』을 산스크리트어에서 번역했고, 그 후 고대 인도의 여러 분야의 논문들이 발표됨에 따라 불교에 대한 본격적인 연구가 시작되었다. 이러한 업적은 특히 독일에서 문화적인 개화가 이루어졌으니, 괴테는 『샤꾼딸라』의 영향을 받고 그 형식을 본떠서 『파우스트』를 썼고, 헬더는 『바가바드기타』의 시행을 자유롭게 자기 시에 응용했다.

칸트에서 시작해서 슈펭글러, 막스 쉘러, 슈바이쳐, 야스퍼스에 이르는 수많은 독일의 철인들은 인도사상이나 불교에서 자기의 양식을 끄집어 내온 것이다.

칸트가 특히 지목한 점은, 인도인이 기독교 선교사들의 이야기를 듣는 데 비해 기독교 선교사들은 인도인의 종교에 대해 듣지 않는 독선이다. 특히 일본에 대해서 언급함에 있어서 『법화경』의 정신이 일본을 일으키는 사상이 되고 있으니 서양에서 그것에 관심을 두고 있어야 한다는 주장이다.

헤겔(1770~1831)은 독일의 철학자로서, 소크라테스나 플라톤의 뒤를 이어 변증법을 철학의 한 방법으로서만이 아니고 삼라만상의 법칙을 설명하는 논리로서 적극적인 형태로 밀고나갔다. 사실상 형이상학은 인간 인식의 유한성이라는 범위를 넘어서 초경험적인 영역을 다루려다 스스로 혼란에 빠지게 되는데, 칸트는 그러한 철학을 인간의 인식능력의 한계를 자각하지 못하는 데서 오는 가상이라 보고, 이 가상에 대한 비판을 초월론적 변증법이라 하였다. 이 변증법을 토대로 헤겔은 독자적 변증법을 확립하였다. 헤겔의 변증법은 진리에 도달하기 위한 방법일 뿐 아니라 진리 그 자체의 구조이다. 그 진리도 모순을 전제로 한 정적인 것이 아니고, 모순을 원동력으로 발전하는 동적인 것이다. 모든 것은 변증법적인 운동을 하며, 운동은 즉자(본래 그 자체로서), 대자(자체를 위한), 즉대자라는 세 가지 단계를 경과한다고 본다. 즉자는 운동의 출발점으로서 아직 스스로를 전개하지 않고, 말하자면 직접적 자기 속에 깃들어 있는 상태이다. 그러나 모든 존재자는 참된 의미에 있어서의 자기가 되기 위해서 타자와의 다양한 관계 속에 들며 그 속에서 비로소 자기를 자각하게 된다. 인간은 태어날 때 각각 다르지만 이미 자기 개성의 자각이 성립하는 것은 다른 인간들과의 관련 속에서이다. 이러한 관련 속에서 자기를 자각하는 것은 동시에 타자를 자기에 대립시키는 것으로서 의식하는 일이다. 타자와의 대립되는 관계 속에서의 자기를 자각한 상태가 대자이다. 대자는 하나의 모순되는 의미를 갖는다. 그것은 얻은 것처럼 보이는 '자기'라는 자각의 상실 때문이다. 왜냐하면 내가 나라고 자각하는 것은 내가 다른 자가 아니라는 것, 타자를 자기와 대립시켜 배제함으로써만 가능하다. 자기에 대한 자각에는 타자와의 관계가 포함되어 있기 때문이다. 참된 자기란 타자와의 모든 관계 속에서 타자와 공존하는 가

186

운데 유지하는 자기로서, 이 단계를 헤겔은 즉대자라 한다. 이것이
헤겔의 논리학 개념의 체계이다.

　나무에서 꽃, 꽃에서 열매, 열매에서 씨, 씨에서 다시 이어지는
그 전개에는 그 전의 다른 단계를 부정적으로 넘어서 새로운 단계
를 여는 작업이 포함되어 있다. 여기에 부정이 없이는 전개가 이루
어지지 않는 이유가 있다. 한편 새로운 단계는 그 전단계 속에서 잠
재한 것이 나타난 것이다. 즉 과일의 근원은 꽃 속에 잠재해 있다.
그 점에서 본다면 과일은 꽃이 지양한 것, 즉 꽃의 성취이며 꽃 자
체에 포함되어 있는 의도의 실현이다.

　역으로 보면, 꽃은 스스로 내재해 있는 의도로 꽃 자체를 부정함
으로써 완성하여 과일이 된다. 이런 과정을 헤겔은 지양(어떤 사물
에 관한 모순이나 대립을 부정하면서 도리어 한층 더 높은 단계에서 이
것을 긍정하여 살려 가는 일)이라 한다. 이 지양의 과정은 하나의 비
약인 동시에 하나의 연속이며 그 두 가지가 일체가 된 역동적인 구
조이다. 이러한 구조는 모든 전개 속에 내재해 있다. 때로는 잠재적
으로 포함되고 때로는 그 잠재적인 힘의 축적이 새로운 단계에의
비약이 되어 나타난다. 이러한 형태로 이 지양이라는 과정은 전개
의 전체를 지배하고 있다. 그러므로 꽃이 되는 단계의 배후에는 그
이전의 단계가, 또 그 단계의 배후에는 또 하나의 전단계가 있어 처
음부터 모든 단계가 층층이 이어져서 짜여 있다. 따라서 어느 단계
든지 거기에는 처음의 씨 속에서 잠재해 있는 생명 전체가 작용하
고 있는 것이다. 따라서 생명 있는 모든 존재, 즉 끊임없는 생성으
로서의 존재의 전개에는 지양의 동적인 구조가 포함되어 있는 것

이다. 거기에는 끊임없는 부정성과 부정성의 부정성으로서의 긍정성, 즉 비약, 다시 말해서 부정적인 초월과 연속의 회복, 초월의 내재화가 하나의 과정으로서 동시에 행해지며, 그러한 정해진 이치가 발전 과정 전체를 지배하고 있는 것이다.

헤겔의 변증적 논리의 기반은 일상적인 경험도, 과학적인 지식의 입장도 아니며, 그보다는 사물 자체의 내면에 파고드는 구체적인 즉물성의 입장이지만, 이를 헤겔은 실체적인 생이라 표현한다. 헤겔이 말하는 사물 그 자체의 즉자태(즉자=다른 것과 관계를 갖지 않고 그 자체로서 존재하고 있는, 잠재해 있는 것), 이러한 즉자태에서 출발하는 변증법의 이론은 그의 '정신 현상학' 속에 명확하게 규명되는데, 정신이란 철학적 이성의 이법이고, 현상학이란 사물 그 자체의 입장을 말하는 것이다.

인간의 감각적인 의식 속에도, 그 이후의 여러 가지 정신현상 속에도 절대자의 본래적인 내용인 영원한 이법이 그 자체를 나타내지 않는 방식으로 나타내고 있는 것이다. 그것은 모든 것을 영원의 실상에서 보는 『반야심경』의 공의 세계와 유사하다. 헤겔 논리학의 시작에 '유'로서 절대자를 둔 것은 기독교적인 신의 성격을 띠고 있다. 헤겔의 철학체계가 방법론적으로는 변증법 논리라는 것도 그 의미에서는 기독교적인 유신론의 성격을 나타내고 있다.

절대적 부정이란 헤겔 철학의 근본을 이루는 변증법의 논리에 있어 본질적인 것이다. 절대적인 것을 포착하는 자는 그 자신이 절대적인 것 속에 들어간 자라야 한다. 철학적 지는 절대적인 것에 대한 지적 사랑이라는 성격을 지녀야 한다. 그것은 절대적이고 그 자신의 내부 속에서 그 자신을 파악하는 그러한 작용으로 들어가 파악해야 한다. 거기에 따르는 지혜는 커다란 지혜이고, 반야의 지혜이다. 그것은 '유'이지만 있는 그대로의 '유', 진여로서의 '유'이다. 즉 색즉시공, 공즉시색이다.

쇼펜하우어(1788~1860)의 논리는 다분히 불교적이며, 그의 철학 또한 불교를 떠나서는 생각할 수가 없다. 말년에는 불교적 요소를 기반으로 자신의 철학 내용을 이룩해 나갔다. 그에게 결정적 영향을 준 것은 『법구경』이다. 불교와 기독교의 본질적 차이를 연구하고, 불교를 높이 평가했으며, 특히 고집멸도의 사성제는 그의 사상의 핵심을 이루고 있다.

석존이 인생고의 근본 원인을 더듬어 선악보다도 더 깊은 곳에 지知와 무지가 있음을 강조하고 참된 깨달음에 의해서만 해탈의 경지에 들 수 있다고 본 것처럼, 쇼펜하우어도 이 세계의 현실을 고뇌와 미망으로 보고, 다소 궤변적이기는 하지만 여기에서 벗어나기를 시도한다. 특히 집제에 대해서, 석존의 교훈에는 신비로운 데가 없고, 십이인연설 등이 현실적인데 비하면 쇼펜하우어의 철학은 공상적이고 형이상학적이지만 그 주장하는 바는 석존의 사상을 따른다. 멸제에 있어서 쇼펜하우어의 철학에 절대적인 영향을 준 것은 해탈론이다. 석존의 열반은 존재와 비존재의 문제가 아닌 초존재의 개념인데, 쇼펜하우어가 생각하는 열반의 의미는 그것과는 다르다. 도제에 있어서 쇼펜하우어가 주장하는 고행과 금욕, 정진과 정결, 무욕과 청빈은 석존의 팔정도의 올바른 인식과 일치하며,

중생의 고뇌를 나의 고뇌로 삼고 번뇌의 베일을 제거하고 자타의 구별을 망각하는 것이 가장 중요한 해탈의 요인을 이루고 있다.

쇼펜하우어의 사상은 석존과 마찬가지로 해탈케 하는 자로서의 신이나 초월적 존재를 필요로 하지 않고 자기를 해탈케 하는 것은 자기의 바른 인식에 있다는 데 그 사상의 특징이 있다. 석존은 중생을 해탈케 해주는 구세주가 아니며, 자신이 해탈한 것처럼 중생도 해탈하도록 가르쳐준 사람이다.

이상과 같이 쇼펜하우어의 철학은 그 근본이 불교의 해설에 지나지 않는다.

독일의 가극 작곡가인 바그너(1813~1883)는 쇼펜하우어와 니체의 영향으로 불교의 경전을 통독하였으며 특히 아난의 전생 이야기에 매혹된다.(「승리자(die sieger)」) 바그너의 「승리자」가 석존에 대한 그의 신앙에서 나온 것은 말할 것도 없지만, 특히 『법구경』에 심취한 바그너는 그 속에서 나오는 "자기 자신을 극복하는 자가 가장 위대한 승리를 구하는 자이다"에서 감명받았다. 바그너는 불교의 윤회 사상과 그의 음악 세계를 연결함으로서 독창적 예술을 만들어낸다. "세계에 나타난 가장 위대한 현상은 세계를 정복한 자(welterobrer)의 업적이 아니고 자기를 이겨냄으로서 외계를 극복하는 자(weltuberwinder)의 업적"이라는 쇼펜하우어의 말을 인용하여 그 당시 나폴레옹보다 뛰어난 인물이 있음을 말하고 있다. 바그너의 「승리자」 착상은 1856년 5월 16일에 이루어졌다고 그의 비망록에 기록되어 있다.

러시아의 사상가인 톨스토이(1828~1910)는 기독교적 인도주의자로서 말년에 『열반경』을 읽고 사상이 급변하게 되는데, 그것은 도망칠 수 없는 상태로부터 출구를 찾는 것, 그것만이 그의 『참회록』 이후의 저작에 일관되어 흐르고 있는 사상이다.

『독사와 쥐 두 마리, 그리고 꿀에 얽힌 나그네의 이야기』에서 그는 "무엇보다도 오랫동안 나의 잔인한 진리로부터 눈을 돌리게 한 몇 방울의 꿀, 가정에 대한 사랑과 내가 예술이라고 부르는 저작에 대한 사랑, 이것은 이미 나에게 있어 달콤한 것은 아니다"라고 말했다.

이 장면은 『열반경』에 나오는 인간 생활의 어리석음을 말해주는 비유이다. 나그네는 우리 인간이고 우물은 가정이다. 맹수는 죽음이다. 죽음이 무서워 인간은 도망치려고 한다. 독사는 인간의 몸을 구성하는 지수화풍 사대이다. 벌꿀은 오욕향락과 애욕의 세계이다. 넝쿨은 70여 년이라는 우리의 인생이다. 흰 쥐와 검은 쥐는 밤과 낮을 가리킨다. 톨스토이는 그의 만년에 부처님의 가르침에 가장 큰 감동을 받았다고 그의 『참회록』에서 말하고 있는데, 특히 『열반경』에 나오는 이 우화가 인생관을 근본적으로 바꾸어 놓은 것이다. 그때까지 독실한 기독교 신자였던 톨스토이는 기독교의 지식 속에서 그 문제에 대한 해답을 얻지 못하여 자기를 둘러싼 사람들 가운데서 해답을 얻으려고 추구했으며, 그는 『참회록』에서 다음과 같이 말한다.

내가 발견한 것은 우리가 빠져 있는 끔찍스러운 상황으로부터의 출구는 4개가 있다는 것이다. 제1출구는 무지라는 출구이다. 그것은 인생이 악이라든지 무의미하다는 것은 알지도 못하고 이해하지도 않는 일이다. 이러한 사람들은 대부분이 여자 내지 젊은 사람 등 매우 어리석은 인간들이다. 석존이나 솔로몬이나 쇼펜하우어가 생각한 인생의 문제는 전혀 알지 못하는 사람들이다. 그저 꿀만 빨고 있는 인간들이다.

제2출구는 향락주의라는 출구이다. 그들은 인생이 허망하다는 것은 알고 있지만 잠시나마 눈앞에 놓인 행복을 누리며 독사나 쥐로부터 눈을 돌려 잠시라도 꿀이 있을 때 많이 마음껏 빨려는 사람들이다. 그들은 '늙고, 병들고, 죽어야 하는' 불가피성의 문제를 잊고 있는 것이다. 그들 가운데는 그들의 둔한 사고력, 상상력을 실증주의라고 칭하는 철학자도 있다. 그들에게서 내가 배울 점은 아무것도 없다.

제3의 출구는 힘과 에네르기에 의한 출구이다. 그것은 인생이 악이고 무의미한 것임을 이해하고 이생을 멸하도록 하는 것이다. 나는 이것을 가장 멋있는 출구라 보고, 그리고 이 출구를 취해야겠다고 생각했었다.

제4의 출구는 약함이라는 출구이다. 그것은 인생이 악이나 무의미함을 이해하고 있으면서 또한 인생이 어쩔 수 없는 것임을 알고 있으면서도 인생을 연장코자 하는 일이다. 이 부류의 사람들은 죽음이 삶보다 강함을 알고 있지만 이성적으로 행동한다. 즉 이기심을 끊어버릴 만한 힘이 없기 때문에 마치 무엇을 기다리고 있는 것처럼 행동한다. …… 나는 이 부류에 속해 있다.

인생이란 나에게 대하여 연기하는 어리석은 연극임을 알고 있으면서 그대로 나는 세수하고 옷 입고 먹으며 지껄이고 글을 쓰고 있다. 이것은 내가 가슴이 막혀드는 듯 고통을 받고 있는 일이지만 나는 이 경지에 머물러 있었다.(『참회록』 제7장)

그리고 나는 가난하고 소박하고 교육을 받지 못한 자 중에서 신만을 가진 자들, 순례자, 수도승, 분리파교도 백성들과 친했었다. 민중 출신인 그들의 교양은 기독교적인 것이었다. 허나 기독교의 진리에는 너무나 많은 미신이 있다.(『참회록』 제10장)

사활에 관한 문제와 교회와의 제2의 관계는 전쟁과 사형에 대한 관계였다. 그 당시 러시아인들은 기독교적인 사랑의 이름으로 자기들의 동포를 학살하기 시작한 것이다. 이 문제에 대해서 생각하지 않을 수 없다. 살인이 모든 신앙의 제1원리로 되돌아가버린 악을 묵과할 수는 없었다. 그러나 이와 동시에 교회에서는 아군의 승리를 위한 기도가 올려지고 신앙의 지도자들은 이 살인을 신앙에서 나온 행위로서 인정한 것이다. 전쟁 중에 살인뿐만 아니라 전후에도 계속해서 혼란기 동안에 길을 잘못 들어 어쩔 수 없게 되어버린 청년들의 학살 짓거리를 교회의 사람들, 교회의 전도사들, 수도승, 고해자가 시인하고 찬양하는 것을 보고 나는 놀라지 않을 수 없었다.(『참회록』 제15장)

이처럼 톨스토이가 기독교로부터 이탈하여 시대의 위기를 거쳐 사상적으로 대전환기를 맞이한 것은 그의 『참회록』을 발표한 이후의 일이다.

구원의 길은 우리의 마음속에 있는 것이다. 구원의 문을 밖에서 열려고 하면 할수록 문은 열리지 않는다. 한 걸음 뒤로 물러서서 안을 향하여 문을 열면 구원의 문은 반드시 열리게 되어 있다. 모든 구원은 우리의 마음속에 있다. 마음의 눈을 뜨면 부처님의 자비가 인간의 마음속에 비쳐질 것이다. 비록 인생이 고뇌로 넘쳐 있다 해도 참된 자기의 생활을 발견하며 그 고뇌를 넘어섰을 때 참된 인생이 자기 앞에 전개되는 것이다.

톨스토이의 『참회록』에서 적나라하게 표현한 종교적 체험과 그 이후에 전개한 논쟁적인 종교 논의가 하나의 사상으로 굳어진 저작이 『우리의 신앙은 무엇에 달려 있는가?』이다. 여기서 우리를 가장 놀라게 하는 것은 그리스도의 개인적인 부활, 죽지 않음을 철저히 부정한 점이다. 오히려 생사의 의의를 깨닫고, 편안한 마음으로 일하고, 고뇌를 견뎌내고, 허무한 인생에서 선을 추구하며 살다가는 소박한 민중의 모습 속에서 그는 위로를 찾았다.

우리에게 불성이 있다는 것은 우리들로 하여금 언제나 의욕과 용기를 갖게 해 주며 또한 우리로 하여금 모든 잠재능력을 개발하도록 촉구하고 있는 것이다.

불교서적을 읽으면 읽을수록 그것은 심리학, 특히 무의식적인 마음의 움직임을 연구하는 정신분석적인 사고와 유사한 점을 발견하고 놀라게 된다.

정신분석학의 창시자인 독일의 프로이드(1856~1939)는 융처럼 불교에 대한 연구를 깊이 하지는 않았다. 불교에 관심은 가졌지만 프로이드의 심리학에는 헬레니즘의 사상이 흐르고 있으며, 헬레니즘은 알렉산더 대왕의 동방 정복에서 비롯하여 서양의 전통인 희랍적인 것과 소아시아에서 인도에 걸친 동양적인 것이 융합해 태어난 것이기 때문에 프로이드의 심리학 그 자체가 불교적인 것과 관련을 가지고 있다고 보겠다.

불교는 본래 인간의 마음의 헤매임인 번뇌를 분석하고 그 정체를 알고 스스로 그것을 처리함으로써 허망의 세계에서 벗어나고자 하는 종교이다. 석존은 이 문제를 각자가 구체적인 모습으로 알 수 있도록 상대방의 입장에 비추어 가르쳤으나 그것은 다양성을 지니고 있기 때문에, 석존이 세상을 떠난 이후 여러 가지 이론에 의해 심식설이 나오게 된다. 불교에서 말하는 번뇌는 인간이 일상생활에서 현실의 대상을 지각함으로써 자기가 받아들인 것에 상상력을 뒤섞어 거기에 사로잡혀 버리는 상태를 말한다.

불교에서는 인간의 지각(감각기관을 통해 외부의 사물을 인식하는 것)을 분류하여 육근·육경·육식의 십팔계설의 사고에 대해서 말하고 있다. 육근은 눈·코·귀·혀·몸·뜻, 즉 지각의 작용이다. 이 작용으로 인하여 지각되는 대상이 색·소리·향기·맛·촉감·법이라는 육경이다. 십팔계에 이르면 여기에 인식이 더 붙는다. 즉 눈으로 보거나 귀로 듣는 것에 대한 분석이다. 불교에서는 그 발생 초기부터 지각하는 주체와 지각되는 객체를 나누어 생각해 왔는데, 이 분석은 지각심리학과 유사하며 오늘날 구조주의에서 분석하는 '의미하는 것(signifiant)과 의미를 받는 것(signifie)'과 비슷하다. 번뇌의 분석에서 시작한 불교는 현대 서양철학보다 훨씬 앞서 있다. 불교적 사고에 의하면, 우리가 현재 지각한 것에는 우리 마음속의 상상이 개입되기 때문이다. 즉 오감이라는 지각 외에 여섯 번째의 뜻(의), 즉 마음의 작용이 분석에 들어가 법(사물)을 만들어낸다고 한다. 그러므로 '있다'는 것도 마음이 만들어내는 관념이라는 것이고, 이렇게 생각이 복잡한 마음과 마음의 작용, 그 대상의 분석인 교의를 발전시켜 대승불교의 유식론이 나오게 되었다.

번뇌 하면 바로 성욕적인 충동을 생각하기 쉬운데, 프로이드가 생각한 마음속에서 솟아나오는 근원적인 에네르기인 리비도가 바로 성욕적인 성격을 갖는다. 또 번뇌는 자기의 쾌락을 누리려는 이기적인 상상에서 태어난다고 한다.

프로이드의 유아기의 성욕설이라는 것은, 처음에 인간은 자기를 사랑하고 자기의 몸을 가지고 쾌락을 누리는 것만을 생각한다고 보았다. 즉 그에 의하면 인간은 번뇌의 덩어리인 것이다. 인간은 제멋대로의 상상에 의한 관념으로 사물을 봄으로써 실재로는 없는 것을 있는 것처럼 착각한다는 프로이드의 이론은 매우 불교적이다. 불교에서 마음이라 할 때 그것은 프로이드가 말하는 것처럼 기억이나 여러 가지 억압된 것으로부터 떠오르는 분위기 같은 기분, 의식적인 것, 무의식적인 것이 복잡하게 얽힌 성격도 포함되어 있으며, 결국 과거부터 쌓여온 것이다. 프로이드의 생각으로 인간의 마음은 유아기의 성욕처럼 이미 잊혀진 것이지만 여러 가지 과거가 중첩되어 그 안에는 기억 속에 남는 것, 억압되어 무의식 속에 가라앉아 이따금 나타나 인간의 의식적 행동을 방해하는 것, 그리고 거기서 만들어지는 성격 등으로 이루어진다고 말하고 있다. 이러한 과거의 중첩이 영향을 끼쳐 현재의 판단을 결정하게 되지만, 불교에서는 현재의 판단을 식이라 하고 현재 판단에 영향을 주는 작용에 의意가 있다고 본다. 프로이드가 생각한 무의식은 불교의 마음처럼 과거로부터 쌓여온 곳에서 나오며, 아들러는 그것은 미래를 향한 의에 의해 만들어진다고 보고, 융은 때와 장소에 따라 변하는 마음의 현재형인 식識에 흥미를 가지고 거기에 무의식의 비밀이 있다고 보았다.

불교에서 말하는 심의식은 반드시 무의식적 마음의 작용이라고 하기보다는 마음의 분석으로 지각을 다스리는 오감 이외에 모든 내재적인 것을 말하며, 그것을 아는 것이 불교의 심의식이며 정신분석인 것이다. 불교에서는 왜 인생을 고苦로 보느냐 하면, 그것은 모든 행위가 결코 같은 상태에 머무르지 않기 때문이라고 말한다. 왜냐하면 모든 것은 끊임없이 변하기 때문이다. 그런데 인간은 과거에 집착하거나 미래에 대해서 지나친 기대를 걸며 살고 있다. 여기에 과거로 소급하는 프로이드의 무의식설이나 미래를 예상하는 아들러의 무의식설이 나온다. 정신분석에서는 모든 무의식적인 것은 그 외계 현상의 투영이므로 인간은 결코 현실의 상황이나 사물을 그대로 보지 못하고 무의식의 이미지의 말을 통해서 본다고 생각한다. 이 실체를 착각한다는 점에서 정신분석은 불교와 유사하다. 이 무의식적인 문제를 바라보고 그 이유를 알고 자기 마음의 문제를 해결하게 된다면 인간은 무의식적으로 고를 되풀이하는 윤회의 세계를 벗어나 컴플렉스로 인해 동요되는 상태가 사라지고 타오르는 본능적 충동의 불이 꺼지는 고요한 열반의 세계에 들 수 있을 것이다.

프로이드가 생각한 개인의 과거 역사에서 태어난 무의식을 이론적으로 말하면, 말나식에 지나지 않고 모든 식의 근원이며 과거 기억의 종자의 모임인 아뢰야식에는 이르지 못한다. 말나식은 과거의 역사를 포함한 전체적인 아뢰야식을 보고 자기라고 착각하여 본다. 말나식은 자아의식이며, 프로이드의 정신분석 이론의 한계는 여기에 있는 것이다.

『반야심경』은 사물에 실체가 없다는 불교 고유의 생각과 모든 실체하는 것은 변한다는 생각을 이론적으로 해명한 공사상이 기반으로 되어 있다. 불교의 공의 사고를 현대적으로 생각하면, 현대물리학에 있어서 고전적인 뉴턴의 역학도 존재하고 이와는 아주 다른 소립자론도 존재하며 그 어느 쪽도 오류가 아닌 것과 같다.

프랑스의 철학자인 베르그송(1859~1942)은 서구의 합리주의 사상으로 해결할 수 없는 여러 가지의 모순을 유식 이론에 입각해 새로운 면을 개척하여 서구철학에 획기적인 선풍을 일으켰다. 유식론은 매우 복잡한 구조를 가지고 있지만 베르그송은 이것을 유와 무의 관계와, 아는 것과 알려지는 것의 두 가지 면에서 고찰하여 그의 독특한 철학을 전개하였다. 그는 용수에 의해 조명된 『반야심경』의 색즉시공 사상과 대승불교의 다른 경전들과 중관, 천태, 화엄, 선의 이론을 흡수하여 자기의 독특한 사상을 구축해냈다. 그는 만년의 저서 『도덕과 종교의 두 원천(Les deux sources de la morale et de la religion)』(1932)에서 불교의 영향을 강하게 보여주고 있는 데, 그는 이 저서를 집필하는 동안 꾸준히 불교 사상의 영향 아래 인간 구원의 문제에 몰두하고 있었다고 한다. 그가 주장한 도덕과 종교의 두 근원은 '닫혀진 사회'와 '열려진 사회', 그리고 '정적 종 교'와 '동적 종교'이다. 그의 이와 같은 두 개념의 분할 대립관은 사 회·국가·정치·도덕·종교에 대한 하나의 독창적 견해이다. 특히 닫힌 사회나 도덕이 결코 열려진 사회나 도덕으로 유도될 수 없다 는 그의 주장은 이 저서의 핵심을 이룬다. 전자에 속하는 개인이나 가족, 국가 집단은 사회적인 본능에 의해서 조직되는 것으로 어디 까지나 폐쇄적이고 유한한 것이다. 그러나 인류라는 열려진 사회 나 도덕은 무한하다. 이상과 같이 대립되는 베르그송의 두 개념에 대한 상세한 서술에서 불교의 영향을 볼 수 있다.

베르그송이 불교에서 받은 영향은 다음 두 가지 점에서 가장 뚜 렷하게 나타난다. 그것은 인류에 대한 자비사상과 신비주의이다. 만일 영혼의 상태까지 고려해 넣고 '조국애'와 '인류애'라는 두 개 의 강점을 비교해 볼 때 사회생활을 통해 공존하는 사람을 사랑하 는 것은 그 이외의 모든 다른 사람에 대한 대항의식을 조산하며, 이 것은 원시본능이다. 이에 비해 인류에 대한 사랑은 간접적이고 후 천적으로 얻어진다. 후자는 불교 사상에 대표적으로 나타나고 있 다. 양친이나 사회단체에 대한 사랑은 직선적이지만 인류에 대한 사랑은 '우회'의 과정을 밟는다. 불교가 인간에게 인류를 사랑하도록 권하는 것은 불성을 통해서이다. 마찬가지로 철학자들은 이성을 통해 인류애를 역설한다.

가족애, 조국애, 그리고 인류애 사이에는 본질적인 차이가 분명하게 있다. 처음 두 개의 감정은 선택을 강요함으로써 배타성을 지니고 있으며, 따라서 그것은 투쟁으로 변할 수도 있기 때문에 이에 따르는 증오심이 생길 수도 있다. 종교는 인간의 영혼이 신에게로 가서 다시 신으로부터 인류에게 내려오는 하나의 감정의 흐름인 것이다. 국가의 도덕을 규정하고 실천하는 행위는 개인과 사회의 공통되는 안락의 감정을 체험하게는 하지만, 열려진 영혼에게는 눈앞에 있는 물질적 집착을 떠나기 때문에 완전한 기쁨에 잠기는 것을 찾는다.

한 위대한 종교인의 말이 우리들 사이에서 반향을 일으킨다는 것은 우리 마음속에 잠들어 있으면서 눈뜨는 기회를 기다리는 신비가 살고 있다는 것을 뜻한다. 따라서 이 인격은 도덕생활의 계시자의 인격이며, 또 어떤 특수한 상황 아래서의 자기 자신의 인격이다. 이처럼 베르그송이 말하는 종교, 도덕의 신비적 체험 작용은 불교와 일치한다. 결국 베르그송은 희랍의 신비주의와 동양의 신비주의의 대립을 통해서 불교를 동적 종교로 파악하고, 혼란한 서구사회가 불교를 통해 인류의 구원을 이루어야 할 것이라고 말한다.

๛

불교는 마음의 본체론을 발전시켜 본래 인간에게는 누구나 마음의 조화를 얻어 영원한 평화를 누릴 수 있도록 작용하는 그 무엇이 있다고 생각해 왔다. 이것이 인간의 마음속에 있는 여래장이나 불성에 대한 사상이다.

　스위스의 심리학자이자 정신의학자인 구스타프 융(1875~1961)
이 생각한 마음의 구조는 대승불교의 유식 사상, 여래장 사상과 거
의 비슷하다.

　불교의 근본에는 이 세상에 영원히 존재하는 것은 없다는 무상
설과 사물에는 실체가 없다는 무아설이 있어, 이 두 가지를 공의 입
장에서 설명하고 있다. 그러나 심리학적으로는 우리의 마음이 시
시각각으로 변해도 거기에는 과거의 기억, 미래에 대한 구상이 있
고, 그 배경에는 그것을 지탱하는 잠재적인 마음의 작용이 있는 것
이다. 우리의 마음에 잠재적인 작용이 있다고 처음 말한 것은『해
심밀경』이라는 경전이다. 그 속에 아타나식이 있고, 그것이 인간의
자율적인 생리기능과 같은 것이라고 말하고 있다. 인간은 자기의
의지를 쓰지 않고도 살아 있는 한 자연히 호흡하거나 혈액이 순환
되는데, 이 자율적인 신체의 기능을 다스리는 것이 아타나식이다.

　현대 심리학에서도 지금까지 자기의지로 제어할 수 없는 뇌파나
심장의 고동 또는 체온 등을 기계를 통해 도형이나 음으로 바꾸어
바라보는 일, 즉 아타나식을 사용해 이것을 조정하고자 하는 생각
이 나왔다

　융은 이러한 불교 사상을 자신의 심리학 이론에 받아들였다. 즉
우리 마음의 내부 세계에 들어가면, 거기에는 주관·객관의 구별이
없고 시간도 공간도 없는 별세계가 열리며, 그것이 멋진 생명력을
가지고 우주에 퍼지는 영역이라는 것을 발견하게 된다고 느꼈다.
융은 인간에게 표면적인 의식의 작용뿐이 아니라 마음 깊은 곳에

인간의 신체적인 작용을 다스리는 아타나식이 있다는 생각에 이른 것이다. 즉 모든 현상은 내적인 무의식의 세계에서 나타나며, 그 외의 세계는 어느 쪽도 먼저 존재하는 것이 아니고, 마음의 작용인 식이 발동하는 동시에 서로 교대로 발생하여 다음 순간에 소멸하고 또 발생하는 움직임을 되풀이한다는 생각에 이르렀다.

모든 것이 식임을 증명하기 위하여 유식에서는 삼성三性, 즉 변계소집성, 의타기성, 원성실성을 설명한다. 삼성은 공과 관련이 있으며 실체도 없고 다만 진여의 작용 또는 전체성에서 나타나는 움직임일 뿐이다.

불교에서는 모든 의식의 근원적이며 잠재적으로 존재하는 아뢰야식을 말한다. 아뢰야식이란 개인이 이어받은 과거의 모든 것을 포함한 무진장한 창고 같은 것이다. 불교에서는 모든 것을 선, 악, 무기의 세 가지로 나누어 생각하는데, 이것들의 원인인 종자가 아뢰야식이다. 융은 이 생각을 마음속에 선험적으로 존재하는 '원형'의 모임으로 보고 여기에서 정동이 태어난다고 생각했다. 다만 융의 경우는 그것을 하나의 심리적 본능으로 보는 점에서 야뢰야식의 존재와 다소 뉘앙스가 차이가 있다.

불교의 사고방식에 의하면 인간은 과거의 인연이 있기 때문에 윤회를 되풀이하지만, 깨달은 자는 이 과거의 기억에서 벗어난다. 아뢰야식은 일종의 컴플렉스의 모임 같은 것으로, 이것이 완전히 해소되면 인간의 고뇌는 사라진다. 아뢰야식은 본능적 생동심으로 장식이라고도 부른다. 여기에는 선, 악 등의 종자를 거두어 저장하는 능장能藏과 훈습된 종자를 받아들여 저장하는 소장所藏, 그리고 근본 번뇌에 따른 집착의 종자를 저장하는 집장執藏이 포함된다.

융에 의하면 원형 그 자체는 영구히 의식되는 일도 없고 소멸되는 일도 없다. 그것은 생명력의 근원으로 소멸함이 없이 빛나고 있는 것이다. 융의 원형은 본능적인 것으로 부정적으로도 긍정적으로도 작용하지만 그 자체는 의식할 수 없고 항상 의식 아래서 인간의 생명을 지탱한다. 이러한 사상은 불교에서의 유식과 여래장 사상의 통합이다. 유식만의 경우에는 깨달은 자에게는 아뢰야식은 없다고 본다. 그러나 깨달은 자라도 살아 있는 동안은 아타나식과 같은 생리적인 것은 있다. 그리고 불교의 아뢰야식은 윤회를 만들어내는 것으로 인간이 죽어도 그 다음 생애에 전해져 그것이 모이거나 흩어짐으로서 인류는 과거의 업을 쌓아나간다. 이러한 아뢰야식의 세계를 벗어남으로서만 비로소 열반에 든다.

이처럼 아뢰야식은 모든 식의 근원이며 과거 기억의 종자의 모임으로, 불교에서 이것을 제8식이라고 부르고, 또 하나의 잠재의식을 가정하여 이것을 제7식 말나식이라 부른다. 그것은 아뢰야식과 마찬가지로 보통 보고 느끼고 하는 무의식적인 것이다. 말나식은 과거의 역사를 포함한 전체적인 아뢰야식을 보고 그것이 자기라고 착각하는 존재로 생각되고 있다. 말나식은 무의식적인 자아의식이며, 그것은 희로애락을 통해서 느끼는 의식과는 별도로 그 자체가 자율성을 가지고 존재한다. 말나식은 보통 의식이 잠잘 때에도 눈떠 움직이고 있다. 6식의 의식은 보통의 의식으로 사물을 나누어서 인식하는 존재이다. 제6식은 판단의 주체로서 다섯 개의 감각기관이 대상에 작용하여 생긴 전5식을 종합하고 분별하는 것이다. 이 인식에 의해 마음이나 식에 있어 대상이 존재하게 된다. 의식은 여기에서 오감으로 외계의 현실을 잡아 이것을 개념적으로 상상하지만 내적인 무의식의 세계에 대해서도 아뢰야식이나 말나식을 대상으로 자기가 하나의 개체라는 개념을 갖게 된다. 제7식인 말나식은 무의식적으로 그 자체는 판단력을 갖고 있지 않지만 자기라는 생각이 있어 꿈속의 자기처럼 나쁜 일을 해도 별다른 가책을 느끼지 않는다. 그리고 제8식인 아뢰야식은 자기라는 개체의 존재를 넘어서 보편적인 것이 되고 과거의 모든 사건, 선악의 모든 행위와 과거의 인연을 모두 종자로서 짊어지게 된다. 아뢰야식은 순간마다 태어났다가 사라지면서 사물의 변화를 만들어간다.

무아이며 실체가 없는 무상이며 시간적으로도 연결되지 않는데 왜 인간은 사물을 존재하고 연속적인 것으로 생각하는가?

이것을 설명코자 하는 것이 불교의 공관이고 시간론이다.

아뢰야식이 발동함과 동시에 그것은 말나식 의식을 지닌 현실 속에 나타나게 되지만, 그 현실은 바로 오감에 감촉되어 의식으로 다시 개념화되어 그것이 말나식을 거쳐 아뢰야식으로 되돌아간다. 이처럼 주관과 객관이 없는 진여의 세계야말로 융이 생각한 자기의 존재양식이다. 자기란 무의식적인 마음의 심층에 있는 하나의 원형, 그 자체는 실체가 없지만 분별적인 마음에 의한 분별적인 관점을 통합하여 조화를 이룬다. 자기란 무의식과 의식의 균형을 잡는 총체적인 작용을 하는 진여 그 자체이며, 그러한 식의 본래의 존재양식이라는 사고와 유사한 자기의 작용이라는 발상에서 융의 '동시공조성'의 이론이 태어난 것이다. 융은 의식과 무의식을 전체적인 것으로 통합하는 마음의 존재를 기반으로 새로운 탐구를 한 것이다. 융의 심리와 자연현상에 있어서 동시공조성이라는 사고는 자아를 중심으로 하여 외적인 세계와 내적인 세계 둘로 나누어지는 영역을 전체로서 포착하는 입장에 선 자율적인 사고이다. 그런데 불교에는 이 동시공조성이 지니고 있는 관계가 모든 존재의 기반이 되고 있다.

인간은 마음속에 불성을 지니고 있기 때문에 모두 자연스럽게 부처가 된다는 사고는 융의 '개성화의 관점'과 매우 유사하다. 사실 공의 입장이나 불성도 그 자체로서 정지해 있는 것이 아니고 우리의 매일 매일의 생활을 통해 행동 속에 나타나며, 따라서 일상생활에 있어서의 실천 활동이 중요시되는 것이다. 형이상학과 일상성이 총체적으로 포착되는 이러한 경향은 불교적 사고에 가까운데 이것은 일찍이 서양 사상에서는 보기 힘든 것이다.

유식 사상에서는 윤회전생을 되풀이하는 본능적인 아뢰야식과 진여를 나타내는 청정심이 하나라고 생각한다. 이 아뢰야식이라는 존재는 자기에게 있어서 본능적인 존재이면서도 모든 것의 조화를 가져온다는 융의 생각에 가깝고 그노시스주의의 아이옹이라 부르는 이중의 성격을 가진 존재와 유사하다. 아이옹은 그노시스주의에서 신적인 성질을 가진 빛의 단편으로 잠들어 있는 인간의 영혼이라는 생각인데, 불교에 있어서의 여래장 또는 불성, 힌두교의 아트만, 융의 자기와 유사한 사고이다.

그노시스 학파가 말하는 이 세상은 무의식적이고 어두운 세계, 불교적으로는 무명의 세계로, 인간은 거기에 익숙해져 보통은 알지 못하고 있지만, 인간은 고통 속에서 살며, 때로는 고뇌의 자각을 느끼기도 하면서 그 속에 갇혀서 윤회전생을 계속하고 있으나 본래는 여래로서 영혼의 자각을 하고 있다는 점도 공통이다. 다만 그 노시스는 거기에서 허무주의로 발전해 나가지만, 융은 거기에서 자기의 초월적인 작용에 의해서 인간의 완성된 인격으로 향한다는 개성화 과정의 사고로 나아가고, 불교에서는 아뢰야식, 여래장, 불성의 세계인 공성위에 우리의 일상성이 깃들고, 그 자각을 통해서 일상생활 속에 진여가 나타난다고 보는 것이다. 융의 사상은 여래장 사상과 거의 유사한 공통점을 지니고 있다. 융이 프로이드의 정신분석 운동을 떠나 독자적인 길을 걷기 시작하였을 때 그의 사상의 근거가 된 것은 기원전후 3세기에 걸쳐 알렉산드리아를 중심으로 일어난 그노시스적 종교와 불교였으며, 사상의 공통으로 가지고 있는 점은 마음의 심층부에 일종의 전체성에 대한 관점이 있음을 알고 그것을 알 수 있는 방법론을 가지고 있는 점이다.

이러한 전체적 의식의 개념이야말로 의식과 무의식의 분열이 없는 총합적인 것으로 현대의 혼란 속에서 인간이 나아가야 할 길을 제시해주는 개념인 것이다.

∽

기독교 목사의 아들로 현대 독일의 서정 시인이자 소설가인 헤르만 헷세(1877~1962)를 지배한 풍토는 기독교의 신보다 불교의 부처님의 모습이 더 뚜렷이 나타난다. 불교의 세계는 그의 영혼의 고향이었다. 그의 모든 생애에 있어서 낙원을 추구한 것이 그의 『싯달타』에 이상적으로 구현되어 있다. 헤르만 헷세의 세계는 마치 그가 즐겨 읽던 『화엄경』 「입법계품」에서, 해문국에서 10년이나 살며 바다의 무한 속에서 사유에 잠겨 마침내 깨달음을 이룬 해운비구와도 같았던 것이다.

'해탈' 그 자체는 부처님이 자신의 방법으로 이룩한 것이지 결코 남에게서 배운 것은 아니다. 이처럼 누구나 남에게 배워서 해탈의 길에 이를 수는 없는 것이다. 가르침은 언어에 지나지 않는다. 석존의 체험의 비밀은 말을 통해서 전수될 수 없는 것이었다. 그러므로 석존의 진리를 믿고 그러면서도 이 스승을 떠나 혼자 새로운 깨달음을 얻기 위해 편력을 하여야 한다고 헷세의 싯달타는 생각하기에 이른다.

헤르만 헷세의 『싯달타』는 『화엄경』 「입법계품」 선재 유행의 이야기에 나오는 바시라 선사의 이야기가 문학 작품화된 것이라고도 한다.

๛

현대 독일의 철학자 야스퍼스(1883~1969)에 있어서는 해탈론이 제일 중요하다. 그것은 무지를 없애는 것이다. 야스퍼스가 주장하는, '지식으로 무지를 없앤다'는 발상은 본래 『우파니샤드』의 발상이며 체계화된 베단타 철학의 발상이다. 그것은 아트만의 지식을 통해서 이루어진다.

불교에서는 아트만이 부정된다. 초기불교에 있어서는 네 가지 진리를 이해하는 것이 중요한데, 무지란 네 가지 진리에 대한 무지이며, 우주의 진상에 대한 인식은 아니다. 인간이 현존재로서 이 세상에서 괴로워하는 것은 모든 고의 원천인 무지 때문이다. 우리가 해야 할 일도 역시 이 무지를 없애는 것이다.

야스퍼스는 맹목, 유한한 것에 사로잡힌 집착이 이 현존재의 기원이며, 완성된 지식이 그것을 멸하는 길이라고 말하고 있으며, 석존의 가르침에서는 사성제의 진리를 알고 그것을 몸에 지니고 생활의 실천을 통해 무지를 벗어나는 것이 바로 현존재관이다.

십이연기법으로 설명되는 진리, 여래는 그러한 진리의 종말에 대해서 가르친다. 야스퍼스는 '늙음과 죽음'에 의해 태어남과 무명이 생긴다고 말하고 무명에 근거를 두고 형성력 내지 '늙고 죽음'이 생긴다고 말한다. 야스퍼스는 형성력을 무의식적인 것으로 보았으나 이 형성력은 행위에의 의도이며, 결국 의식적인 것이다. 야스퍼스는 다섯 개의 감각영역을 논하지만 불교에서는 여섯 개의 감각기관의 영역을 설명하고 있다. 야스퍼스는 무지가 영원한 완성의 길에서 타락된 데서 온다고 생각한다. 허지만 연기란 모든 사물이 스스로에 의해서가 아니고 다른 것과의 관계로 이루어진다. 따라서 연기설에는 뚜렷한 원인과 결과라는 인과관계가 없다. 연기에 관한 무지는 사성제에 대한 무지를 뜻하며, 야스퍼스가 말하는『우파니샤드』에 있어서의 아트만에 대한 무지는 아니다.

『철학입문』에서 야스퍼스는 현상계의 피안에 있는 초월에 대한 철학적 신앙을 고백하고 있다. 그리고 인간은 이 초월을 향해 자기를 요구한다고 한다.

석존은 현상계의 피안에 궁극적 존재, 즉 자기가 존재하지 않음을 깨쳤다. 절대적인 궁극적 실재에 대한 신앙을 거부한 점이 석존의 사상적 특징이다.

야스퍼스는 초월이라는 이름에 대해 철학적 신앙을 가지고 있다. 그는 또 "신체는 자기가 아니다. 감각도 형성도 표상도 자기는 아니다. 인식(순수정신)도 자기는 아니다. 모든 변화를 벗어날 수 없는 것은 자기가 아니다"고 말한다. 이것으로 자기에 대한 의문은 해결되지 않지만, 본래적인 자기가 존재하는 쪽으로 방향이 제시된다. 그것은 열반과 부합될 것이다. 여기에서 야스퍼스는 다섯 가지의 존재 요인 가운데 어느 쪽에도 자기가 인정되지 않음을 인정한다. 야스퍼스에게 있어 신체라 하는 것은 색(rūpa)이다. 감각이라 하는 것은 수(vedanā)이며, 표상이라 하는 것은 지각(saññā), 형성이라 하는 것은 행(saṃskāra)이다. 어느 쪽이든 자기가 존재하지 않는다는 것이 무아설의 이론적 근거이다. 삼스카라(행)를 야스퍼스는 무의식이라 하지만, 삼스카라 안에는 표상된 것을 실현코자 하는 의도가 내재하므로 이 의도는 의식적이다. 이상 다섯 가지의 요인은 변화를 벗어나지 못하므로 본래적 자기가 어딘가에 있을 것이며, 그것은 초월적인 것이어야 한다고 그는 생각한다.

『법구경』279의 "모든 형성력은 무상이다. …… 모든 소여는 자기가 아니니라"라는 견해와는 대립된다. Dhamma, 즉 존재 요인만이 현실의 존재이다. 그러나 담마는 본질적으로 제약된 것이다. 그것은 연기이다. 연기는 모두가 무상이다. 제약되는 다른 것에 의존하는 존재는 생성과 소멸을 벗어날 수 없기 때문이다. 열반을 포함하여 모든 존재 요인은 자기가 없다. 모든 사물이 무상이고 고이며 무아라는 것이 초기불교의 특징이다. 야스퍼스는 그래도 본래적인 자기는 열반과 부합한다고 생각하나, 열반은 무아(anattā)이다. 야스퍼스는 처음 자기를 부정하고 이어 본래적 자기를 긍정하고 있다. 그것은 경험적·형상적 자기와 초월적 자기를 구별하여 후자를 진실한 자기로 보기 때문이다. 야스퍼스에게 본래적 자기는 열반과 부합되며 그것은 절대타자에 지나지 않는다. 이 절대타자는 신이며 인간은 여기에 근거를 두고 자기의 기초를 잡아야 한다. 여기에서 말하는 절대타자는 부처의 사상과는 매우 먼 거리에 있다. 인식에 대해서 야스퍼스는 "인식은 최고의 명상 단계에 있어서의 밝은 직관이다. 그러나 인식은 정상의 상태에 있어서도 앞 존재의 의식이나 자의식을 바꾸는 사고의 조명이다. 열반은(『우파니샤드』에 있어서처럼) 둘이 아닌 것으로 존재도 비존재도 아니며, 세속적 수단으로는 인식할 수 없고, 따라서 탐구의 대상은 아니지만 궁극에 가장 친밀한 확실성이다. 낳지 않고 생성되지 않고 만들어지지 않고 형성되어지지 않는 것이 존재한다"라고 말한다. 석존에 의하면 열반은 둘이 아닌 것이라고 한다. 초기불교는 형이상학을 반대하며 아트만이나 브라흐만의 원리 대신 담마(법, 진리)라는 존재 요인을 제창하였다.

야스퍼스는 열반을 궁극의 더 친밀한 확실성 내지 영원성으로 보고 있다. 그러나 열반은 영원성이 아니라 고의 끝이다.

우리가 재생하는 것은 형성력에 의해서이다. 그러므로 인간은 유위적인(의식적인) 존재이다. 우리가 무위가 되면(자연의 뜻에 그대로 따르면) 자유자재가 되며 열반에 들게 되는 것이다. 열반은 생성과 소멸, 변화로부터의 자유이다. 야스퍼스는 "불교는 붓다의 베나레스 설법에서 성립되었다. 그것은 쾌락이나 금욕이라는 두 가지 극단을 피하는 것, 즉 중도라는 것이 붓다가 찾아낸 진리이다. 이런 구제의 길은 일체의 존재가 고통이며, 고통으로부터의 해방을 설한다. 이러한 신앙은 말과 행위에 있어서의 바른 생활을 초월하여 우리를 명상의 단계로 이끈다"라고 말한다. 그러나 사람을 열반으로 이끄는 것은 팔정도라고 석존 자신은 설하고 있다.

야스퍼스는 석존의 내면적 발전을 찾아내지 못했었고, 일체의 존재가 고라는 신앙은 불투명하다고 보았다. 그에게 있어 베나레스의 진리의 핵심은 갈망이라는 욕구가 모든 고통의 근원이라는 것이다. 야스퍼스의 이러한 체험은 그 자신이 아직 투명하지 않은 신앙으로 본 것이다. 갈망이 모든 고통의 원인이라는 생각은 그에게 있어서는 신앙의 발단에 지나지 않는다. 그러나 연기설에 의하면 무지가 모든 고뇌의 원인이다. 이 무지를 없애면 모든 고뇌도 사라진다. 따라서 십이연기설에 있어서는 무지를 없앰으로써 노사를 없앨 수 있다. 야스퍼스의 이러한 오류는 그가 석존의 내면적인 발전을 찾아내지 못한 점에 있다. 베나레스 설법에 있어서 붓다의 깨달음은 모든 고뇌의 원인은 갈망에 있다는 것이고 아직 연기에 대한 사상은 나타나 있지 않았다. 야스퍼스는 "굴레는 종결되어 완성되었다"고 하지만, 아직 그때까지는 굴레에 관한 언급은 없는 것이다.

"이 인식은 끝없는 생성과 소멸을 넘어서 영원한 것 속에, 존재에서 열반으로 가는 길이다"라고 야스퍼스는 말하고 있지만, 이 인식은 사성제에 관한 것이다. 즉 여기에서는 갈망이 모든 고뇌의 근원인 것이다. 사성제는 불교의 발단이다. 그리고 초기불교의 끝에 오는 것이 연기설이다. 연기설에 있어서 고뇌를 발하는 최종적인 원인은 무지이다. 갈망과 무지는 초기불교에 있어서 고뇌의 두 가지 원인이다. 연기설은 베나레스의 설법에는 아직 나타나지 않는다. 따라서 야스퍼스는 45년 동안 붓다의 내면적·정신적인 면에 있어 발전이 없는 것으로 보았는데, 이는 붓다 설법의 변천 과정을 다 파악하지 못한 것이다. 야스퍼스는 불교를 가슴으로 보지 못하고 머리로만 이해했던 것이다. 그러니까 베나레스의 설법 이래로 '석가에게는 정신적으로 새로운 것이 일어나지 않았다'라고 말할 수 있었던 것이다.

모든 고뇌의 원인은 갈망에 있지만 연기설에 의하면 무지가 이 기능에 덧붙여진 것이다. 야스퍼스는 열반을 영원한 것으로 보고 있지만, 그것은 욕망·증오·망상(탐진치)이라는 근본악에서 해방된 상태이다. 열반은 생성·소멸·변화로부터의 자유이며 결코 영원한 것은 아니다. 석존은 직접 체험에 의한 해탈의 길을 택하였다.

야스퍼스는 석존에 있어서 새로운 것으로 강한 개성, 철저한 행동, 전도에의 의사 등 세 가지를 들고 있다. 야스퍼스는 '석존이 무엇을 해야 할 것인가를 명확하게 제시하였다'고 말하고 있다. 한 인간의 인격은 바로 그가 무엇을 하는가에 의해서 명확해진다.

야스퍼스는 불교가 나타나 그것이 세계적인 종교가 되고 그 결과 계급의 제약이 사라졌다고 말하고 있다. 그러나 석존은 자기가 창시한 집단의 내부에서는 계급의 차별을 없앴으나, 교단 밖의 사회에 대해서는 논하지 않았다. 석존은 태생에 의해서 바라문이 되는 것이 아니고 행위에 의해서 바라문이 된다고 하였다. 이것은 사회개혁사상이기보다는 더 현실적이고 고매한 도덕사상이다.

초기불교에서는 부처의 가르침, 즉 달마(Dharma: 담마, 법. 그 자신의 본성을 유지하는 것)에 의지하며, 다른 사람의 힘에 의지하지 않고 자기 자신의 힘으로 해탈의 길을 걸으라고 하였다. 또한 야스퍼스는 불교가 다른 종교를 수용할 수 있게 된 것은 불교가 철저하게 관용적이기 때문이라고 말한다.

야스퍼스에 있어서 열반은 초월신이고 절대타자이다. 야스퍼스는 부처와 그의 가르침을 소재로 하여 그 자신이 '철학하는 일'을 시도한 것이며, 그의 불교에 관한 이론은 부처의 가르침이 아니고 그 자신이 각색해낸 그의 작품일 뿐이다.

그의 불교 이해에는 어쩔 수 없는 서구 사상의 한계점이 나타난다.

독일의 현대 철학자인 니체 역시 기독교 목사의 아들이었다.

쇼펜하우어는 칸트나 헤겔처럼 철학의 한 '학파'를 수립하지는 않았으나 그의 불교 사상은 니체, 톨스토이, 베르그송 등등 그 이후의 많은 사상가와 예술가에게 지대한 영향을 주었다. 그중에도 니체(f. nietzsche, 1844~1900)는 가장 큰 영향을 받았다.

쇼펜하우어가 '생에의 의지'를 본체로 하여 형이상학의 체계를 조직하고, 의지를 부정하고 동정의 도덕에 의한 해탈의 경지를 불교적으로 구한 것과는 달리 니체는 일체 활동의 원천으로서 귀족적, 초인적 도덕을 주장하였다. 즉 신에게 의지하지 않고 스스로 부처의 경지까지 높이는 것이 그의 초인의 개념이다. 그는 희랍 철학과 기독교는 서로 대립되는 것으로 파악하고 기독교를 극단적으로 증오한 나머지, 그 가치 전환을 시도함에 있어서 불교에서 해결점을 얻었다. 니체에 있어서 불교는 기독교와 비교할 때 보다 더 엄격하고 객관적이며, 진리에 가깝고 과학적으로도 뛰어난 것이다. 그것은 종교라기보다도 위생학·건강학이고, 석가는 가장 위대한 인류의 의사이며 생리학자인 것이다. 니체는 불교의 여러 경전을 읽었으며 그중에도 불교 교리를 간단히 표현하고 생활과 밀접한 관계가 있는 『법구경』을 특히 좋아하였다. 그의 『이 사람을 보라』에 보면, 그는 『법구경』의 다음 구절에서 감명을 받았다고 한다. "이 세상에 있어서 원한은 원한을 가지고는 해결되지 않고 사랑으로 해결해야 한다. 이것이 영원불변의 진리이다."

모든 인간의 내부에 존재하는 가장 귀중한 것이 낭비되어 마음의 안정을 잃고 무명에서 무명으로 유전하는 중생에게 정신적 섭생을 주는 석존의 태도를 자기해탈의 종교의 스승으로서 매우 과학적이며 위생적이라고 보았다.

"원한의 감정에서 벗어나는 것, 원한의 감정을 아는 것…… 이 점에 있어 내가 결국 얼마나 나의 오랜 병에 대한 덕을 입었는지 알 수가 없다.…… 병이나 쇠약의 상태에 대해서 해야 할 말이 있다면 그것은 인간이 본래 가지고 있는 치료본능, 즉 방위무장의 본능이 쇠약해지는 것이다. 그러면 아무 일도 되지 않는다. 모든 것이 상처를 입는다. 그렇게 되면 병이란 일종의 원한, 그 자체인 것이다. 원한의 감정만큼 급하게 인간을 태워버리는 것은 없다. 분노, 병적으로 상처입기 쉬운 일, 복수를 못해 못 견디는 일, 모든 의미에서 독을 몸에 섞는 일, 이것은 피곤에 지친 자에게는 가장 불리한 반응 방법이다. 신경의 극도의 소모, 예를 들면 담즙이 위 속에서 나오는 해로운 분비의 병적 흥분이 이 때문에 생기는 것이다. 원한은 병자에 있어서 치명상이다. 이것을 심오한 생리학자 석존은 잘 알고 있었다. 그의 가르침을 기독교와 같은 무정한 사상과 혼돈하지 않기 위해서 일종의 위생학이라 부르는 것이 좋으며, 그 효능은 원한의 정을 이겨내는 데 있다. 그리고 영혼을 자유롭게 해방하는 것, 이것이 쾌유에의 첫걸음이다." "원한이 원한을 낳는다. 우정과 사랑으로 그것은 사라진다"는 말은 석존의 가르침의 근본이며, 이것은 도덕이 아니고 하나의 생리학이다. 이처럼 『법구경』의 구절을 인용하여 니체는 자기 경험에 비추어 자기 사상을 전개하고 있다.

고·집·멸·도의 사성제를 그러한 입장에서 본다면, 고제는 병자에게 나타난 질병의 진단이고 집제는 병의 원인론이다. 멸제는 질병이 치료되어 건강이 회복되는 상태이고, 대승불교에서는 이 멸제를 인간으로서 이상적인 건강체를 확립한 보살의 모습으로 그려낸다. 멸제는 병자에 있어서는 보살이며 열반의 경지이다. 도제는 치료법이다. 불교에서는 이상적인 건강상을 유지하기 위한 다채로운 치료법에 대해서 가르치고 있다. 그러므로 사성제는 병자에 대한 병 치료의 방법을 명확하게 나타낸 것이다. 병의 진단에서 병의 원인을 추구하고 건강체를 얻기 위한 치료법의 실천에 이르는 것이다. 고장 난 기계를 수리하듯이 병든 인간의 몸을 수리하는 것이 아닌, 불교에서는 인간의 생명을 육체와 마음의 조화체, 통일체로 보고 그 통일된 상태를 오온의 가화합으로 표현한다. 오온이란 색·수·상·행·식 다섯 개의 요소로서, 색온은 물질적 요소, 수·상·행·식 각각의 온은 정신적 요소에 해당한다.

니체가 불교에 대해서 생리학이란 말을 쓴 것은 육체의 기능에 초점이 되므로, 오온 가운데 색온의 작용이 중심이 됨을 말한다. 우리의 신체를 구성하는 색온은 물리적 요소이므로 궁극적으로는 아주 작게 분해될 수 있으며 그렇게 작은 하나하나로 나누어낸 성질에 따라 지·수·화·풍의 사대로 나눈다. 이것은 가식의 사대로 그 본체가 실체의 사대이다. 지(땅)의 성격에 굳고 단단한 성질, 수(물)의 성격에 습기, 화(불)의 성격에 불의 성질, 풍(바람)의 성격에 행동성, 유동성이 갖추어져 있다. 따라서 실체의 사대는 견성·습성·열성·행동성이라는 성질 자체가 된다. 이것은 물질적 에네르기로 볼 수도 있다. 실체의 사대가 우리의 몸 안에서 조화를 피우느냐 못하느냐에 따라서 우리의 건강이 좌우되는 것이다. 지대는 모든 것을 보유·유지하며, 수대는 섭취하고 침투하며, 화대는 성숙시키고, 풍대는 증대케 하는 기능을 갖는다. 지대의 부분은 뼈·근육·내장 등의 고체 부분이며 수대는 액체를 포함하는 부분이다. 화대의 이상은 발열, 소화작용의 변조를 가져오고, 풍대의 이상은 호흡, 신진대사의 병을 가져온다. 이러한 사대의 신체 내의 불균형은 음식의 무절제와 생활의 무절제에서 온다.

니체가 석존이 말한 호흡법이나 좌선이 건강의 기본임을 말한 것도 바로 이 점 때문이다. 석존은 호흡을 비롯하여 이와 관련된 일상생활의 건강법을 가르치셨다. 병을 크게 나누면 현세의 병으로는 육체의 병과 마음의 병이 있고, 그 외에도 전생의 업에서 오는 업병이 있다.

니체가 말하는 '불교의 가르침에 따르는 생리학'에 있어서 중요한 영역은 오근과 오경에 관한 것이다. 실제의 사대는 색온이 되어 나타날 때 외계와 관련되는 눈·코·귀·혀·몸의 다섯 개의 근과, 그 대경으로서 색·소리·향기·미각·촉각의 다섯 개의 경을 형성한다. 우리의 육체에는 오근과 육경이 포함되어 있다. 그것은 외계도 생명체와의 관련에서 주체적으로 파악하려는 불교의 신체론에 뿌리를 두고 있다.

우리가 잠잘 때는 안근이 우선 잠들고 그 다음에 귀, 코, 혀, 몸의 순서로 잠이 든다. 이러한 정상의 리듬이 무너질 때 우리 몸은 여러 가지 질병이 생긴다. 색온을 제외한 사온은 모두가 마음의 작용으로 우리의 건강과 밀접한 관계가 있다. 우리의 모든 병은 번뇌 집착에서 오는 것이다. 번뇌에 의한 생사의 괴로움의 발생을 생명의 유전에 바탕을 두고 하나하나 설명해 가는 것이 십이연기설이다.

십이연기설은 식이 생기는 근거를 더듬는 단계로 심리, 생리의 표면적 영역을 뚫고 생명의 내부로 향한다. 식이 생겨나는 속에는 업과 업력이 있는 것이다. 불교는 업력이 생겨나는 근원에 무명이라는 근원적 번뇌를 말하고 있다. 무명은 자와 타의 생명 파괴로 향하는 맹목적 번뇌로 생명 유전과 질병의 근원인 것이다. 무명이 축적되는 것은 고와 집이 축적되는 것으로 생사유전이며, 이는 모든 질병의 근원이다. 이상에서 볼 때 니체는 『법구경』을 중심으로 자기의 초인 사상을 이룩했으며, 특히 도를 깨닫는 것은 건강 관리의 기본이 된다는 것을 불교에서 영향을 받아 강조했던 것이다.

문명비평가이며 영국의 역사가인 토인비의 『역사의 연구(a study

of history)』에는 그의 불교관이 도처에 나타나 있다. 『역사의 연구』 제7권 「고등종교와 심리적 유형」에서 토인비는 고등종교를 네 가지로 나누고 있다. 그것은 불교·힌두교·이슬람교·기독교이다. 종교관으로는 여섯 가지로 나누고 그것을 크게 불교그룹과 유태그룹으로 나눈다. 전자에 속하는 것은 힌두교, 소승불교, 대승불교이고, 후자에 속하는 것으로는 유태교, 기독교, 회교를 들고 있다. 토인비는 융의 심리학적 유형에 입각하여 불교·힌두교·이슬람교·기독교에 대해서 고찰한다.

융은 인간의 성격을 내향성과 외향성으로 나누었으나 토인비는 불교와 힌두교를 내향형으로, 기독교와 이슬람교를 외향형으로 보고 있다. 또 융은 인간의 네 가지 심리적 기능으로서 사고·감정·지각·직관을 들고 있는데, 토인비는 불교의 지배적 기능은 직관이고, 기독교의 지배적 기능은 '신은 사랑이다'라는 말이 입증하듯이 감정이며, 이슬람교의 지배적 기능은 감각(지각)이고, 힌두교의 지배적 기능은 사고라고 한다.

토인비는 아라한을 자신을 위해서 열반을 구하는 이기주의자로 보고, 보살은 남을 위해 윤회의 세계에 머물면서 남의 고뇌를 자기의 고뇌로 인수하는 고매한 이타주의자로 본다. 토인비는 "만약 석존이 자신의 해탈만을 목적으로 하였다면 중생을 구제하기 위해서 설법하지는 않았을 것이다"라고 역설한다.

초기불교에 있어서는 인생은 고해라는 사실이 직시되어 각자는 그것을 자기 문제로서, 자력으로 해결해야만 했다. 이에 반해서 대승불교는 사랑을 부르짖고 그 사랑은 보살에 의해서 구현된다. 그것은 모든 것을 자비롭게 보는 큰 사랑으로, 심장에서 흘러나오는 인간적인 따뜻한 감정이다. 보살은 자기를 희생하며 현실에 괴로워하는 자를 도와주는 데서 사는 보람을 느낀다.

석존의 근본 사상은 일체는 고라는 냉혹한 사실과 그것을 멸하는 것이 인생 최고의 목표라는 것이지만, 토인비는 그보다는 사랑과 연민의 실천 쪽에 더 비중을 두고 있다. 토인비의 종교관은 "모든 악 가운데 최대의 악은 고뇌가 아니고 자아중심성이며, 모든 선 가운데 최대의 선은 고뇌로부터의 해방이 아니고 사랑이다"라고 말한다.

대승불교는 실천의 세계에 관심을 두고 헌신적 노력과 행위를 통하여 윤회의 세계에서 괴로워하는 중생을 구제하는 방향으로 향하고 있다. 기독교도 대승불교처럼 사랑을 부르짖는다. 기독교의 신과 사랑이라는 인식은, 여기에 조화를 이룰 수 없는 유태교의 질투하는 신의 개념을 다시 받아들인 것이다. 그것은 로마 세계국가의 황제 숭배와 기독교가 싸워 승리를 얻기 위한 방법이었다. 교회의 승리 때 기독교 순교자의 비타협적인 태도가 이교도나 이단자를 박해하는 기독교 비관용의 피비린내 나는 역사를 만들어낸 것임을 토인비도 지적하고 있다.

토인비는 보살이나 신의 도움에 의한 자아의 새로운 방향을 구하고, 자아 집착의 중심을 자아에서 보살로 옮기려 한다. 토인비는 보살이 신으로써 스스로 나타내는 인격적 측면에 있어서 절대적 실재임을 나타내고자 한다. 이 시도는 보살을 인격신으로 보고 그럼으로써 인간의 참된 목적인 신의 영광을 찬양하려 한다.

토인비의 불교관은 서구적 사유 방법에 근거를 두고 있으며 그것은 토인비 개인의 결함이라기보다는 서구인이 인도 사상을 이해할 때 볼 수 있는 하나의 특징이다.

토인비는 대승불교에 두 가지 면이 있는 것을 잊고 있다. 대승불교는 종교인 동시에 철학인데 그는 종교적인 면만 강조하고 있는 것이다. 토인비는 종교의 근거를 대중적 운동에 두고 있으며, 그는 대승불교는 대중운동으로서 보살신앙에 의해 민중구제를 하는 종교로 본다. 기독교는 대중이나 철학자에 대해 하나의 얼굴만 제시하지만 대승불교는 대중을 향할 때와 사상가를 향할 때는 다른 얼굴을 보인다. 우리가 현실에서 보는 이 천지조차도 인도인에 있어서는 윤회 이외에는 아무것도 아니고 실재가 아니다. 절대적인 경지에서 본다면 이 세계는 꿈이며 환상이다. 즉 세계는 허위이다. 서구인에 있어서 행위 내지 세계는 진실이지만 인도인에게는 단지 허망의 존재일 뿐이다. 또한 토인비는 사랑의 관점에서 보살과 예수를 비교하고 있다. 토인비는 아미타불이나 관세음보살과 관련하여 기독교의 삼위일체설에 대해서는 언급하고 있지만(『역사의 연구』 7권), 이를 불교의 삼신설(법신·보신·응신)과 비교 연구하는 것은 시도하지 않았다.

살아 있는 자의 근저에 깃들어 있는 것이 보살이다. 보리를 얻으면 중생은 부처가 된다. 대승불교에서는 이 보리가 형이상학의 원리가 되어 이것이 불교의 삼위일체의 기초를 이루고 있다. 이것은 토인비가 말하는 '현상의 배후에 있는 존재'이다. 이 보리가 삼신 중의 신체의 형태를 띠고 현상계에 등장한다.

법신(Dharma-kāya)은 세계의 진실의 존재, 무상의 세계의 배후에 있는 영원한 존재인 초월신이다. 이것은 우주에 충만해 있다. 이 법신이 현실의 생활 속에 나타날 때 갖는 형태가 응신(Nirmana-kāya), 즉 법신이 변화한 신체의 형태이다. 이것은 현상 형태이며 석존도 하나의 응신이다. 제3의 신체적 형태는 보신(Sambhoga-kāya)이다. 이것은 받들어 모시는 신체라는 의미로 섬세한 형태를 가지고 변용한 석존이다. 석존은 천계(우주세계)에서 스스로 구현하고 있는 진리를 그 신체적 형태에 의해 받들어 모실 수 있다. 이 보신이 천계에서의 선정과 자비에 의해 역사상의 부처를 세상에 보낸 것이다. 기독교에 있어서는 유일신이 존재하나 이 신의 본질을 해치지 않고도 그 본질을 똑같이 나누는 3개의 신적 인격을 볼 수 있다. 즉 성부·성자·성신으로 아버지인 신과 아들인 신, 성령의 신이 그것이다. 이것은 불교의 삼신과 밀접한 관계가 있고 그 영향하에 이루어진 것이라 볼 수 있으므로 서로 비교했어야 하는 것이다. 다만 기독교의 유일신이 궁극적으로 인격신인 데 비해 불교의 보리는 비인격적인 것이다.

한편 토인비는 인간은 왜 사랑하는가에 대해서 언급하지 않았다. 불교와 기독교의 사랑의 차이에 대해서도 그는 논하지 않았다. 기독교에서 신의 사랑의 대상은 인간이다. 그러나 불교의 사랑은 인간뿐만 아니라 모든 살아 있는 존재는 물론 우주 삼라만상에까지 이르고 있다. 벌레건 짐승이건 모든 살아 있는 것의 운명을 자기의 운명으로 보고 있다. 그것이 다 구제되어야 한다. 반면 기독교에서는 모든 인간이 다 구제받는 것도 아니다. 모든 인간은 신의 저주로 지옥에 가게 되어 있지만 신의 특별한 은총에 의해 인류 가운데 소수만이 구제된다. 예수는 많은 사람이 이 세상에서 신을 사랑하는 일에 있어서 실패했기 때문에 영원히 지옥에서 괴로워하는 자에 대해서는 별로 마음을 쓰지 않았다. 그러나 불교에 있어서는 모든 존재는 자기 내부에 불성을 가지고 있으므로 궁극적으로는 다 구원을 받는다. 지옥에 빠진 자도 언젠가는 구원을 받는다. 여기에 보살의 사랑과 예수의 사랑의 근본적인 차이가 있으나 토인비는 이 점을 소홀히 하고 있다. 토인비의 종교관의 근저에 있는 것은 '행위'에 대한 확신이지만 불교에서는 이것을 버림으로써 유일 절대의 해탈로 가고 있다.

결국 토인비는 고등종교의 사명은 서로 경쟁하는 것이 아니고 서로 보완한다고 역설하고, 특히 현대 인류의 위기를 극복하는 사상으로 불교를 높이 평가하고 있다.

십우도

선의 한 고전으로서 『십우도十牛圖』라는 책이 있다. 12세기 후반에 북송의 곽암廓庵 선사가 청거호승淸居晧昇 선사의 그림에 덕을 찬양하는 글을 붙였던 것이 함께 전해오고 있다. 십우도는 소를 잃어버린 목동이 다시 소를 찾아서, 야성으로 되돌아간 그 소를 길들이고 소와의 일체를 실현해 가는 과정을 그린 열 폭의 그림이자 그에 대한 시이지만, 그것은 바로 우리 인간이 참된 자기를 회복해 가는 자각의 과정을 10가지의 경지로 나누어 표시하고 있는 것이다. 선문의 수도자를 위한 기초적인 안내로서 오늘날에도 널리 유통되고 있으며 사원의 벽화로 많이 등장하고 있다.

이러한 십우도는 선에 대한 안내서일 뿐만 아니라 자기의 현상학으로서 하이데거(M. Heidegger, 1889~1976)를 중심으로 한 수많은 서양의 철학자에게도 영향을 미치고 있음이 주목된다.

십우도를 살펴보면 다음과 같다.

제1도: 잃어버린 소를 찾아 나서는 그림이다. 잃어버린 참된 자기를 찾기 위한 수행의 과정이 시작되는 것이다. 심우尋牛라고 제목이 붙어 있다.

제2도: 갖가지 고행 끝에 겨우 소의 발자국이라든가 그 흔적을 발견하고서 머지않아 소를 볼 수 있게 됨을 기대하게 된다. 견적見跡이라고 이름한다.

제3도: 소의 발자취나 흔적을 보고 열심히 쫓아갔더니 그 소의 꼬리가 보이게 되는 경지이다. 견우見牛라 한다.

제4도: 소를 잡았으나 오랫동안의 야성에 깃들어 쉽게 다루어지지 않는다. 소를 길들이기 위해 싸우는 단계이다. 득우得牛라 한다.

제5도: 소를 길들이며 소를 친다. 채찍을 사용하며 고삐를 잡고 있다. 차츰차츰 길들여져 가며 목동의 말을 잘 듣는다. 목우(牧牛: 여기에서의 소는 자기의 마음이고, 목우는 수행하는 것)의 단계이다.

제6도: 소를 목동의 마음대로 부릴 수 있게 되어서 소의 등에 올라타고 피리를 만들어 불면서 즐거운 마음으로 집에 돌아온다. 기우귀가(騎牛歸家: 소를 타고 집으로 돌아가는 것, 즉 마음의 본성을 깨달은 것)이다.

제7도: 자기 집에 되돌아왔다. 이제 소는 문제가 되지 아니한다. 오직 목동만 있을 뿐이다. 망우존인忘牛存人이라 한다.

제8도: 망우존인의 공부가 깊어지면 이제는 목동조차 없는 경지가 나타난다. 일원상으로 나타난다. 인우구망人牛俱忘이다.

제9도: 공부가 더욱 깊어지면 무심의 단계에서 긍정적인 묘유(妙有: 절대의 유, 유와 무를 넘어선 공인 유)의 경지가 나타난다. 반본환원返本還源이라 하는데, 산수화로 표현된다.

제10도: 저잣거리로 돌아와서 중생들을 제도하는 모습이다. 입전수수(入鄽垂手: 궁극의 진리를 깨달은 사람이 다른 사람들을 구제하려는 자비의 마음에서 조용한 수행의 장을 버리고 시끄러운 시가지에 들어가 헤매는 사람들과 함께 지내면서 인도해 가는 것)이다.

제1도에서 제6도까지는 하나의 경지 속에 다음의 경지를 예고하고 있다. 일관된 지속적 운동으로서의 단계적인 향상의 길을 제시하고 있다. 제7도에서 비로소 목동과 소라는 이중성으로 나타나는 자기분열이 지양(높은 단계로 오르기 위하여 어떤 일도 하지 않는 것)되고 참된 자기 자신을 되찾은 인간의 참 모습을 볼 수 있다. 제8도에 이르면 1도에서 7도까지의 모든 경력이 일시에 사라지고 절대무가 된다. 그러나 절대무에서 다시 새로운 시작이 이루어지고 있다. 그 결과가 9도와 10도이다. 이 과정은 서구인들에게 매우 놀라운 세계였던 것이다.

하이데거는 이 십우도의 영향을 강하게 받았으며 특히 그중에서도 제9도 반본환원의 그림과 송(글)에 매우 감동했다. 이 글을 옮겨 보면 집에 간다. 짐 챙긴다⋯⋯
날뛰는 것은
눈 먼 듯 귀 먹은 듯 그보다는 못하네
이 몸에 앉아 이 몸을 보지 않나니
물 절로 아득하고 꽃 절로 붉은 것을

하이데거는 제9도 반본환원이 독일의 신비시인 앙겔루스 실레지우스(Angelius Silesius, 1624~1677)의 시 속에도 그 이미지가 나타나 있으며 오히려 더욱 아름답고 깊다고 했다.

다음은 앙겔루스 실레지우스의 시 '장미'이다.

장미는 이유 없이 있다.

그것은 꽃 피기 때문에 꽃 핀다.

장미는 자신에 대해 아무런 생각 없고 사람이 보든 말든 상관치 않는다.

모든 것은 근거가 있으므로 존재하며 신만이 모든 존재의 궁극의 근거이다.

네가 여기에 보고 있는 장미

그것은 영원히 신의 내부에서 이처럼 피어나는 것이다.

하이데거가 이처럼 감동한 제9도는 우리들의 참된 자아를 나타낸 것으로, 흐르는 개울과 꽃 핀 나무만이 그려져 있는 것도 그 때문이다. 흐르는 개울과 꽃 피는 나무가 참된 자기와 하나의 모습을 이룬다고 한다면 자기란 어떠한 양식으로 자각 되는가. 또 그때 자연은 어떻게 경험되어지는 것인가. 그러한 자기는 서구의 근대적 자아도 아니고 종교적, 실존적 자아와도 다른 자기의 신을 만나게 되는 것이다. 하이데거는 또 반본환원을 '장미는 이유 없이 있다'와 관련시킨다. 이유는 근거를 묻는 말로, 그에 대한 해답은 '그러므로'이다. 장미는 그러나 근거 없이 있는 것도 아니다. 그것은 꽃 피기 위해 꽃 피기 때문이다. 즉 장미가 꽃 피는 것은 그 근거를 나름대로 가지고 있다. 장미에 있어서 꽃 핀다는 것은 꽃 핀다는 내면 세계에 몰두하여 있으므로 꽃 피는 근거는 장미에 있어서는 별로 내세울 것이 못된다. 장미가 꽃 피기 위해 꽃 피는 것은 그 자체가 모습을 나타내는 자연스럽고 단순한 일이다. 꽃 핀다는 그 현존 앞에는 아무런 근거도 없는 것이다. 그러한 현존에 몰두해 있는 상태를 그대로 글로 나타낸다면 '꽃은 피고 물은 흐른다'로 표현될 것이다.

제8도인 일원상의 절대무에서, 인간은 절대무이며 마음이 스스로 텅 빈 거기에서 그 현존은 마음이 아니고 물이다. 꽃으로서 나타내게 되는 것이다. 독일 시인의 시도 사실 장미를 말한 것이 아니고 인간 본래의 존재양식을 말한 것이다. 반본환원은 근원으로 되돌아간다는 의미다. 그림은 개울의 흐름과 꽃 핀 나무뿐이다. 그것은 참된 자기인 것이다. 인간의 내적 상태가 외적 자연에 의해서 비유적으로 나타난 것이다. 즉 본원으로 돌아간 참된 자기의 모습이다. 제8도의 무궁한 부정의 세계에서 이제 긍정으로의 대전환이 이루어지는 것이다. 제8도의 절대무에 있어서, 인간과 인간, 인간과 자연, 인간과 초월 등의 여러 영역에 있어서, 모든 의미의 형태에 있어서 상대, 대립, 분열이 주체와 객체로 분열되기 이전의 무로 돌아가 그 분열 이전을 거쳐 다시 소생하는 것이다. 따라서 제8도의 무를 거쳐 정화된 풍경은 자기의 실체인 것이다. 제8도에서 제9도의 과정은 단계적 과정이 아니고 상호 투입의 움직임의 양 극면을 나타낸다. 하이데거의 사상은 이 경지에서 전개되는 것이다. 하이데거는 자신의 존재 양식이 문제가 되는 인간 존재, 그리고 존재 일반의 의미를 규명하기 위한 통로가 될 수 있는 인간 존재를 일관하여 '현존성'이라 불렀다.

현존재는 자기로서 이미 세계에 던져져 있는 것이다. 하이데거는 사물이 사물로서 자립케 되는 장소를 '방하(放下: gelassenheit)'라는 선의 용어를 쓰고 있다. 이것은 사물을 그대로 방치하여 사물을 사물로서 자립시키는 데서 이루어지는 근본적인 집착의 명칭이라는 뜻을 가리키고 있다. 방하란 선에 있어서도 모든 집착을 버리고 해탈에 이르는 것을 말한다. 사실, 이 말에는 『존재와 시간』이래 하이데거의 사색의 모든 무게가 걸려 있다. 방하는 하나의 단념, 의지의 부정성도 포함하고 있다.

이러한 인간의 허무주의를 극복하기 위해 하이데거가 제기한 것이 방하이다. 방하는 현대의 기술적 세계에 대해서 부정하거나 긍정하지 않고 사물은 그 비밀의 영역에서 충실성 속에 빛을 발한다. 유럽의 많은 철학자들은 공을 허무주의로 이해한다. 공은 유와 무를 떠난 중도의 의미라고 하나, 거기에는 자칫하면 허무주의에 빠질 위험성이 없는 것도 아니다. 그러나 그 위험성을 극복함으로써 참다운 공에 이른다고 할 수 있다.

십우도의 제8도인 일원상은 공을 의미하는 것이지 절대적인 허무가 아니다. 그러나 제8도에서 끝나게 되면 절대적 허무의 모습이 나타날 수도 있다. 그러므로 제9도의 자연, 제10도의 인간이 나타나게 되어 8도, 9도, 10도가 하나의 관련성을 맺게 되는 것이다. 그러한 관련성이야말로 허무주의를 넘어설 수 있는 근원적 가능성을 제시하고 있는 것이다. 무로 끝나지 않고 무를 초월하여 산은 산이고 물은 물인 제9도의 반본환원이 나타나며, 그것은 무아적 충실이다. 제10도는 자기에게 완전히 충실해지는 것이며 절대긍정의 세계가 이루어지는 것이다.

하이데거가 감동한 십우도의 제9도는 흐르는 물과 꽃나무가 참된 자기와 하나의 모습임을 서양철학과는 다른 방식으로 자각시키고 있는 것이다.

프랑스의 현대철학자이자 작가이고 사상가인 샤르트르(1905~1981)가 『존재와 무』를 쓸 때에 그는 『반야심경』에 심취해 있었다고 한다.

『존재와 무』의 현대 사상적인 의의는 존재를 나타남의 연쇄로 환원함으로써 현저한 발전을 이루었다는 확인에 있다. 샤르트르에 있어서 의식은 무이며, 그것은 무엇 무엇에 대한 의식으로밖에 존재하지 않는다. 여기에 샤르트르가 『반야심경』에 심취하게 된 동기가 있다.

『반야심경』을 간단히 풀어보면 다음과 같다.

구도자로서 성스러운 관자재보살은 심오한 지혜와 완성을 실천할 때, 존재에는 다섯 가지 구성요소가 있음을 알아보았다. 그러나 그는 이 구성요소가 본성에서 볼 때 실체가 없음을 꿰뚫어본 것이다. 사리불이여, 이 세상의 물질적 현상에는 실체가 없는 것이며 실체가 없기 때문에 물질적 현상인 것이다. 실체가 없다고 하지만 그것은 물질적 현상을 벗어난 것이 아니고 물질적 현상은 실체가 없음을 떠나서 물질적 현상일 수는 없는 것이다. 이처럼 물질적 현상이라는 것은 모두 실체가 없는 것이다. 실체가 없는 것은 물질적 현상이기 때문이다. 이와 마찬가지로 감각도 표상도 의지도 인식도 다 실체가 없는 것이다. 이 세상에 존재하는 모든 것은 다 실체가 없다는 특성이 있다. 생기는 일도 멸하는 일도 없고, 더럽혀지는 일도 깨끗해지는 일도 없고, 늘어나는 일도 줄어드는 일도 없다. 실체가 없다는 입장에서는 물질적 현상도 없고, 감각도 의지도 표상도 없다. 눈·코·귀·혀·몸 그리고 마음도 없으며, 형체·소리·냄새·맛·촉감, 그리고 마음의 대상도 없다. 눈에서 마음의 영역에 이르기까지 다 없는 것이다.

여기서 우리가 볼 수 있는 것처럼, 모든 것이 실체로서 없다는 것은 모든 것이 현상으로서는 있다는 것이며, 이리하여 유와 무는 역전을 하게 된다. 모든 것이 실체가 없이 존재한다는 사실이다. 다시 말해서 '공'은 물질을 부정하는 공이 아니고 그 물질적 현상 속에 다 같이 포함되어 있는 평등한 것으로서의 공을 말한다. 즉 물질과 합쳐서 존재하는 '조화된 상태의 공'을 의미한다. 다시 말해

현상 위에 차별과 실재상의 평등의 두 측면을 지양(depassement, Aufheben)한 조화라고 하겠다. 물질적 현상은 시간적인 찰나에 변화하고 있지만(제행무상) 실상은 변화하면서도 그 변화를 초월하여 존재하는, 즉 현상 주위와 조화를 이루며 영원히 존재한다. 소립자가 장(space)에 따라 어떻게 조화되느냐에 따라서(인연) 여러 가지의 현상으로 나타나는데 '진공은 모든 사물의 물질적인 원인'이라는 것이다. 일체의 물질적 현상 속에는 그 자체가 유지하도록 하는 힘, 에너지가 있다고 한다. 샤르트르는 이 점에 대해서 말하고 있다. "대상은 존재를 감추고 있는 것도 아니지만 존재를 나타내는 것도 아니다." 또 다음과 같이 말하기도 한다. "대상이 존재를 간직하고 있지 않다는 것은 존재자의 몇 가지 성질을 제거하고 그 배후에서 존재를 찾아내려고 해도 헛일이기 때문이다." 존재란 그러한 모든 것의 성질을 감추고 있으며, 또한 대상은 존재를 나타내고 있는 것이다. 왜냐하면 대상을 향해서 그 존재를 포착하고자 해도 헛일이기 때문이다. 존재자는 현상에 지나지 않는다. 존재자는 그 자신을 여러 가지 성질의 조직적 총체로서 나타낸다. 그것은 그 자체를 나타내는 것이지 그 존재를 나타내는 것은 아니다. 존재는 단지 모든 시작의 조건에 지나지 않는다. 존재는 시작을 하기 위한 존재이지 시작된 존재는 아니다.

샤르트르는 『반야심경』을 현상학적 존재론의 시각에서 다루기 시작한 것이다. 그때의 그는 주관과 객관, 의식과 대상을 도식화하는 인식론을 거부하게 된다. 인식론이 전통적인 서양철학의 견고한 테두리를 이루고 있는 것은 사실이지만, 현대의 사상으로서 현상학의 과정을 거쳐 이를 이겨내게 하는 힘 또한 인식론이다. 샤르트르는 "나에게는 언제나 그렇게 느껴지지만 사적 유물론과 같은 풍요한 작업가설은 그 기초로서 형이상학적 유물론이라는 어리석은 내용을 필요로 하지 않는다. 자아가 세계와 동적인 것이 되고 순수하게 논리적인 것에 지나지 않는 '주관과 객관'의 이원성이 철학적인 관심사로부터 결정적으로 소멸되면 그것만으로 족한 것이다" 라고 말한다.

인식의 면에는 물질적 대상뿐 아니라 의식 자체가 반성작용에 의해서 현상될 수도 있으나 이 반성되어 있는 의식 내용은 대자(pour soi)에 있어서 자기가 아닌 것으로 이해된다. 대자는 인식의 면에 나타나는 모든 것을 즉자(en soi)화 해버린다. 의식 내용도 반성되고 현상화되면 즉자가 된다. 그러므로 대자는 결코 자기의 존재와 일치할 수가 없다. 대자 존재는 자기를 벗어난 초월적 존재이다. 대자는 그 존재 속에 자기의 '무無'화를 잉태함으로써 자기를 벗어나며 그러기 때문에 자기 자신이 되는 것이다. 이리하여 대자 존재인 인간은 끊임없이 자기의 과거를 무화하면서 새로운 미래의 자기를 창조해 나가야 한다. 샤르트르의 유명한 "실존은 본질에 앞선다"는 말의 의미도 바로 여기에 있다. 실존한다는 것은 자기를 벗어나는 초월적 존재 양식으로 자기가 현재 있는 것이 아닌 것이 되기 위해서 자기를 꾸준히 생성해 가는 일이다. 실존이란 인간이 끊임없이 자기 자신의 밖으로 자기를 던져 미래를 향하여 현재를 넘어서는 하나의 기도인 것이다. 인간이란 자기를 만들어 나가는 존재이다. 자기 자신을 실현해 나가기 때문에 실존한다는 것은 자유롭다는 뜻이다. 인간이 이 자유를 행사하는 곳이 지금의 생인 것이다. 인간은 근본적으로 자유로운 존재로서 세계와 자기를 무화無化하며 새로운 세계와 자기를 창조해 간다는 샤르트르의 사상은 그 핵심이 『반야심경』에 있는 것이다.

초기불교에 있어서는 아(我: 나, 자신)의 개념이 부정되며 무아설이 설법된다. 그리고 무아설을 철저하게 전개시켜 간 것이 대승불교이다. 불교가 자아의 주체성을 추구하면서 도달한 경지를 열반(니르바나)이라고 표현한 점에 주관, 객관을 초월하여 진리(다르마)의 입장에서 자기(我)를 보고자 하는 입장이 나타나 있다. 이것은 자기를 보지 아니하고 법을 보는 입장이다. 법을 보는 자는 부처를 본다. 자기로부터의 벗어남이 불도이며 법의 입장이다.

이처럼 열반, 법의 개념을 매개로 하여 자아가 자성을 갖지 않는다는 것을 설하고 있다. 여기에 불교에 있어서의 유와 무, 즉 존재와 무의 변증법적 전개가 이루어진다. 이러한 입장은 그대로 샤르트르와 연결된다. 샤르트르에 의하면, 우리의 에고ego도 세계 속에 있는 하나의 존재자이다. 단적으로 말하면 '아我'란 무아이며, 이 무아가 샤르트르에 있어서 의식에 해당되는 것이다. 이처럼 아를 무아라고 보는 입장을 확립함으로써 역으로 자아로서의 우리를 세계 속에 위치 세우고 존재로서의 아를 포착할 수 있는 것이다. 사실 의식은 지향성(intentionnalite)에 의해서 규정되는 것으로, 지향성에 의해서 의식은 자기 자신을 초월하고 자기를 벗어나 계속 자기를 통일한다고 보는 것이 현상학의 본래의 입장이다. 우리는 비실체와 상대화의 길을 철저하게 밀고 나감으로써 현상학의 모순점을 구출코자 하는 샤르트르의 의도를 짐작할 수 있다.

불교에서는 특권적인 지위가 주어진 존재자로서의 서구식의 인간은 인정하지 않는다. 인생이란 우리가 배를 탄 것과 같다. 우리가 돛을 달고 키를 조정하지만 그래도 배는 우리를 태운 것이고 우리는 배 밖에 있는 것이 아니다.

인간에 있어서 가장 중요한 것이 마음이라고 한다면 그것은 자아와 어떤 관계가 있는가? 이미 본 것처럼 자아가 존재하지 않는다면 마음의 근거 또한 모호하다. 마음이란 그 자체는 존재하지 않으며 그러한 마음의 참 모습은 불심이다. 부처님은『화엄경』에서 "온 세상은 오직 마음뿐이니 마음 밖에는 아무것도 없다. 마음과 부처와 중생은 사실 다른 것이 아니다"라고 설했다. 따라서 마음은 무無인 동시에 모든 것이다. 그것은 자아가 아니므로 안에 있는 것도 아니고 밖에 있는 것도 아니다.

마음, 그것은 이 세계 그 자체이다.

사실상 서양철학의 전통과 동양의 오랜 전통과의 접촉이 야스퍼스나 하이데거, 샤르트르의 손에 의해서 이루어진 것은 흥미진진한 일이다.

현대과학과 절대적인 관련이 이어지는 불교 사상과 서양의 지식인들에게 미친 불교의 범위를 대강 찾아보면서 느낀 바에 의하면, 서구의 학자들은 불교의 가르침에 대단히 마음이 끌려들고 있으며 또한 인정하지 않을 수 없는 상황을 느낄 뿐만 아니라, 거기서부터 자신들의 기둥을 잡아 가면서도 그들이 자라난 기독교적인 습관과 생각의 방법에서 완전히 벗어나지를 못한 채 어정쩡한 마음으로 불교를 기독교적으로 해석하거나, 불교의 좋은 점을 애써서 기독교 속에다 두들겨 맞춰보려고 한다. 그들은 아직도 마음으로 불교를 보지 못하고 머리로만 불교를 보기 때문에 습관화되어 온 그들의 편협된 사고에서 벗어나지를 못한 교만한 마음으로만 불교를 보는 것 같다. 한 발짝 뒤로 물러서서 보는 그 뜻을 모르는 것 같다.

셋

마음에 대하여

　유식 사상은 유가수행자들이 현실 체험과 선정 체험을 하면서 깨달은 바대로 삶을 설명하고 이해해 가면서 삶을 올바르게 바꾸어 가고자 하는 가르침이다. 현실 체험과 선정 체험은 '만남의 조건(연기)'에 의해서 이루어진 세계라는 것을 알 수 있다.

　선정 체험은 중생의 조건을 벗어난 체험이다.

　유식의 근본은 부처님의 가르침인 연기법으로서 '관계 속의 삶'인데 유가수행자들은 이를 '앎의 관계'라 한다. '앎'이 곧 '삶'이라고 유식은 가르친다. 앎의 삶이 연기이며 열린 세계다. 유식은 테마가 인간의 심리나 인식이기 때문에, 말하자면 거기에서 문제되는 것은 바로 우리들 자신의 일들이며 따라서 관심을 갖지 않을 수 없다. 그래서 '불교란 마음의 종교이다'라고 부르기에 가장 적절한 교설이라 할 수 있다.

　불교의 역사는 마음 탐구의 역사다. 내가 살아 있다는 것을 자각하는 것도 마음이며, 가장 확실한 것은 무엇인가 하고 생각하는 것도 마음이다. 그 마음을 의심할 수 있는 것도 마음뿐이다. 의심하는 것도 납득하는 것도 모두 마음이기 때문에 그 마음만이 확실한 사실이라 말할 수가 있겠다. 마음에 떠오르지 않는 것은 우리들에게 있어 존재하지 않는 것이다. 매사는 마음 위에 떠오르고 있는 것이다. 유식에서 '오직 마음'이란 것이 바로 이런 뜻이다.

불교에서 몸과 마음은 일체불리一切不離라고 한다. 그러므로 수행의 입장에서도 마음만의 수행이 없고 신체만의 수행이 있을 수 없다. 신심일여心身一如란 본래 인간의 존재 자체이다. 원래 불교 전체가 인간학의 성질이 강하지만, 그중에도 한층 더 인간학다운 특징을 갖고 있는 것이 유식 불교다. 유식은 한결같이 사람에게서 사람에게로, 인간의 마음에서 마음으로, 인간 그 자체로서, 인간 그 자체에서 인간 추구에의 안목을 깊게 하고 있다. 지금 여기에 살고 있는 이 사람의 존재 그 자체에 직접 솔직하게 부딪쳐서 나가려고 하기 때문이다. 그것은 인간을 본래의 인간으로 눈뜨게 하려는 것이고, 본래의 인간으로서의 자각을 불러일으키려는 것이다. 자각한다는 것은 이미 그것을 어느 의미로건 초월한 것이기 때문에 그러한 방법으로 근본의 자기에게로 돌아가도록 하는 것이다. 현실의 자기 실태, 그것을 분명하게 자각하게 함으로써 본래의 자기를 회복하는 그런 방법을 유식학은 지향하고 있다.

불교에서는 무상·무아·공·무 등등과 같이 인간을 부정적으로 파악하는 측면이 있다. 그렇지만 유식은 지금 여기서 숨 쉬고 있는 자기를 있는 그대로 놓고 본다. 흔히 유식을 학문 불교니, 이론 불교니 하며, 냉철한 논리로 일관된 불교이며 가까이하기가 어려운 가르침이라 생각되는 점도 없지 않으나 나는 오히려 그 반대로 생각하며, 더욱 크게 마음에 와 닿고, 매일 매일의 생활 중에서 실질적으로 다가오는, 그래서 더 가깝게 느낀다고 말하겠다. 나를 놓고 보는 관점에서 스스로 찾아낸 사실에 다른 생각이나 의문이 끼어들 수가 없는 것이다. 불교 공부를 시작하는 입장이나 일반 신자의 위치에서 처음부터 철학적으로 뛰어드는 것보다 매일 매일의 생활에 맞추어 가면서 이해해 가고 익혀 가노라면 문득문득 가슴에 와 닿으면서 편하게 자리 잡혀 갈 것이라고 본다. 이러한 마음 탐구의 원형은 부처님이 보여주신 진리였고, 부처님의 가르침인 불교는 마음의 종교이다. 사람의 마음을 주시하며, 사람의 마음을 파고 들어가며, 사람의 마음속에 새로운 인생을 탐색하며 그것을 찾아낸 것이 석존의 가르침이다. 건강한 정신과 지성으로 탐구하며 찾아가는 것, 그것이 기본 정신이다.

또한 경전의 기본인 『법구경』이나 『아함경』을 보아도 거기서 어떤 신비스런 사람이나 혹은 초능력자로서의 석존의 모습은 전혀 볼 수 없다. 그저 한결같이 아름다운 정신의 부처님일 뿐이다.

우리들 인간은 '정신'이라는 것을 가지고 있다. 건강한 정신과 지성으로 탐구하며 들어가는 것, 그것만이 부처님의 가르침의 줄거리이며, 불교의 기본 정신이다. 사람의 육체와 본능 등은 다른 젖먹이동물들과 별로 다른 점이 없으나, 사람은 그 정신의 완전한 자유를 원하여 진보 향상하는 길을 택해 나아감으로써 참다운 의미에서 인간답게 될 수 있는 것이다. 정신적으로 진보 향상해 가는 것이 우리 인간에게 주어진 절대적인 숙명이라 할 수 있다. 이러한 정신적 진보 향상의 최고 목표가 바로 부처님의 경지이다. 최고의 지혜와 완전한 인격과 정신의 자유자재를 갖추고 세상의 많은 사람들을 구제하고 인도하는 부처님의 경지만이 인간으로서 가장 이상적 경지가 아니겠는가?

불교의 전체가 실천론이라고 말할 수 있다. 즉 부처님의 가르침은

① 우리들은 어떻게 존재하고 있는가? (존재론)

② 다른 것과 어떻게 관련되어 있는가?

　ㄱ. 다른 것과 어떻게 인식하는가? (인식론)

　ㄴ. 다른 것과 어떻게 관련하는가? (실천론)

로 구성되어 있다고 할 수 있다. 앞에서 설명한 제법무아와 제행무상의 설명을 다시 한 번 더 기억하길 바란다.

유식이란, 현상적인 존재는 모두 식에 지나지 않는다는 진실을 나타내는 용어이다. 물에 비추인 달이나 거울 속의 모습들은 일시적으로 비추어진 영상과 같은 존재로서 일시적으로 마음에 비추어진 것에 지나지 않는다. 그런데 실재하지 않는 대상의 형상을 띠면서 식이 나타난 것이다.

유식 사상의 목적은 자기 존재의 기체인 식을 질적으로 변혁하는 것이다. 이 말은 허망한 인식 상태를 본래의 정상적인 진실한 상태로 복귀시키는 것을 말함이다. 인식의 허망성은 일단 진리에 도달한 사람에게 비로소 자각되는 것이고, 원성실성을 보지 못한 사람은 의타기성을 볼 수 없다고 강조되기 때문이다. 원성실성을 본다는 것은 진리를 깨달아서 각자覺者가 된다는 뜻이다.

진리를 올바로 깨닫기 전에 도리에 근거하여 유식의 이치를 이론적으로 추리해야 한다. 인식은 주관과 객관으로 나눌 수 있고, 주관을 나타내는 가장 일반적인 명칭이 마음이다.

그런 마음을 유식으로 설명하자면 심·의·식, 즉 심=아뢰야식,

의=말나식, 식=육식이 된다.

유식이란 삶의 다른 말로서 인연이나 연기와 같은 말이며, 유식은 삶의 부분이 아니라 삶 그 자체이다. 유식성이란 '현존하는 부처', 곧 우리들 자신으로서, 참으로 깨어 있는 사람들은 활동하는 매 순간마다 그대로 깨어 있는 부처님 자신이며, 바로 유식성이다. 그래서 모든 살아 있는 것과 자기 자신이 깨어 있음에 예불을 해야 하는 것이다. 유식성을 부처님의 경계라고 말한다. 유식은 각 개인이 자기의 몸과 마음을 다하여 원성실성, 바로 그것으로 되는 것이다.

| 아들에게 ②

귀에 익숙하지 않은 어휘들이 이어지니까, 이거 점점 복잡해져 가는데, 하고 미리 생각하지 말거라. 그리 생각이 되면, 그 다음부터는 머릿속이 혼란스러워진다. 그냥 편안한 상태로 읽어 넘어가노라면, 어떤 것은 이해가 잘되고 또 어떤 것은 이해가 전혀 안 된다 하더라도 그냥 계속하여 읽어 가다 보면, 이 책을 거의 다 읽어갈 때쯤 되면 무언가 어렴풋이 와 닿는 것이 있을 것이다. 만약 한 번 더 읽어갈 수 있으면 낯설었던 어휘들도 눈에 들어오기 시작하고 거기에 따라 마음도 익숙해져 갈 것이다. 인기소설을 읽는 것이 아니라 어려운 종교 이론을 직접 공부하고 이해하고 가까이 해보겠다는 공부에서는 조급한 생각은 아예 멀리 집어던지고, 하나하나 차분하게 파헤쳐 가는 그런 마음을 가져야 한다. 그냥 다소곳하게 옳다고 생각되는 도리에 근거하여 불교의 가르침을 이론적으로 신중하게 이해해 나가면서 우선 긍정할 수 있어야 하고 스스로 납득할 수 있어야 한다. 맑은 정신과 이성으로 별 거부감 없이 '과연 그것이 그래, 맞았어!' 하고 가슴에 와 닿는 것이 있다면, 혹시 마음수행을 해나가는 데 어려움이나 방해가 생긴다 하더라도 계속 공부해 나감에 큰 지장은 안 될 것이다. 그러노라면 가슴속으로 쌓여져 가는 그 무엇들이 모여져서 마음을 풍부하게 해줌을 느끼게 될 것이다.

여기서, 아들인 네 앞에서 솔직하게 종교적인 고백을 한다면, 내가 불교 서적을 1983년부터, 비록 병석에 누워서 앓고 지내는 몸이었지만 한눈팔지 않고 열심히 보아 왔고, 어려우니까 같은 책을 두 번 세 번씩 되읽어 가면서 계속해 왔단다. 요즈음 와서 그 책들을 다시 펼쳐보면 붉은 줄도 그어져 있고, 그 위에 푸른 줄도 그어져 있고, 또 검은 줄도 그어져 있다. 서너 번씩 읽었다는 말이겠지. 그런데 그때 참말로 그것들을 가슴으로 이해했느냐고 물으면, 부끄럽지만 이해하려고 노력을 기울여 온 것이지 진실로 이해가 가능했던 것은 아니야. 그냥 계속해서 공부한 것이지…… 그러면서 세월도 많이 지나갔고, 또 나는 계속해서 마치 전문가처럼 변함없이 공부를 이어왔단다. 이제 와서 그때의 책들을 펼쳐보면 조용히 편하게 마음에 와 닿는 거야. 다행히 이제는 줄을 안 쳐도 돼.

나는 아둔하고 욕심이 많고 게을러서인지 이렇게 더디지만, 그래도 중병을 앓고 있는 몸이 편안한 마음을 되찾아 가질 수 있다는 것, 그게 또 어디냐?

이 글이 오랜 병으로 바깥출입도 자유롭지 못했던 내가 앓는 몸을 달래가며(어느 때는 교통사고로 허리를 제대로 움직이기도 어려운 형편에 있으면서) 하나하나 새롭게 공부해 가면서 십여 년 동안 너를 위해 써온 것이다 하고 생각하면, 한 글자 한 글자가 네게는 정말로 보배스럽고 또 소중할 것이다. 내가 떠난 그 후에는…… 내가 직접 공부해서 마음의 평화를 이루어갈 수 있었던 길과, 스스로를 닦아 가는 정신과 자세를 너에게 남겨 주고자 하는 마음이 간절해서이다. 네가 참고해 가기를 바라면서…….

마음의 구조

식에서, 이숙이란 청정한 유식성을 잃어버리고 긴장을 유지하는 아我와 법法의 관계로 삶을 이끌어 가는 것이고, 사량이란 것은 삶을 아와 법으로 나누어서 분별해 가는 특성이 있는 것이다. 일단 아와 법으로 나누어서 긴장 관계가 형성되면, 그 다음에는 요별로서 좋아하는 것을 가지려는 탐심, 싫어하는 것을 배척하려는 진심, 이러한 소유의 모습으로 가는 것이 요별경식(了別境識: 전6식)의 작용이다. 요별경식이란 우리가 생활 속에서 보고 듣고 느끼고 하는 작용이다. 요별경식은 자타의 분별을 바탕으로 작용하며 선악시비로 인한 업을 키워 간다.

우리가 일상생활 속에서 아와 법을 분별시켜 긴장 관계를 일으키는 것은 아뢰야식에 그런 힘들이 여러 생 가운데서 숙업으로 쌓여 있어서 같이 흐르고 있기 때문이다. 이숙식異熟識은 유식성을 왜곡시키는 힘으로서 흘러간다. 그리고 왜곡되어 있는 힘이 밖으로 나올 때 그 원인이 되는 종자를 일체종자라 하며 이것이 인상因相이다. 사량과 요별은 인식 주관과 인식 객관이 어울려져서 만들어 놓은 하나의 세계(일법계)를 보지 못한다. 무명이 벗겨져야 ㄴ이 ㅊ이고, ㅊ이 또한 ㄷ임을 알게 된다. 이것을 일법계라 하는데, 인식의 장에서 소외됨이 없는 세계라 하겠다. 지금 내가 '연기실상을 아는 수행으로 사느냐?'에 따라 종자의 힘이 바뀌면서, 전찰나와 후찰나의 종자는 양과 질적인 면에서 전혀 달라진다. 연기의 흐름을 보여 주고 있는 이 삶을 분별시키는 힘이 사량이나 요별了別이 가지고 있는 특성이다.

'요了'라는 말은 항상 관계하고 있다라는 뜻인데, 그 관계가 제8식의 앎인 인식이다. '저절로 알면서 변해 가는 생명의 유지 관계'가 요에 해당된다. 팔식이 전부 제 모습대로 바꾸어 가는 것은 요의 힘으로서, 생명력의 관계 속에서 서로 다른 모습대로 얽혀져 있는 관계를 명확하게 인식하는 능력인 요는 연기 관계 속에서 적의적절하게 변화하면서 중도를 지켜 간다.

그런데 왜 마음은 붙들 수가 없는 심불가득心不可得인가?

마음은 대상을 아는 역할을 하는 자신이기 때문에 대상화할 수 없다. 대상화된 것은 벌써 마음 그 자체가 아니며, 마음의 그림자에 불과하다고 말할 수 있기 때문이다. 대상을 보며 대상을 아는 활동 자체가 마음이기 때문에, 그것을 대상적으로 저쪽에 두고 이것이 마음이라고 생각하면, 그것은 벌써 대상화된 단계로 마음 그 자체는 아니며 마음의 그림자가 되어 있는 것이다. 자기의 마음 상태를 스스로 안다는 것은 참으로 어려운 일이며 결국은 불가능, 불가득한 것이라고 말하지 않을 수가 없다.

유식을 '마음을 탐구하는 불교'라고 하는데, 보리(지혜)를 얻으려면 무엇보다도 스스로의 마음을 알아야 한다. 이러한 마음의 구조를 팔식과 삼능변三能變으로 표현한다. 팔식이란 인간의 마음을 표층(바깥 면)에서 심층(깊은 속)을 향해서 여덟 가지의 중첩된 구조를 가지고 있다고 보는 것이며, 삼능변은 마음의 심층이며, 심층에서 표층을 향하여 능동적으로 대상에 작용하는 면을 말한다.

자기 자신을 안다는 것은 참으로 어려우며, 자기를 마음먹은 대로 움직이게 하는 것도 쉬운 일은 아니라는 것을 너무 잘 알고 있다. 자기로서도 어떻게 해야 좋을지 알 수 없는 자기가 자기 속에 숨어 있는 것을 느낄 때가 있으며, 자기가 생각하고 있는 것과는 다른 방향으로 자기가 움직이고 있는 것을 자각하는 일도 있을 것이다.

"내가 마음으로 원하는 바의 선을 행하지 않으며, 내가 마음으로 원하지 않는 악을 행하도다"라고 말한 사도 바울의 말은 결코 그만의 것이 아니다.

| 전5식

전5식은 눈·코·혀·귀·몸이며 감각작용, 즉 오관이 그것이다. 오관은 몸의 기관이고, 6, 7, 8식은 마음의 영역이다.

이러한 다섯 가지의 식은 서로서로 각각 다른 소의를 가지고 있지만 공통하는 소의로서 제7말나식과 제8아뢰야식이 있다. 제6식의 의식은 지성, 감정, 의지 등의 영역이므로 그것의 소의라 함은 그러한 마음의 작용이 '본다, 듣는다' 등과 같은 감각작용을 지탱하고 있다는 것을 뜻하며, 더욱이 그 의식의 밑바닥에 말나식이라는 자아 중심적인 생각에 지탱되어 있고, 그것은 또한 그 깊숙한 곳에 깊은 물 같은 자기(나 자신), 즉 아뢰야식이 있으며, 그 아뢰야식에 의해서 지탱되어 있는 것이다.

①전5식의 첫 번째 공통성은 직관적으로 대상을 아는 것이다. 이를 현량現量이라 한다. 붉은 꽃을 볼 때, 번득 직관적으로 '붉은 색'이라고 잡는 것이 '현량'이다. 전5식은 당연히 이 방법으로 사물을 인식한다. 자기의 눈으로 보고, 자기의 귀로 듣고, 자기의 혀로 맛보는 것이다. 이런 점에서 인식의 기초를 본 것이 현량이다.

②전5식의 두 번째 공통성으로서의 비량比量은 제6식의 영역으로서, 추리하고 사색하면서 사물을 아는 방법이다. 우리는 이 방법에 의해서 많은 것을 인식한다. 십이연기의 가르침은 비량에 의한 것이라 하겠다. 사색하면서, 그리고 역관(뒤에서부터 되돌아보면서 관함)을 하면서 삶과 죽음의 고뇌를 규명한 가르침이다. 즉 추리·사색에 의한 인생의 진상에 대한 인식이다. 무명에서 늙고 죽는 것에 이르는 열두 단계에 관해서 하나씩 논리적으로 생각하면서 추론하는 방법이 비량이다.

③전5식의 세 번째 공통성은 의식, 말나식, 아뢰야식이라는 심적 부분을 소의(所依: 평소부터 품고 있는 생각, 의지처)로 하고 있는 것이다. 감각이 받아들인 것을 통일하는 것은 의식, 그 의식을 지탱하고 있는 것은 아뢰야식(인격)이다. 주체적인 자기라 말해도 좋겠

다. 감각적 자기는 주체적 자기에 의해서 통일되며 지탱되어 있는 것이다. 공이면서도 주체인 자기, 그것은 한 사람 한 사람, 개개 별별의 존재로서의 자기이지만, 그 한 사람 한 사람의 성격이나 인격이 전5식을 지탱하고 있는 것이다. 즉 전5식이 성격이나 인격이 반영하는 것이다. 그 사람의 인격과 관계가 없는 감각의 작용은 없기 때문이다. 감각을 통해서 바깥 것을 알며, 그것에 대해 판단을 내리고, 추리하고, 생각하고, 행동을 일으키는 행위자로서의 주체적 자기는 부정할 수 없다. 판단하고 결단하며 행위하는 자기, 말하자면 '주체적인 자기'라는 자기는 뚜렷하게 존재하고 있는 것이라 할 수 있다.

주체적인 자기라 해도 불교에서는 공의 자기이며 결코 실체적인 것은 아니다. 자기라는 것은 무아이며 무상이며 공인 자기이다. 아무것도 없다는 허무주의나 자기 상실이 아니다. 무한한 자기, 무상한 자기라는 모습으로 자기가 존재하고 있다는 것이다. 무의 자기가 유로서 존재하고 있다. 실체는 아니지만 자기는 존재하고 있다. 감각을 통해서 바깥 것을 알며 그것에 대해서 판단을 내리고 추리하고 생각하고 행동을 일으키는 행위자로서의 주체적인 자기는 부정할 수 없다. 공이며 무아인 자기라는 것에는 틀림이 없으나. 공이면서도 주체인 자기, 그것을 또한 의식, 말나식, 아뢰야식이란 표현으로 포착하고 있다고 하겠다.

전5식은 가장 표층의 마음이며 가장 단순하다고 생각된다. 그럼에도 거기에는 깊은 인격성이 모두 나타난다. 더욱 노골적으로 더욱 솔직하게 나타난다. 수행에 의해서 사람이 변해갈 때, 전5식은 수행이 완전히 완성될 때까지 변하지 않는다. 사물을 판단하는 '의식'은 그것보다 비교적 빠른 단계에서 변하기 시작한다고 하나, 전5식과 아뢰야식은 마지막 끝까지 가다가, 전5식이 성소작지가 되고 아뢰야식이 대원경지가 되는 수행의 완성 때에만 작용하여 변한다. 아뢰야식이 근본적으로 청정하게 되지 않는 한 전5식도 청정하게 되지 않는다. 아뢰야식이 완전하게 변할 때 그때 비로소 전5식도 변하는 것이다. 심층의 자기가 변함으로써 표층의 자기도 변한다. 가장 수동적이라고 생각되는 오관이 사실은 매우 능동적인 성격을 간직하고 있다.

전5식이 작용할 때는 언제나 제6의식도 작용한다. 전5식은 가장 표면의 마음이지만 그 바닥에는 오구의식五俱意識이 있으며, 그 뒤에는 제이능변이 이기적이고 적극적으로 작용하고 있다. 또 다시 그 바닥에는 초능변이 깊은 물처럼 자리 잡고 있어 존재나 인식을 국한하는 것이다. 오구의식과 삼능변의 설명은 나중에 살펴보겠다.

초능변, 제이능변이라는 마음의 능동성 위에 제삼능변인 전5식도 작용하고 있기 때문에 당연히 거기에도 능동성이 강하게 작용하고 있는 것이다. 더욱이 그것은 매우 분명한 모습으로 나온다. 자기에게 유리하게끔 사물을 본다. 유리하지 않는 것은 보지도 않는다. 그러한 분명한 모습으로 자기 마음속에 없는 것은 다른 곳에도 없다. 보이지도 않으며 들리지도 않는 것이다. 그것이 표층의 마음의 신비이다. 자기의 존재를 중심으로 한 인식만이 있는 것이다. 자기가 보고 듣고 하는 객관은 사실은 자기의 마음의 환영을 보고 있는 것이라고 말할 수 있을 것이다. 자기의 존재에 있는 그 모습과 관계가 없는 인식은 없는 것이라고 생각한다.

　제1식 안식, 제2식 이식, 제3식 비식, 제4식 설식, 제5식 신식, 제6식 의식, 제7식 말나식, 제8식 아뢰야식, 이것이 유식의 8식이다. 제1식에서 제5식까지를 제3능변이라 하고, 제6식과 제7식을 제2능변이라 하고, 제8식을 초능변이라 하며, 이 모두를 일러 '삼능변'이라 한다.

　우리들이 보며 듣는 대상은 자기의 마음이다. 즉 마음이 마음을 대상으로 하고 있으며, 우리들의 영역은 그 인식을 벗어날 수 없고, 우리들의 인식은 그 틀 속에서만 성립하고 있다.

사분설

유식은 인식론이다. 자기 존재의 있는 모습이나 자아 의식의 여하, 지적 흥미나 관심, 신체적 조건 등의 모든 조건이 한 몸이 되어 하나의 인식이 성립하는 것이며, 그 이상의 인식은 성립할 수도 없다. 유식 사상은 전체가 인식론의 반성이라고도 말할 수 있지만, 그중에서도 사분설四分說은 그 전형이다.

　사분설이란 보는 것과 보이는 것으로, 이를 견분見分, 상분相分, 자증분自證分, 증자증분證自證分으로 나누는 것을 말한다. 마음이 작용할 때는 어떤 경우에도 이 네 가지의 요소를 분석한다. 식은 반드시 대상을 가지고서 움직이고 있다. 식이 움직이고 있다는 것은 반드시 어떤 대상이 있어서 그 대상에 작용하고 있다는 것을 뜻한다. 그 대상이 상분이며, 대상에 작용하고 있는 것이 견분이다. 상분이란 오감을 통해서 외부 대상이 마음(머리)속에 투사되어 파악된 것이고, 이러한 상분을 인식하는 마음의 작용을 견분이라 하며, 이를 통해 대상이 파악된다.

예를 들어 내가 좋아하는(제7식) 그 음악이(제6식, 제8식) 들린다(전5식)라고 할 때 귀를 통하여 머릿속에 투사된 것은 들리는 소리이며 이것은 상분이다. 이 상분의 정보가 제8식으로 전달된다. 모든 정보가 들어 있는 이곳에서 이 소리가 어떤 종류인가를 찾는다. 여기서 음악소리라는 것을 판별해 내고, 이 정보가 제7식에 전달되면 '아, 내가 좋아하는 그 음악'이라는 견분이 생기면서 제6식인 의식으로 전달된다. 그래서 '내가 좋아하는 그 음악소리'라는 결론이 생긴다. 이런 모든 인식 과정은 찰나적으로 일어난다.

상분으로 파악된 대상도, 그것을 파악하는 견분도, 파고 들어가면 결국 하나의 자기에 불과하다. 자기가 자기 자신의 대상을 그리며 그 대상을 자기가 보는 것이다. 자기가 자기를 보며, 자기가 자기를 들으며, 자기가 그려놓고 자기가 생각한다. 그것이 우리들의 세계다.

상분을 인식하는 작용은 견분이다. 그 견분을 자각하는 것은 자증분이다. 자증분의 작용을 확인하는 또 하나의 마음작용이 당연히 요청되는데, 곧 자증을 확인하는 부분인 증자증분이다. 증자증분의 작용을 확인하는 것은 증자증분에 의해 확인된 자증분이라고 생각함으로써 무한히 소급되는 모순을 해결한다.

사분은 안식 내지 팔식 모두에 존재한다. 사분은 어느 하나의 식이 갖는 네 가지의 작용을 말하는 것에 불과하며, 네 가지 마음의 실체가 있다는 것은 아니다. 이런 것들은 아뢰야식의 종자 또는 습기 속에 잠재적으로 내재한다고 한다. 업이 습기를 훈습한다고 설명하듯이, 이는 이전 행동의 인상이다. 심층심리 속에 존재하는 잠재의식적인 인상이고 근본적인 잠재력이다. 잠재적인 인상이 아뢰야식 속에서 저장되어 있다가, 마치 씨앗이 싹트듯이 구체적인 형상을 갖는 하나의 인식활동이 생겨나는 것이다.

어떤 관념이 형성된다는 것은, 다시 말하면 모든 종자, 습기의 집합체인 아뢰야식이 하나의 형상을 창조하는 것이다. 아뢰야식은 자기 자신의 인식 대상(유근신, 기세간, 종자)을 나타내며 동시에 자기 이외의 다른 7가지의 의식들도 발생시킨다. 일반적으로 식은 식자신의 인식 대상을 자신의 내부에서 창조해 낸다고 말할 수 있다.

시작 없는 영원한 과거로부터 끊임없이 종자를 아뢰야식에 훈습하여 온 것이다. 종자생현행種子生現行과 현행훈종자現行熏種子의 두 과정은 동일한 찰나에 이루어진다.

현행훈종자: 종자로부터 현행식이 발생하는 과정, 구체적으로 말하면 등류습기等流習氣, 곧 명언종자名言種子로부터 말나식과 6식이 발생한다. 발생한 현행식의 활동은 다양한 모습으로 나타나나, 이는 찰나찰나 발생하고 사라진다. 이것은 발생하는 순간 그 작용은 아뢰야식에 종자를 훈습시킨다. 즉 제8식이 만들어 놓은 현행의 장이 동시에 제8식의 흐름을 돕는 것이다. 이 과정을 현행훈종자라한다.

종자생종자: 말나식과 6식(선·악·무기) 모두를 말한다. 6식 가운데 선과 악의 마음이 모두 각각 훈습된다. 훈습된 종자는 아뢰야식 안에서 생장 발달해서 새로운 현행을 일으키는 힘을 갖게 된다. 이

과정을 종자생종자라 한다.

한 찰나에 인식되지 않는 무한한 생각들이 종자생종자라고 하는 보이지 않는 힘으로 흘러가고 있다. 이것이 밖으로 드러나서 보이는 현상으로 흘러가는 것이 종자생현행이다. 이와 같은 심층의 마음 활동은 현재적인 종자생현행, 현행훈종자, 그리고 잠재적인 종자생종자라는 세 가지 과정에서 이루어지는 유기적인 변화 발달 과정이다. 현행훈종자는 자기 업의 세력에 의해서 삼계 속에서 윤회한다. 그 업을 저장하는 기체는 아뢰야식이고 그것이 윤회의 주체이다.

삼류경

우리들의 인식을 인식하는 쪽에서 분석하는 것이 사분설이다.

마음이 마음을 보고 있다는 그것이 사분설이다. 그것을 보이고 있는 대상의 편에서 분석 분류한 것이 삼류경三類境이라는 설이다. 이는 성경性境, 독영경獨影境, 대질경帶質境으로 우리들이 보고 있는 세계를 셋으로 나눈다.

독영경은 삼류경의 두 번째로, 그것은 글자 그대로 완전히 주관이 마음대로 그려낸 망상이며 주관의 환상이다. 이는 본인에게는 실제로 있는 것 같다. 이것이 병이 되면 여러 가지의 정신이상이 나타난다. 귀울림 같은 것도 그런 것이다. 물론 독영경도 병적인 것만은 아니다. 예술분야 같은 데에서는 오히려 적극적인 큰 뜻을 가지고 있는 경우도 결코 작지 않을 것이다. 인간 정신의 풍부한 비상, 이것은 독영경이 갖는 큰 뜻일 것이다. 동요나 동화의 환상적인 세계도 삼류경에서 말하는 독영경이다.

그런 중에서도 색다르며 중요한 것이, 진리를 대상으로 하는 독영경이라는 것이다. 진리를 대상으로 하고 있다는 점에서는 독영경이 아니다. 대상은 엄연히 실제로 있는 것이어야 하기 때문이다. 그런데 어째서 그것이 독영경인가? 진리라는 유구 불변한 것을 대상으로 할 때 우리는 진리를 어디까지 인식할 수 있는가?

각자가 자기 나름대로의 생각에서 어떤 것을 진리라고 생각하는 것은 아닌지?…… 자기의 주관에서나 사량을 투영하면서 그 그림자를 절대화하고 있는 것은 아닐까? '진리를 대상으로 한 독영경'이란 것은 그러한 진리의 도그마를 지적하고 있는 것이다. 잘못하여 빠지기 쉬운 종교의 도그마화에 대한 날카로운 비판이라 하겠다.

자기 마음대로 '내가 곧 부처다. 혹은 나는 이미 대각을 하였다' 등으로 오해하여 자기 멋대로 그려내고 망상하는 위험을 막기 위한 뜻일 것이다.

삼류경의 제3은 대질경이다. 이는 본질을 가지고 있는 경이라는 뜻이며, 본질은 사물 그 자체라고 생각하면 되겠다. 어떤 뜻이나 가치가 붙어 있는 조직 속에 들어 있는 존재, 그것을 본질이라고 부른다. 다소 복잡한 듯하나 확실한 대상이 있다는 점에서 완전한 망상이나 환영인 독영경과는 다르다. 손에 쥐고 있는 책, 이것이 본질이다. 책으로서 확실히 실체감을 가지고 거기에 존재하고 있다. 그것을 대상으로 하면서, 우리는 마음대로 책의 영상을 상분으로서 그린다. 반감을 갖는 사람, 흥미를 갖는 사람, 가지각색의 상분이 그려진다. 일체감이라는 것은 제6의식이 그리는 상분인 것이다. 공, 무아인 자기를 실체화하는 말나식의 작용은 대질경의 본보기일는지도 모른다. 실체화한 자화상은 환상이지만, 환상의 저쪽에 있는 아뢰야식은 엄연히 존재하고 있기 때문이다. 말나식이 아무리 실체화의 환을 그려도, 아뢰야식이 변하지 않는 실체가 되는 것은 아니다. 대질경은 이러한 것이므로 그 반은 주관에 좌우되나 나머지 반은 주관에 의해 움직이지 않는 실체감을 가지고 있다. 그러한 면에서는 주관이 아지랑이 같은 독영경과는 상당히 성격이 다른 경이다.

삼류경의 첫 번째인 성경은 있는 그대로이다. 독영경과 대질경은 어느 정도 주관에 좌우되는 데 비해서 이것은 주관의 영향을 받지 않는 대상이다. 구체적으로 사물과 불지의 대상이 된 불지를 들수 있다. 사물은 주관에 지배되지 않는다. 좋아하는 꽃을 보건 싫어하는 꽃을 보건, 꽃 그 자체는 사람의 기분에 아무런 관계없이 존재하고 있다. 진리도 그와 같으며, 우리가 마음대로 억측을 하고 있는 진리도 독영경일는지는 모르지만, 진리=불지라든가, 진리와 일체병합의 지혜인 근본 무분별지의 대상이 된 경우의 진리는 정확하게 그대로 획득이 되기 때문에 이것도 성경이 되는 것이다.

여래에게는 평범한 사람의 생각 같은 것은 접근하지 못하는 무엇이 있다. 현실을 자각함으로서 현실을 초월하여 더 깊고 더 풍요롭게 살 수 있다. 그렇게 하기 위한 현실 인식을 유식 불교는 목표로 하는 것이다.

| 제6의식: 지·정·의의 작용

전5식은 직관적인 인식을 하는 것으로, 그것만으로는 깊은 인식이 성립되지 않는다. 그것은 무엇인가? 어떤 것인가? 그러한 판단이 내려짐으로서 비로소 인식이 성립되며 참된 인식이 된다. 그 작용이 의식인 것이다. 전5식의 뒷면에 있으면서 그것을 받쳐 들고 있는 마음이기 때문에 '제6의식'이라고 불리기도 한다. 전5식, 즉 감각의 작용을 통일적으로 받아들이며 명확하게 한다는 점에서는 지각의 작용도 하는 것이지만, 유식의 제6의식은 지성·감정·의지·상상력 같은 것을 종합적으로 포괄하고 있다. 보통 마음이라고 부르는 것이 제6의식이라고 생각된다. 불교의 교리를 듣고 닦는 것, 이것도 제6식이고, 아름다운 불상에 감격을 하는 것도, 무엇을 하겠다고 마음먹는 것도 제6식의 작용이다. 제6식이 일어나서 선이나 악의 행위를 한다.

불교는 본래 자기 추구를 목적으로 하며, 자기 추구는 자기 자신을 들여다보며 해명하는 것이다. 이러한 노력의 정점에서 아뢰야식이 발견되었다고 하겠다. 수행 과정에서는 심의식이 존재함을 인식하고, 먼저 그 현실적인 진상의 규명을 게을리 해서는 안 된다. '식의 존재'에 초점을 맞추고, 오직 식만이 존재하는 이유와 그 의미의 내용을 고찰한다. 비유비무(非有非無; 있는 것도 아니고 없는 것도 아닌)의 중도설도 예외는 아니어서 그 원천은 진리의 직접 체험이다.

마음은 바깥의 정보를 받아들여서 추리하고 판단하지만, 그 받아들인다는 작용은 정말로 순전히 수동적인가? 결코 그렇지 않다는 것이고, 그 받아들이는 것은 보기에 소극적인 작용 같지만 결코 그게 아니며, 반드시 외부에 대한 적극적인 능동성과 한 몸이 되어 있다. 소극적으로 받아들이는 것은 반드시 동시에 적극적인 작용을 품고 있다는 것이다.

꽃을 보겠다는 마음이 있어도 만약 기분이 마음속에서 움직이지 않는 동안은 꽃은 보이지 않는다. 수동적인 것 속에 잠겨 있는 능동적인 한 면, 그러한 작용을 생각지 않을 수 없다. 수동과 능동은 한 몸이다. 정보가 들어오는 것과 마음이 밖으로 나가는 것이 한 몸이다. 유식은 그러한 미묘한 움직임을 포착하는 것이다.

'의意'는 무엇인가?

안식·이식·비식·설식·신식의 5식은 심리학에서 말하는 시각·청각·취각·미각·촉각에 해당한다. 그런데 안근 내지 신근의 다섯 가지는 색근, 즉 물질로 구성된 감각기관이다. 5식의 기관은 물질적이고 신체적이나 의식의 감각기관인 의근은 무색근, 즉 비물질적인 것으로 생각된다. 지금 이 순간에 작용한 안식 내지 의식의 6식이 다음 순간 과거로 소멸해 버리는 것을 가리킨다.

불교의 교리에 의하면, 한 찰나 전에 활동하고 한 찰나 후에 이미 소멸해 버리는 마음 작용의 총체를 의근으로 생각한다. 그리고 이 소멸한 의근은 현재의 의식과 5식을 이끌어낸다고 생각한다.

의식의 종류를 대강 추려보면 다음과 같다.

감각으로 받아들여진 것에 대해서 판단을 하면서 나가는 작용, 즉 꽃을 본다, 책을 읽는다 등을 이해하는 것이 '오동연의식五同緣

意識'이다. 이 의식은 완전히 전5식과 함께하는 의식이고, '나뭇잎이 떨어지면 가을을 안다'는 눈에 보이는 것은 떨어지는 나뭇잎 하나뿐이지만 이로 인해 가을을 알아내는 것이 '부동연의식不同緣意識'이다. 관觀 수행에서 관으로서 작용하는 의식은 역시 부동연의식이다.

인식이 파고 들어가는 깊이의 솜씨, 그것은 '오구의식'이다. 혼자 달음질치는 의식, 전5식과는 관련 없이 작용하는 의식이 '불구의식不俱意識'이다. '오후의식五後意識'은 전5식, 즉 감각으로 본다든지 듣는다든지 한 후에 그것에 관하여 여러 가지로 생각하며 연상하는 의식이다. 좋은 시를 읽고 감동한다, 이것은 오구의식이지만 그 후에 그 시를 되뇌면서 사색하는 것, 또는 좋은 음악을 들은 후에 말할 수 없는 감동을 느끼면서 그 속에 빠져들 때의 그 감격, 이러한 것은 오후의식이다. '독두의식獨頭意識'은 전5식과의 관계로 작용하는 것이 아니고 오로지 혼자서 작용하는 영역, '정중의식定中意識'은 정중이 선정하는 동안의 의식이므로 좌선할 때의 의식이다. 좌선할 때의 의식의 상태를 흔히 무심의 경지라 하지만, 실은 머릿속에 여러 가지의 일들이 두서없이 들락거리고 있다. 다만 그것에 의해서 흥분하거나 굳어지지 않고 자유로이 나타나며 자유로이 사라져가는 거기에는 아무런 거리낌도 없고 구속도 없는 그것이 말하자면 무심의 경지이고 정중의식이다. 좌선 중에는 마경의 환상도 정중의식 중에 갖가지로 나타난다. 이때 마경에 빠져들지 않도록 특별한 조심을 하여야 한다. 정중은 좌선에만 있는 것이 아니고, 의식이 집중 통일된 맑고 깨끗한 상태이므로, 염불도 그러하고, 사경도 그러하다.

'독산의식獨散意識'은 전5식과는 관련이 없고, 좌선과도 관련이 없이 혼자서 작용하는 일들, 예컨대 공상, 환상, 몽상, 혹은 이상형을 그려본다든지 하는 것들이다. 환상에 빠져서 과대망상에 떨어지는 것도 독산의식이고, 꿈을 안고 마음 풍족하게 인생을 살아가는 것도 독산의식이다. 현실에 파묻혀 얽매이는 것을 싫어하며, 씩씩한 뜻을 품고 용감하게 사는 것도 독산의식이다. 꿈속에서의 의식 활동을 몽중의식이라 한다. 현대 정신분석학이나 심층심리학에서는 꿈을 심층의 의식이거나, 의식 밑에 있는 영역의 작용이며, 지·정·의 등 보통의 의식 활동보다도 훨씬 바닥의 깊은 마음의 영역이라고 밝힌다.

유식에서는 꿈을 제6의식의 범위에서 찾고 있다. 제6의식에는 오위무심五位無心이라고 부르는, 의식이 작용하지 않는 다섯 가지의 상태가 있다. 즉 무상천, 무상정, 멸진정, 극민절, 극수면이며, 그 가운데 숙면을 뜻하는 극수면이 있다. 즉 숙면 상태에서는 제6의식이 작용하지 않는다고 하며, 꿈은 얕은 잠을 잘 때에만 꾸는 것이라고 한다. 무상천은 천안의 세계이다. 천안은 오랫동안 의식 활동이 정지되어 있다고 생각하는 것이다. 무상정은 그 경지에 도달하기 위해 수행하는 선정이며, 이것도 제6의식은 작용하지 않는 상태이고, 멸진정은 무상정보다 한층 더 의식 활동이 멈추어져 있는 상태이며, 극민절은 기절한 상태이다. 이상의 오위의 상태에서는 의식이 작용하지 않는다.

오위무심이란 제6의식에 중요한 조건이 되는 셈이다.

제6의식은 지적인 상상력 등의 작용을 모두 가지고 있으므로 우리 생활에 있어서 참으로 중요한 역할을 한다. 인식을 정확하게 하는 것도 이 마음이고, 추상적인 사색을 담당하는 것도 이것이다. 공·무아를 가리키며 연기의 사상을 이해하는 것도 이 마음이며, 보편적이고 객관적인 진리를 추구하는 과학을 가리키며 배우는 것도 제6의식의 마음이다. 예술을 낳게 하고 인간에게 윤리적 행위를 지키게 하는 것도 이 의식이다. 제6의식의 위대함은 우리의 마음을 끝없이 넓어져 가게도 할 수 있는 힘에 있다. 원자, 원자핵, 무궁한 우주의 연구, 토성…… 등등 이러한 모두가 제6의식의 범위이다. 인간, 인간의 한계, 인간 존재의 실상, 이러한 자각을 일으키는 것은 제6의식의 소의로 의근과 아뢰야식이라고 말한다. 의근은 '전멸의 의'와 '말나식'이라는 두 개의 측면이 포함되어 있다.

전멸의 의란 현재 직전의 순간 의식이다. 마음은 찰나에 생멸하는 것이지만, 마음은 한 면에서 순간순간 끊어지면서도 또 한 면에서는 앞 순간의 마음이 다른 순간의 마음을 지탱하며 연속하면서 간다는 일면을 갖고 있지 않으면 안 된다. 이 연속하는 면이 '전멸의 의를 소의로 한다'라는 것이다. 이런 면이 없다면 수행이 진보해 간다는 그러한 인격의 연속성을 이해할 수 없게 될 것이다. '전멸의 의식이 현재의 의식의 소의이다'라는 것은 현재의 의식 활동은 앞의 순간의 의식에 의해서 제약·한정되어 있음을 뜻하기 때문이다. 스스로가 쌓아올린 자기 마음이 자기를 향상하게 하고 심화하게도 하였지만, 동시에 마음의 작용에 하나의 테두리를 만들며 선입관이 되어 인식의 범위를 한정하고 있는 것도 사실이다. '전멸의 의를 소의로 한다'라는 유식의 교설은 그 점을 말하고 있는 것이다.

전5식에서 제6의식으로 생각을 깊이 해가면서 시간적 앞뒤의 관계를 잡는 것이 바로 이 관점이다. 의근의 또 하나는 말나식, 자기 중심성, 이기심, 아집의 마음이다. 소의의 또 하나는 아뢰야식이며, 총체적인 인격성이 가장 밑바닥에 있으면서 다른 의식 활동을 지탱하고 있다.

제6의식의 대상은 법경이지만, 인식의 대상으로 개념, 말, 사상 등 대상적으로 인식된 것은 모두 훈습되는 것이다. 견분훈見分熏은 그것에 대해서 본다든지 하는 주체의 작용이며 그것의 훈습이다. 색체나 소리나 지식이나 그러한 대상이 아니며 파악하는 작용 그 자체, 능연의 작용 그 자체의 훈습이다. 좋은 그림을 보았을 때, 그 그림의 구도나 색채 같은 것을 기억한다. 그것은 상분훈相分熏이다. 또 하나 다른 것은 바로 좋은 그림을 본 감동이다. 그 감동은 견분훈이 되어 훈습된다는 것이다. 영화를 볼 때도 그걸 거의 잊어버렸다 하더라도 다만 그것이 그럴 듯한 영화였다고 하는 감동만은 마음속에 깊이 새겨져 남아 있는 것이 있다. 이것이 견분훈이다. 즉 우리는 대상적인 존재에 관한 경험도 훈습하며 그것에 의해서 내용을 풍부하게 하는 일면을 갖는 것과 동시에, 자기 자신의 심적 내용까지도 훈습에 의해서 점점 깊게 하고 풍부하게 한다고 말할 수 있다. 훈습에 의하여 자기가 변하며 풍부해진다는 것이다. 어렵고 힘들고 잘 알지 못한다 하더라도 부처의 법을 배우면서 살아가면, 그때 그것은 자기도 모르는 사이에 우리들의 깊숙한 곳에 훈습되어 간다는 것이다. 마음 밑바닥의 밑천으로 자리 잡아 간다는 것이다.

인식의 대상의 세계도, 인식 주체의 작용도 함께 아뢰야식 속에 훈습되어 간다.

불교의 가르침에는 함축성이 있는 것이 많이 있는데 훈습도 그런 것 중의 하나이다.

| 제7말나식: 깊이 잠재하는 아집

제6의식의 또 하나 깊숙한 곳에서 발견한 것은, 잠재하는 이기성, 집아성(오직 자기에게만 집중된 마음)의 마음이다. 악한 마음일 때는 물론이며, 제6의식에서는 착한 마음이라고 생각하고 있을 때도, 그 밑바닥에 깊이 잠겨 있는 자기중심성을 찾아냈다. 그것을 말나식이라 한다. 말나식이란 달리 사량식이라고도 한다. 예컨대 나르시시즘은 말나식이다.

말나식은 제6식으로는 해결할 수 없는 심층의 아집, 자아의식이다. 제7식은 각각의 관계를 분별하여 독립시키고 고정시키는 힘, 즉 의意의 법화작용에 따라 7식이라 하고, 특히 자아를 세우는 힘, 구별 짓고 대립하게 되는 힘이다. 즉 이것저것으로 나누고 너와 나로 구별시키는 힘이다. 말나식은 아뢰야식을 자아로 잘못 생각하는 자아의식이다.

"심·의·식" 중에서 식은 무간멸의無間滅意로 인해 생겨나고 염오의染汚意로 인해 오염된다. 무간멸의는 의식이 생겨나는 의식처이고, 염오의는 네 가지 번뇌(아치, 아견, 아애, 아만)와 항상 상용한다.

일반적으로 유식은 한 찰나 전에 소멸한 마음의 총체, 즉 무간멸의에 이끌려서 생겨난다고 생각한다. 심은 아뢰야식, 의는 염오의, 식은 전6식이다.

염오의는 의식과 동시에 존재하며 그것을 오염되게 하는 근거, 즉 잡념의 의식처이다. 다시 말해 염오의와 의식은 동시에 활동하며, 염오의의 잠재적인 아집 작용에 의해서 의식이 오염된다.

염오의의 이론은 ① 의식의 영역 밑에서 잠재하는 아집을 발견함, ② 사량이라는 특수한 심리작용을 다시 고찰함, ③ 의근을 새롭게 규명함으로 분류할 수 있다. 자타가 분별되면서 서로 대립된 세계가 제7식의 장에서 일어난다. 주객 대립의 흐름만 보는 힘을 말나라 하고, 나와 나 아님을 구별시키는 경우에 의해 일어나는 자아의식이 제7식이다.

삶의 본질인 여래의 모습을 보지 못하고 법의 의미 세계에서만 작용하는 것이 '의意'의 흐름으로서 우리 중생의 범주를 결정하는 힘이다. 이 힘이 자기 내부로 작용할 때 제7말나식의 '의'로서 자기 의식을 결정하여 내부적으로 '의'의 장을 이룬다. 이때의 '의'는 독립된 것이 아니고 반드시 제8식의 견분과 상대해서 작용하고, '의'가 '법'이라는 의미체계와 작용했을 때는 제6식의 장을 이룬다. 8식의 견분과 상대하는 '의'와 6식의 법과 상대하는 '의'는 동일한 '의'가 아니다. 이들은 서로 다른 흐름이지만, 단지 구속력에 의해 제6식과 제7식이 서로 영향을 주고받으면서 분별과 갈등을 더욱 굳게 하는 것이다. '의'의 힘이 내부적으로 자기 자신을 다른 것과 독립시켜서 아애나 아치 등을 키워 가는 것이 제7식의 흐름이고,

법화된 것과 '의'가 상대해서 만들어진 흐름을 제6식이라 한다.

아뢰야식과 말나식은 깨어 있을 때도 잠을 잘 때도 항상 활동하는 심층심리이다. 의의 자기화는 크게 4번뇌가 있다. 이는 제7식의 마음 가운데 일부로 고정된 실체를 만들어서 어떤 한 가지 요소로 결정지어 버리는 힘이고, 이 힘이 고를 부른다.

불교는 고정적이고 실재적인 자아의 의식은 부정하고 '무아'의 입장을 취한다. 자아의식을 선천적인 '구생기'의 것과 후천적인 '분별기'의 것으로 나누고, 선천적인 것(구생기) 중에서 제7식이 제8식을 대상으로 자아처럼 집착하는 이른바 근원적인 자아의식을 발견한 점이 특기할 만한 점이다.

분별의 아견은 후천적으로 신체의 대한 이론이나 학설에 근거한 자아의식이고 구생의 아견은 내부에 존재하는 선천적인 자아의식이다.

말나식이 다른 일곱 가지의 식과 구별되는 특징은 다음과 같다.

① 항상 살피고 헤아린다. ② 아뢰야식을 대상으로 한다. ③ 항상 아치, 아견, 아만, 아애의 4번뇌와 함께한다.

이들 중에 ①은 무시 적부터 항상 끊임없이 자세하게, 즉 깊고 명확하게 대상을 인식하는 것이다. 말나식 역시 심층심리의 하나이다. 생사유전 하는 동안 항상 활동하기 때문이다. 다만 아뢰야식의 인식 활동은 미세하고 분별이 없으며 저절로 행해지는데, 말나식은 아뢰야식을 명확한 대상으로 해서 깊고 강하게 인식한다. 신체는 아뢰야식의 일정하고 미세한 인식 활동에 의해 그 존재가 성립 유지되며, 제7말나식이 자아에 강렬히 집착하여 자기와 자기 아닌 것과의 구별, 밑바탕에 잠재적인 자아 집착심이 있기 때문에 집요한 자기 집착성과 자아의식을 갖게 된다.

말나식은 아뢰야식을 대상으로 해서 이것을 자아라고 집착하는 것이다. 아뢰야식이 근원적인 마음인 이상, 그 주관인 견분은 자기의 궁극적인 의지처라고 할 만해야 하는데, 아뢰야식의 견분은 '무시 적부터 명확하게 상속하므로 항상 같은 것'처럼 보인다. 그래서 '항상 모든 법의 의지처가 된다'고 한다. 그러나 아뢰야식 자체도 그때그때 생겨나서 소멸하고, 소멸하고는 또다시 생겨나는 상속체에 불과하며, 영구적이고 불변적인 것은 존재하지 않는다. 말나식의 세 번째 특징은 항상 4번뇌와 함께 일어나는 점이다. 4번뇌는 말나식의 심소이다. 무아의 도리에 미혹한 무명이야말로 근본적인 무명이며, 그것은 제7말나식과 함께 항상 작용한다. 제7말나식에 상응(연결된, 동반)하는 무명은 불공무명(독립해 일어나는 무명)이라고 하며, 그것은 탐욕, 성냄, 어리석음 등의 4번뇌와 상응하는 무명으로 제6식에 부수되는 상응무명(여섯 가지 근본번뇌와 함께하며 동시에 일어나는 무명)과 구별된다. 불공무명의 근본적인 의미는 다른 번뇌와 상응하지 않으며 말나식 이외의 다른 식에는 전혀 인연이 없어 불공이라 한다. 불공무명은 작용이 미세하고 항상 활동하며 진실을 왜곡하며 감춘다. 모든 중생은 일체에 있어 항상 불공무명을 일으켜서 진실의를 덮고 지혜의 눈을 가린다고 한다. 어느 정도 착한 일을 한다 해도 그곳엔 항상 제7식의 부수된 불공무명이 따라다니기 때문에 오염된 행위일 뿐이다. 그것은 진리를 깨닫지 못하는 이른바 지적인 작용이다. 이처럼 본래적인 것을 모르는 지적인 작용을 무명이라 하고 아치라고 한다.

석존께서 무아를 말함에 있어서, 자아가 가질 수 있는 감각 종류의 차원에서 여섯 가지로 분석하여 이것들 각각이 무아이며, 무아인 것은 내가 아니라고 한다. 즉 눈·귀·코·혀·몸·마음 여섯으로 분석되는 자아도 자아라고 할 만한 것이 아니다. 즉 몸·감각·생각·의지·의식 이 어느 것도 내 것이 아니다. 보다 구체적으로 표현하면, 몸은 자아가 아니며, 자아는 몸을 갖는 것도 아니며, 몸은 자아 속에 있는 것도 아니며, 자아는 몸속에 있는 것도 아니라는 것이다.

석존은 보통사람들이 자아라고 여기는 것이 허구라는 것을 보여주고, 또 이들이 자아라고 할 때 전제하는 불변의 실체적인 자아개념을 비판하기 위해 무아를 말한 것이라고 추측된다. 우파니샤드 철학에서 독립적인 정신적 실체라고 간주되는 의식도 석존의 분석에서는 조건적으로 존재하며 생멸하는 것일 뿐이다. 석존이 의식 또한 다른 다섯 감각들과 마찬가지로 조건적으로 생멸하는 것으로 규정한 것은, 의식을 불멸의 실체적인 참자아로 설정하고 윤리의 목표를 이러한 참자아를 찾는 것에 두었던 우파니샤드 철학자들의 입장과는 대조적이다. 인간의 의식이나 몸, 어느 것에도 우리가 자아라고 동일시할 만한 것은 없다. 흔히 우리가 자아라고 간주하는 것들은 그것이 육체적인 것이든, 정신적인 것이든 조건적으로 일어나 변화하다가 사라지는 것이다. 자성이 없는 공한 것일 뿐이며, 그래서 무아이다.

그러면 우리가 일상적으로 인지하는 자아는 무엇인가?

그것은 다섯 가지 구성요소에 대해서 우리가 붙인 지칭이나 이름이다. 그것은 존재를 이루고 있는 여러 가지 요소들이 일시적으로 모여서 이룬 '집합체'에 주어진 이름에 불과하다. 마치 여러 부분이 모여서 '수레'라는 말이 생겼듯이 자아는 일시적인 집합체로서의 다섯 구성요소에 대하여 이름 붙여진 것일 뿐이지만『밀린다왕문경』(Milindapañha, 나가세나와 밀린다 왕의 대화로 팔리어 성전에 속한다. 서기전 150년경에 서북인도를 지배한 그리스의 왕 미린다와 불교경전에 정통한 학승 나가세나 사이에 오고간 대론서로서, 여기에서 미린다 왕은 정복자로서가 아니라 그리스의 지성을 대표한 지성인의 입장에 있었기에, 동서의 예지가 역사상 처음으로 교류한 점에서 그 가치가 더욱 높이 평가되고 있다)의 수레의 경우에서처럼 없다고도 할 수 없는 것이다. 실체적으로는 없지만 일시적 집합체로 모여서 기능하는 이름으로서 있는 자아가 우리의 일상적 자아로서 활동하는 자아이고, 이러한 자아는 경험하는 자아로서 인정되어야 할 것이다.

석존의 무아설은 자기만의 독립적인 존재로서 실체아를 부정하고, 모두 함께하는 조건 속에서 존재하며 열반을 지향해 가는 윤리적 주체는 긍정한다. 무아설에서 강조되는 이러한 '경험하는 자아'라 함은 자신을 둘러싼 조건인, 변해 가는 상태 속에서 행위를 통하여 자신을 만들어 가는 자아로서 움직이고, 발전을 향해 변해 가는 자아이며, 이러한 자아는 행위를 통해 드러나는 자아인 것이다.

이상과 같이 무아설에서 인정되고 그 의미를 강조하고 있는 자아, 즉 자신이 처한 현상으로 나타난 우리 인간들에게는 제각기 개성이라는 것이 있다. 그것은 본래 평등한 공으로부터 생겨난 것이므로 결코 고정된 것은 아니다. 그러므로 그 어느 쪽으로라도 변화될 수 있는 불확정적인 것이다. 어떤 원인이나 조건만 주어지면 거기에 알맞게 변해갈 수 있는 영향이 나타나는 것이라, 우리의 인간성이라는 것도 변할 수 있도록 되어 있는 것이다. 따라서 이러한 불확정적인, 즉 변화가능성 있는 인간 마음의 성질에 따라서 오히려 부처님의 경지에 도달할 수도 있고 지옥으로 떨어질 수도 있게 된다. 이러한 사실을 올바르게 깨닫는다면 우리들 가슴속에 '나도 한번 해보자' 하는 희망에 찬 커다란 결의가 용솟음치게 일어날 수 있는 것이고, 또한 저 사람도 부처님이 될 가능성을 가지고 있다고 하는 인간 존중의 마음도 생겨나는 것이다. 은연중에 손과 손을 마주잡고 부처님이 되는 길로 걷고자 하는 우애의 정이 오가게 되면 이것은 바로 올바르게 부처님의 뜻에 따라나서는 길이다.

그러므로 자만하지 않는 사람은 세상의 무엇에도 집착하지 않는다. 집착하지 않는 사람은 고통을 받지 않는다. 고통을 받지 않는 사람은 스스로 완전한 깨달음에 이른다.

경전은 '자만하지 않음'을 무집착의 덕목으로, 무집착을 고통의 소멸로, 고통의 소멸을 니르바나의 성취로 연결시키고 있다.

경전에서 버리라는 말은 부정의 의미로서가 아니라 이것들에 대하여 욕심을 끊고 집착을 하지 말라는 의미로서 이해해야 한다. 그 가운데 머무르면서도 그것들의 생멸에 집착하지 않는 삶의 태도이다. 감각의 속성을 바르게 이해하여 이것에 대하여 집착하지 말아야 한다고 반복하여 이른다. 자아가 감각의 무상함을 알고 세상의 어떤 것에도 집착하지 않음으로써 완전한 깨달음에 이를 수 있다고 한다.

인간의 근심걱정은 자신의 마음을 잘 다스리는 것만으로는 없어지지 않는다. 자신의 마음을 잘 다스리는 것은 일종의 임시방편에 불과하다. 깨달음으로 근심의 뿌리를 뽑아내야만 번뇌와 근심이 사라진다. 자신의 몸뚱이가 자아가 아니라는 것을 알지 못한 채로 마음만 다스리려 한다면 잠시 평온을 유지했다가 다시 번뇌에 휩싸이게 된다. 그래서 우리가 계속하여 마음을 잘 다스려 가야 함이 수행의 연결이고, 잠시도 한눈팔지 않는 이러한 수행의 과정이 이어져 갈 때라야 점오든 돈오든 간에 마음의 눈을 뜨기 시작하는 것이고, 또 그런 상태를 계속 유지하여 닦으며 나아갈 때 마침내 깨달음에 이를 수 있게 되는 것이다.

이렇듯 수행의 중요성은 끝이 없다.

자아는 타아와의 관계를 떠나서 규정될 수 없는 서로 얽혀 있는 관계아이다. 자아가 관계아인 이유는 이 세상의 모두가 연기설 속에서 이해되는 존재들이기 때문이다. 이 세상 모든 것들이 인과 연의 만남에 의해 생긴 일시적인 현상이라는 것을 깨달아야만 한다. 이 육체가 자기라고 생각하는 근본적인 착각, 즉 그러한 착각은 무명 때문이다. 이러한 법칙들을 알아가게 되면, 자기중심적인 생각으로부터 차츰 멀어져 가게 되는 것이고, 거기에 수행을 더욱 쌓아가면 '이 우주의 모든 존재는 원래 공이며 평등한 것'이라는 진리를 깨닫게 되어, 모두가 우주의 대생명에 의해서 '살려지고 있는'

벗이며 이웃이며 형제라는 일체감을 뚜렷하게 알게 될 것이다.

깨달음의 삶은 이웃과의 관계를 끊고 살아도 안 되고, 회피적이 거나 관계를 초월하는 삶에서 실현되는 것도 아니다. 이와 같은 관계아적 측면은 시간적으로 현재의 것만이 아니고 과거와 미래의 것까지 모두 함께 걸쳐 있다.

중도라는 원칙은 법칙절대주의와 무원칙주의의 사이에서 자신이 관계하고 있는 사람들의 특성을 고려하면서 그때그때의 상황에 적합한 행동을 제시하는 것이다. 그래서 구체적 상황에서 가장 바람직한 행동양식을 선택하려 할 때 중도의 원리는 반드시 필요한 것이다.

자아는 실체적인 존재도 아니고 독립적으로 규정할 수도 없는 서로 얽혀 있는 관계아이지만 스스로의 힘으로 달성해야 할 윤리적 목표와 의지를 갖는다. 자아란 타인과의 관계 속에 놓여 있고 어느 상황에서도 타인과의 관계를 벗어나지 못한다.

4번뇌의 상호관계

자아의식 또는 자아 집착심을 세밀하게 분석하면 아치, 아견, 아만, 아애의 넷이다. 아견은 아성에 집착하는 것이다. 이 세력 때문에 아만이 나타나서 나의 것을 믿고 스스로 높인다. 실재는 무아인데 자아가 있다고 애착하는 것이 아애이다. 이 세 가지는 무명을 원인으로 한다. 아뢰야식 자체에 미혹할 때 아뢰야식에 대해서 아견을 일으킨다. 이렇게 미혹된 자아를 봄으로써 마음이 교만해지는 것이 아만이다. 자기의 본질을 모르고 자기처럼 보이는 오취온이나 아뢰야식을 자아로 오인하고, 이 오인된 대상을 근거로 자기가 실재하는 것으로 자만한다.

말나식은 의식 속에서 작용하는 심층심리이며 자아의식이다. 분명히 인간(유정)은 자기의 본질과 우주의 본체를 모르며 만족할 줄을 모르는 유령 같은 존재다. 어느 것도 완전하게 알지 못하며, 다만 헛되이 왜곡된 삶을 반복할 뿐이다. 유식 사상은 그런 무지의 근원적인 작용을 말나식이라는 심층심리의 영역에서 찾는다. 무지에서 비롯된 자아의식(4번뇌)이 의식 속에서 왜곡되고, 우리의 일상 행위는 자아의식을 띤 오염된 행위로 이루어진다. 이처럼 캄캄한 무지몽매성과 이기성이 심층심리에서 추구되었다. 그리하여 그것이 의식영역 밑에 서 활동하는 말나식의 자아집착 작용임을 발견했던 것이다.

윤회의 삶을 계속하게 하는 아집에 의해 생기는 번뇌의 장을 벗어남으로써만 참다운 해탈을 얻을 수 있다. 얻는다는 것은 바로 본래의 자기 자신에게로 도달하는 것이다. 해탈이나 보리를 얻는다 함은 그것을 성취하고 완성한다는 것으로, 객관적으로 무엇을 완성하는 것이 아니라 주관적으로 자기 스스로가 그것이 되는 것이다. 자기 존재를 밑바닥에서부터 변화시켜서 진리 자체가 되는 것이 유식 사상의 궁극 목적이다.

자기를 포함한 우주 전체의 참모습을 덮는 베일이 아집, 법집이라는 마음의 오염이다. 아집에 의하여 번뇌장이 생기고 법집에 의해 소지장이 생긴다. 이 두 가지 장애 때문에 번뇌장이 원동력이 되어 계속하여 생사윤회를 되풀이하며, 소지장의 세력으로 인해 부처가 못 되고 있는 것이다. 마음의 오염으로서 번뇌장에서 자아가 실재한다고 보는 아집이, 소지장에서 자아가 실재한다고 보는 법집이 생긴다. 그러나 진여를 올바로 이해함으로써 먼저 번뇌장을 끊으며 생사의 바다에서 깨어나 해탈을 이루고, 번뇌를 끊으면 보리를 얻어 부처가 될 수 있다. 단지 실존적인 번뇌를 없애는 것이 아니라 그 속의 원인으로 내재하는 무지까지 제거해서 자기와 우주의 참모습을 있는 그대로 이해하는 것이 궁극적인 목적이다. 여기에서 안다는 것은 단순히 지식으로만 아는 것이 아니라 지혜로 아는 것이다. 그리하여 우주의 참모습(진여), 바로 그것이 되어 버리는 것이다. 이렇게 절대 진리가 되어서 자기와 우주의 본질을 깨달은 체험이 마음의 행위로 이어지는데, 그것이 바로 부처님께서 모든 중생을 구제하는 활동인 이타행이다.

해탈이란 그대로 해방된 것, 자유롭게 된 것이다. 널리 깨달음의 상태를 가리키는 용어로 쓰이며, 생사윤회의 상태에서 해방되어 이제는 더 이상 생사가 없는 안락한 경지에 도달함을 의미한다. 수행을 해서 구생기와 분별기의 번뇌장과 소지장을 떨쳐버리는 것을 해탈행, 해탈지견행이라 한다. 번뇌와 갈등이 없어져 평정해진 것을 해탈이라고 하고, 저절로 삶의 본래의 모습을 보게 되는 것을 해탈지견이라 한다. 불교에서는 해탈을 열반이라고도 한다. 그것은 번뇌의 불길이 꺼지고 평온함으로 가득한 상태이다.

소승은 번뇌장만을 끊어버리는 열반의 경지에만 안주한다고 하는 대승(유가행파도 대승)의 비난에 나는 감히 다른 의견을 갖는다. 인간의 탈을 쓰고 태어난 사람이라면 누구나 우선 자기 자리가 안정되고 나면 자연히 옆에서 들려오는 다른 사람들의 아픈 소리가 들리게 되어 있다고 본다. 설령 귀를 막고 있더라도!

그것이 인간 마음의 본래 모습이라고 믿는다. 세상에 나 같은 이기주의자도 그러한데, 더욱이 조금이라도 깨달은 자는 더욱 열린 가슴으로 살고 있는 형편이니, 옆에서 들려오는 앓는 소리에 고개를 돌려버릴 수 없는 것이며 저절로 도움의 손이 뻗어나가게 되어 있는 것이 인간의 마음이다. 비록 내 힘이 모자란다 하더라도 도울 수 있는 데까지 도우려고 함이 인간이란 동물의 본심인 것이다.

소승을 멀리하고 대승을 지나치게 위에 세우려다 보니 그런 말이 나왔는지는 모르나, 뒤에서 따라가는 후학들에게는 오히려 의심을 일으키는 말이라고 본다. 대승의 흉내를 코에 걸고, 미처 자기자신도 제대로 세우지 못한 형편에 이미 노 장로나 된 듯이 함부로 깨우친 이들의 흉내로 후학들을 어지럽게 하는 예를 자주 보게 되는 것은 왜인가? 그런 가짜들은 부처님의 뜻에 방해꾼이고 법을 팔아먹고 사는 무리들이다!

무엇보다도 스스로가 다소곳이 자기부터 공부해 나가는 정신과 자세가 더욱 필요하다고 믿는다. 나를 위해서이고 또한 남을 위해서이고, 부처님의 가르침을 바르게 이행하기 위해서이다.

아직은 많이 젊어 보이는 남자 스님이 스무 살도 넘은 처녀 신자를 동생처럼 귀엽다고 등을 끌어안는 것을 본 나는 차라리 남방의 소승 스님들이 눈을 내리깔고서 여자 신도들과는 한 자리 건너 거리를 두는 것이 훨씬 안전하고 편안해 보였다. 대승이라는 자유가 오히려 공부하는 사람의 자세를 흐트러지게 한 것이 아닐까 염려

된다. 자세가 흐트러지면 정신도 흐트러지게 마련인 것이다.

부처님의 가르침에 따르는 공부의 길에서는 나를 더 높일 필요도 없는 것이고 남을 더 낮출 필요도 없는 것이 아니겠는가!

변의원의 삼성설

인간은 8층의 마음을 가지고 있으며, 그 마음의 세계에서 살고 있다는 것이 유식 불교가 지적하는 인간의 진상이다. 그러한 인간의 진상을 다른 각도에서 잡아보는 교설이 삼성설이다. 즉 변계소집성邊計所執性, 의타기성依他起性, 원성실성圓成實性 등이다.

변·의·원邊依圓의 삼성三性은 인식과 존재와 깨달음의 문제를 탐구하는 것이다. 변계소집성은 집착과 미망의 세계, 의타기성은 관련되어 서로 의지하는 연기의 세계, 원성실성은 깨달음의 세계이다.

의타기성은 글자 그대로 다른 것에 의해서 일어난다. 여러 가지의 조건이 서로 맺어짐으로써 그곳에 존재한다는 뜻이며, 그것이 우리의 현 실태다. 여러 가지 힘에 의해 지탱되면서 8식으로 살고 있는 것이다. 무한한 과거가 훈습 집적된 존재이다. 자기 자신의 마음 밑바닥에 무엇이 잠겨 있는지 전혀 알지도 못하는 그러한 자기의 집적에 의해서 현재의 자기가 자기로서 존재하고 있다. 무수한 선악의 종자를 훈습하고 있으며 그것에 의해서 존재하고 있다는 점에서 의타기성이다. 자기가 쌓아온 총합적인 자기, 그때의 조건에 의해서 여러 가지로 천변만화하는 자기, 그것이 의타기성으로서의 자기다. 이런 사항이 아뢰야식에만 한정되는 것이 아니다. 아뢰야식을 하나의 장소로 하여, 말나식이나 의식, 전5식 모두가 작용하고 있다. 그런 것들이 서로 관련되어 작용하고 있는 것이다. 내가 살고 있다는 것은 그러한 복잡한 마음의 관련 속에서 이루어 가는 것이다.

착한 마음도 작용하지만, 번뇌도 작용한다. 말나식 같은 것은 번뇌의 뭉치와 같은 것이다. 허나 모든 것이 인연에 의해서 소멸하는 의타기성이지 자기의 생각이나 희망에 따라서 자유자재로 되는 것은 아니다. 자기의 존재가 인연에 의해서 존재하듯이 선도 악도 유루심도 무루심도 의타기성이다. 마음이 마음을 본다. 보는 마음이 유有임과 마찬가지로 보이는 마음(대상, 상분)도 유이다. 유라 고해도 인연의 결합에 의해서 존재하고 있는 것이다. 하여간에 유로서 존재하고 있다는 것이다. 대상도 있다. 그것도 유이다.

우리들이 지각하고 인식하고 있는 세계는 그만큼 깊게 우리들의 과거나 인품, 생각하는 방법, 보는 방법에 연관되어 있다는 지적이다. 거울처럼 비친다는 그러한 모양으로 존재하며 인식하는 것이 아니다. 의타기성은 그런 것을 가리키는 것이다.

두 번째는 변계소집성이다. 이것저것 생각하며 집착하는 마음을 가리킨다. 자기의 인식을 실체화하고 고정화하며 그것에 집착한다. 그것이 변계소집성이다.

의타기성이란 것은 우리들의 인식의 구조이다. 보고 있는 것은 자기 주관의 투영이며 마음의 그림자다. 여러 가지 조건이나 요소에 의한 인식을 절대화하며 인연소생임을 잊어버린다. 자기가 보고 있는 것이 정말이라고 믿어버리는 것이다. 그것이 변계소집성이다. 의타기성이라는 것은 여러 가지 많은 조건이 결합되고 연합되고 있다는 것이므로 거기에는 무엇 하나 고정적인 것은 없다. 그러나 자기에 대해서 일으키는 대상화, 실체화와 같은 작용을 사물에 대해서도 행하고 있다. 우리의 현실은 의타기성이지만, 그 의타기성이 본래의 인연소생성을 상실하고 고정화되어서 포착된 그것을 변계소집성이라고 한다. 따라서 그것은 의타기성의 모든 자기가 변계소집성적으로 존재하고 있다는 것이다. 자기의 존재의 진상을 각성하지 않은 상태이다.

삼성의 마지막은 원성실성이다. 원성실성은 의타기성이 진실에 각성하는 것이다. 있는 것을 있는 그대로 안다. 있는 것의 진실을 원만 성취한다. '있다'는 것은 의타기성이다. 여러 가지 힘이 서로서로 관련되며 지탱되어 존재하고 있다. 인식도 또한 무수한 요소가 서로 엉클어져서 성립하고 있다. 그것이 우리들 세계의 진상이다. 그것을 그대로 자각하고 인식하며 받아주는 것이다. 그것이 원성실성이다. 의타기성의 세계를 그대로 의타기성의 세계라고 자각하는 것이다. 그 실체를 그대로 자각하는 것, 존재의 진상을 각성하는 것, 그것이 원성실성이다. 의타기성이 의타기성의 본래로 돌아가는 것뿐이다. 그때 의타기성으로서의 자기는 의타기성=변계소집성의 자기에서, 의타기성=원성실성의 자기로 전환한다. 자기에 미망하는 것(사리에 어두워 갈피를 잡지 못하는 것)이 변계소집성, 자기를 깨닫는 것이 원성실성이다. 테두리는 테두리를 넘어선 영역에 서야만 알 수 있다고 한다. 즉 의타기성을 안다는 것은 의타기성을 초월한 것이 아니면 안 된다. 즉 원성실성에 섬으로써 비로소 의타기성이 보인다. 바로 자기에 각성한다는 것의 신비한 구조다.

원성실성을 만남으로서 도리어 의타기성이 의타기성을 만나며, 의타기성이 명백해진다. 의타기성이 의타기성으로 돌아간다. 이러한 자기전환의 신비가 삼성설에는 설명되어 있다. 의타기성이 의타기성을 포기함으로써 의타기성이 된다는 것이다. 자기가 자기를 알며 자기에게 돌아가는 것은 자기를 넘어서지 않으면 안 된다. 자기의 사량 속에 웅크리고 있는 동안은 자기를 알 수 없는 것이다.

여러 무분별지를 닦아서 본식에 있는 두 가지 장애와 추중(번뇌장과 소지장)을 끊었으므로 의타기 위의 변계소집은 소멸되고, 또한 의타기 안의 원성실성을 증득한다. 번뇌장을 대열반으로, 소지장은 최고의 깨달음으로 바꾸어 가는 것이다. 이는 십지의 열 가지의 뛰어난 행을 닦고, 열 가지의 번뇌를 끊고, 열 가지의 진여를 증득함과 같다.

전의의 사상적 고찰

전의轉依는 진실 자리에 도달하는 과정이며, 또한 도달하여 얻은 진리·진실 그 자체이다. 전의는 소의가 변화하는 것이다. 전혀 다른 것이 되어버리는 것이 아니고 변하면서도 변하지 않는, 변하지 않는 그대로 변하는 것, 모순이면서도 모순되지 않는 것, 거기에 전의란 글자의 참뜻이 있다.

'전식득지轉識得智'라는 것은 인간의 엄숙한 변혁은 물론 주체적인 수행의 결과 비로소 얻을 수 있는 것이지만, '전의 체험'이 자기 속에 나타나는 것은 여러 가지 조건이 성숙함으로써 저절로 일어나는 것이다. 자기의 소망이나 희망으로 나타나는 것이 아니라, 저쪽에서 찾아온다는 뜻이다. 수동적이다. 그렇지만 변한다. 더욱이 그 감동적인 순간은 결코 자기의 희망에 따르지 않는다. 신·해를 쌓고 쌓을 때 언젠가 저쪽에서 온다. 그렇게 끝없는 흥미로움이 숨겨져 있는 것이다. 있는 그대로의 인간으로서 180도 전환하는 것이다. 철저한 자기 부정을 구하면서 그것을 통한 진실한 삶의 확고한 획득을 보여주고 있다.

석존은 12월 8일 새벽녘 명성을 보는 순간에 대오성도(크게 깨닫고 도를 이루다)하였다. 석존의 계획에 따라 그렇게 된 것이 아니라 저쪽에서 찾아온 것이다. 자기를 초월함으로써 자기의 참된 모습이 드러난다. 변한다는 것은 구조가 아니며 성질이고 작용이다. '전식득지'건 '전의'건 간에 ①자기가 조금도 변하지 않는다는 한 면과, ②근본적으로 변한다는 한 면의 모순된 두 면이 표착되어 있는 것은 매우 중요한 뜻을 지닌다.

유식의 8식이야말로 인간의 진상이라고 한다. 거기에는 조금도 더 보탤 것도 없고 더 깎아내릴 필요도 없다. 8식의 인간이 8식 그대로 전환하며 완성한다. 그렇게 이해하면 된다. 불교가 정말로 몸에 갖추어지는 것이다!

자기 자신만의 인식의 범위를 갖지 않으며 더욱이 잘난 척하는 고정관념에 구속되어 있던 말나식은 소멸하는 것이 아니라 전환하여 자기의 허상을 버리고, 공·무아의 자기 진상에 각성하여 자기 자신만을 향하여, 자기만을 사랑해 오던 마음이 180도나 크게 전환하여 다른 존재에 대한 경건한 자애로 변한다.

즉 범부도 8식이고 부처도 8식이라는 것이다.

성인은 수도와 견도의 힘에 의해 견소단(見所斷: 고집멸도 사제의 도리를 통찰하는 것에 의해 모든 번뇌를 끊음), 수소단(修所斷: 사제의 도리를 관하는 수행으로써 끊어야 할 여 러 번뇌)의 번뇌가 일어나지 않도록 소의(심신)가 전변된다. 즉 번뇌가 끊어짐으로써 심신이 정화되어 이전과 다른 것으로 변화하는 것이다. 그리하여 청정한 새로운 상속이 생기게 된다.

전의란 도대체 어떤 것인가? 전의는 소의를 변화시키는 것이다. 소의는 의타기성, 오온(자기존재 전체)이고 넓게는 8식 전부, 좁게는 아뢰야식을 가리킨다. 변혁시킨다는 것은 의타기에 있는 변계소집성을 버리고, 의타기 속에 있는 원성실성을 얻는 것이다. 원래 전의는 자기존재 전체가 '오염, 미혹인 상태'에서 '청정, 깨달음의 상태'로 변화하는 것이다.

전의에 의해 얻게 되는 것은 다음과 같다.

① 자기와 우주가 청정하게 되는 것.

② 신체와 정신이 속박에서 해방되어 청정하고 자유롭게 되는 것.

③ 자기 내부에서 최고의 참다운 실재가 현현하는 것.

④ 동시에 그 참다운 실재를 깨달아서 그 자체와 그 작용을 얻는 것.

자기에 대해서는 신체가 청정해지고, 탐진치의 근본번뇌가 소멸되며, 마음이 정서적으로도 지적으로도 청정하게 되는 것이다. 우주는 자기의 표상이며, 자기를 떠나서 우주가 존재하지 않기 때문에 자기의 정화는 곧 우주의 정화이다.

전의는 단지 심신이 청정하게 되는 것만이 아니다. 그것에 의해 삶을 직관하는 지혜를 얻게 된다. 바로 무분별과 직관적 인식(현량)의 지견이다.

진여란 존재의 절대적인 진실이며 참다운 실재이다. 이것은 모든 사람 속에 존재하고, 진여는 우리들 속에 내재하는 오염에 덮여서 그 모습을 나타낼 수가 없을 뿐이다. 그 오염이 번뇌장과 소지장인 것이다.

더러운 거울을 닦아내듯이, 무분별지를 반복해서 닦아야 한다. 무분별지는 진여를 대상으로 하는 지혜라 하며, 절대적인 진실을 직관하는 지적인 내용이다. 그렇게 하여 알아야 할 사물에 대하여 분별이 없는 현량의 지견이 생기는 것이다.

8식에 전의되어 얻어지는 지혜는 다음과 같다.

아뢰야식이 대원경지大圓鏡智로 되고, 염오의(말나)는 평등성지平等性智로 되고, 제6의식은 묘관찰지妙觀察智로 되며, 전5식은 성소작지成所作智가 된다.

대원경지: 거울과 같은 지혜. 아뢰야식 안에서 모든 오염이 제거되어, 마음이 근본적으로 티끌 하나 없이 깨끗하게 닦인 거울처럼 된 상태이다. 아뢰야식이 모든 것의 근원이므로 그것의 대원경지는 우주 전체가 대원경지처럼 변화한 것이다. 공간적으로도 시간적으로도 모든 것이 항상 주체와 객체로 분리되지 않는 상태에서 있는 그대로 인식한다. 이것은 자기와 우주의 진실이 하나로 된 지혜이며, 그 외의 모든 다른 지혜가 생긴다.

평등성지: 평등한 본성을 보는 지혜. 말나식에서 근본적인 자아의식의 작용이 없어져서 자기와 남이 평등하다고 보는 지혜로서

자비심이 일어 구제활동에 나선다.

묘관찰지: 관찰하는 지혜. 의식에서 이것저것으로 개별적이고 개념적인 인식상태가 변한다. 그리하여 모든 사물의 자체와 특질을 있는 그대로 관찰한다. 다라니와 삼매가 생기는 근원이다. 설법에서 큰 위력을 발휘하며, 법의 단비로 모든 사람의 의혹을 끊게 하고 구제한다.

성소작지: 해야 할 일을 해 마치는 지혜. 안식 내지 신식의 감동작용인 상태가 변화한다. 많은 사람을 구제하기 위해 여러 장소에서 갖가지의 변신으로 나타난다.

이상의 네 가지 지혜는 깨달은 지혜이고, 근원적인 대원경지의 기반 위에서 세 가지 지혜가 활동한다. 이것은 중생구제를 지향하는 활동이다.

부처의 지혜는 정적이고 이론적인 지혜가 아니다. 그것은 동적이고 실천적인 지혜이다. 자아의 끊임없이 변혁하는 실천행을 통해서 얻어진 해답을 하나의 이론으로 완성한 것이 전의 사상이다. 전의의 결과는 불가사의이다. 사량과 언어를 초월했으므로 미묘하고 심오하며, 스스로 내면적으로 깨달은 것이기 때문이다. 모든 세간의 비유로써도 설명할 수 없다. 전의한다는 것은 청정법계를 얻는 것이고 존재 전체가 청정하게 되는 것이다.

제8식은 하나도 빠짐없이 제 모습을 나타내어 그 모습대로 흘러가고 있다. 제8식이 가장 강하게 나타나는 곳이 왜곡되어 있는 현실인 현행現行이다. 그러므로 현행을 제대로 보면 제8식의 모습을 보게 된다. 자기의 특성에 따라서 모양을 바꾸어 가는 힘이 자기의

식 속에 있다. 모양을 바꾸는 일, 사람은 사람대로, 짐승은 짐승대로, 자기의 모습을 키워 가는 분별된 힘을 제7식의 사량이라 한다. 이러한 분별 속에서 자신과 타인을 구별하고 좋아하고 싫어하면서 살아가는 삶을 전6식인 요별경식(대상을 인식하는 식)이라 한다.

식을 세 부분으로, 즉 우리에게 드러난 삶을 세 부분으로 나누자면, 우리의 삶을 유지시키는 총체적인 관계인 제8식, 이러한 총체적인 관계 속에서 제 모습을 키워 가는 사량이 제7식, 사량분별에 의해 선악시비 속에서 살아가는 요별의 전6식이 매순간마다 동시에 일어나고 사라진다. 사량이 자기 모습을 키워 가는 힘으로서 아치·아견·아만·아애가 대표적인 특성이다. 그러나 '나'를 버리기만 하면 사량이 창조적인 힘으로 작용하여, 총체적인 삶 속에서 제 모습을 키워 가게 된다. 나를 전체에서 소외시키는 사량분별의 역할이 없어진 것을 평등성지라 한다.

몸과 마음이 속박된 상태, 신체가 경쾌하게 활동할 수 없고 마음도 쾌적하게 작용하지 않으며 바르게 사색할 수 없는 상태, 그런 속박을 일으키는 원인은 아뢰야식에 잠재해 있는 번뇌장과 소지장의 종자이다. 그것을 추중麤重이라 한다. 이것이 몸과 마음을 속박하고 본래적인 상태에서 멀어지게 하는 잠재력이므로 잠재적인 악이라고 하는 것이다.

자기 변혁, 진리의 완성을 이루는 길은 끝없는 노력의 싸움이고 실천이며, 존재와 지식의 영역에 걸친 향상적인 실천 활동이다. 자기의 전 인격을 심층심리로부터 변혁시켜서 이른바 존재로서의 절대적인 진실(열반)을 발휘하며, 동시에 지식으로서의 진실(보리)을 획득하는 것이다.

교법의 내용을 영상으로 마음에 그려내고, 그 영상에 전적으로 마음을 기울여서 그 본질을 확실하게 밝혀내려고 끝까지 캐어 들어간다. 그런 다음 생각의 대상을 모든 존재(일체법=일체를 아는 지혜, 공의 이치를 터득한 지혜)에 확대시켜서 자주 반복하여 본질을 깊이 생각하고 찾아가야 한다. 그리하여 몸과 마음에 찌든 때를 떼어내 버려서 몸과 마음을 점차 정화해 가는 것, 이것이 요가의 본질이다. 요가를 실천하는 유가행자는 자기의 몸과 마음이 점차 정화되어 가는 과정과 정화된 상태를 몸으로 직접 체험한다. 이렇게 몸과 마음이 청정해져 간다는 변화감과 정화되었다는 완성감이 전의라는 용어를 중요시하는 이유다.

석존은 불설(불교의 진리)은 불설(不說: 말로서는 표할 수가 없다)이라고 하였다. 그 이유는 석존이 깨달은 진리는 각 개인이 각자 스스로가 깨달아야 하는 진리(자증법)이고 또한 영원히 존재하는 진리(본주법)이기 때문이다. 이로써 불교에서 말하는 진리는 '영원한 과거에서부터 영원한 미래에 걸쳐 항상 존재하며, 각 개인에 의해 직접 파악되며 개념이나 언어를 초월하는 면을 강조'한다.

이러한 진리관은 궁극적인 진리의 세계에서 그렇고, 이론의 영역에서는 개론이나 언어를 사용하며, 진리를 논리적으로 해명, 설명해야 한다. 또한 실천의 영역에서는 우선 구체적인 언어로 설해진 석존의 교법을 사고(연구)의 대상으로 삼아서 궁극적인 진리의 길로 나가야 한다.

승의(최고로 뛰어난 인식 대상)는 성인이 내면적으로 스스로 깨달은 것이며, 형상 없이 작용하며, 말로 나타낼 수 없고, 표현할 방법이 없고, 모든 논쟁을 초월한 것이다.

제8식: 심층의 자기, 아뢰야식

자기 자신으로서는 언제의 경험인지, 그것이 어디였던지 전혀 모르는 일이 우연한 때에 단편적으로 머리에 떠오를 때가 있다.

행위에 의한 인간의 습성(연습을 계속하는 경우도), 이런 경우도 제6의식만으로는 설명할 수가 없다. 예를 들면 식당 주인의 얼굴, 학자의 모습 등등…… 또 인간은 각각 독특한 성품, 인격성, 맛을 가지고 있지만, 그러한 인간의 실태는 어디서 생겨나는 것일까? 이 중 인격성이라는 현상을 어찌 해석하여야 할 것인가?

유식은 계속되는 심층심리의 파악에서 깊은 물속과 같은 어둡고 검은 마음을 발견했다. 그리고 그것을 아뢰야식이라 불렀다. 여덟 번째의 마음이어서 제8식이라고도 한다.

침침한 그곳에 숨겨져 있는 것은 과거의 경험이며, 그 같은 것을 다른 각도에서 보면 현재나 미래를 낳게 하는 힘이 된다. 그것을 종자라 한다. 모든 것이 이루어지고 있는 심층의 장으로, 하나하나의 식의 작용이 분명하거나 불분명하거나 다 하나된 장에서 같이하고 있다. 순간순간 전체의 삶이 일어나고 사라지는 것이다. 그러나 현행은 과거 법화된 명언종자에 의해서 가장 큰 영향을 받고 있기 때문에 분별된 각각의 현행이 뚜렷한 인상으로 떠오르는 것이다.

현실의 불만을 극복해 내는 것은 제8식의 흐름인 현행의 기운에 의해서이다. 제8식은 유식성의 흐름과 같이하기 때문에 이들의 심소도 선악의 분별화가 아닌 무부무기無覆無記로서, 근본적으로 우리의 본질인 연기실상을 덮지 못한다. 우리의 삶은 끊임없이 흘러가므로, 한 생각이 일어나고 사라짐에 따라 몸과 마음의 전체가 매 순간 변하면서 새롭게 흘러간다. 우리가 이와 같이 삶의 흐름을 명확히 보면, 삶의 긴장 관계가 전혀 없는 부드러운 흐름으로 바뀌게 되는 것이다.

우리의 삶을 왜곡시키는 데 연료를 대주는 큰 역할은 종자가 하는데, '의'와 '법' 사이에 일어나고 있는 절대화된 세력들에 의해서 긴장감을 키워 나가는 것이다. 제8식에서 종자는 가장 강하게 등장하지만 실제로 제8식은 인식 주관과 종자를 포함한 인식 대상이 끊임없이 생성과 소멸의 흐름이 계속된다는 의미 관계에서만 흐를 뿐이다. 제8식은 우리 삶의 근본으로서 인식의 장이다.

아뢰야식은 먼 신화적 집단생활에서부터 이어오는 사회적 생활에서 얻어지는 집단무의식과 부모로부터 받아오는 유전정보와 업식, 그리고 태어나 살아가면서 몸·입·뜻으로 짓는 신구의의 업과 경험을 통해 얻어지는 훈습된 정보가 포함된다. 교육을 통해 얻어지는 지식도 물론 저장된다. 아뢰야식은 외부대상에 무관하게 일어난다. 아뢰야식은 선, 악과도 무관하다. 꿈을 꿀 때 일어나는 무의식적 현상은 아뢰야식에 근거한다. 신화는 민족의 정신적 역사로서 우리의 의식, 특히 아뢰야식의 깊숙한 곳에 항상 내재하며 심층적 역사를 주재하고 있다.

무의식의 내용은 선도 악도 아니며, 이성적인 것도 비이성적인 것도 아니다. 그것은 양면을 다 가지고 있으며, 자기 속에 있는 식물·동물·자기 자신을 나타내며, 그것은 인간존재의 여명으로까지 거슬러 올라간 과거를 표현하고 있으며, 또 인간이 온전한 인간으로 되어 가는 그의 미래를 나타내며, 또한 인간이 인간화되는 것과 마찬가지로 자연도 인간화되는 그날을 나타내고 있다.

분별과 소외된 힘에 의해서 일어나는 선악의 행위들은 총체적인 삶 속에서 선이나 악이 아니라 언제나 무기無記로, 즉 선도 악도 가져오지 않는 것으로 과보를 가져오지 않는다. 그러나 현행하는 우리의 삶은 분별 속에서 선악의 시비가 끊이지 않아 삶의 본질인 연기실상의 진실된 삶과 다르게 되어 있다. 이와 같이 진실된 삶, 하나된 삶과 다르게 살아가게 하는 것이 이숙식이다. 그러나 수행을 하여 환상이나 몽상을 떨치게 되면 언제나 하나된 삶인 원성실성을 보게 된다. 제8식이 무명의 분별로부터 근본적인 연기의 삶으로 전환한 것이 원성실성으로서, 완전히 열린 자비와 지혜의 세계이다. 석존의 교법을 바르게 듣는 행위가 아뢰야식에 이식된 에너지를 정문훈습종자正聞熏習種子라 한다. 그러나 아뢰야식에 본래 진리를 행하고자 하는 능력이 없으면 질적인 향상을 일으킬 수가 없다. 아뢰야식 속에 선천적으로 내재하고 있는 진리에의 능력을 무루종자라고 한다.

종자란 무엇인가?

종자는 찰나마다 생겨나고 또 사라진다. 항상 활동하고 존재하면서 선악의 업을 일으킬 힘이 결정되어 있다. 여러 가지의 연을 기다려서 결과를 일으키는 것이다.

한편 의식의 영역에서 직접 우리에게 지각되지는 않지만 모든 존재를 발생시키는 기능태가 심층심리 속에 잠재한다고 생각하는데, 그것을 종자라 한다.

종자는 아뢰야식 속에 있으며 주로 자기 결과를 일으키는 특수한 힘이라고 정의한다. 즉 인(원인)으로서 주변의 연(인연)에 따라 과가 달라지는데, 여기서의 과(결과)는 곧 다음의 연이 된다. 인은 어떤 일을 만들어내는 전체 구조 가운데 하나의 작용으로 한순간에 관찰력을 집중하면 삶의 내용이 바뀌게 된다. 그런 과정을 통해서 축적되어 가는 경험이 종자가 되는 것이다. 따라서 종자는 특별한 힘, 곧 특수한 정신적 에너지를 의미한다.

종자는 현상을 생성하는 에너지의 측면 이외에도 또 한 가지 중요한 면이 있다. 그것은 과거 행위(카르마)의 잠재적인 결과라는 측면이다. 생명 있는 존재의 본질은 행위(업), 즉 몸·입·생각으로 짓는 세 가지의 업이다. 생명 있는 존재는 갖가지의 업을 짓게 되고, 또한 그 업의 영향을 받으며 존재한다. 이러한 불교의 인과법칙을 '업상속'이라 말한다. 현재의 상황에서 법화의 역할이 아직 오지 않은 것이 종자이며, 이것은 현행을 결정하는 힘이다. 종자는 항상 활동하고 찰나마다 생멸하며 존재한다. 그 속에서 선악의 업을 일으킬 힘이 결정되어 있다. 또한 여러 가지의 연을 기다려서 결과를 일으킨다. 종자는 오직 자기의 결과만을 발생시킨다는 성질을 가진다.

공간적으로 비유하면 아뢰야식은 창고이고, 종자는 그 속에 있는 저장품이며, 이는 정신적인 것이다. 물론 아뢰야식은 신체에 대해서와 마찬가지로 종자와 생리적으로 함께하고 동시에 그것을 인식하고, 이것은 심층심리에 속한다. 아뢰야식과 종자를 일종의 힘, 정신적인 에너지로 보면 이 둘의 '하나라고 할 수도 없고 둘이라 나눌 수도 없는' 불일불이성不一不二性이 그 본질을 잘 표현하고 있다.

우리가 마음 집중을 한다는 것은, 즉 수행을 한다는 말은 의지의 흐름을 닦는다는 의미다. 상想까지 떠오른 상태에서 상의 흐름을 지켜보기만 할 뿐, 탐심이나 진심의 분별을 일으키지 않는 것이 상과 행 사이의 마음 집중이다. 지속적인 번뇌의 흐름이 있지만 여기에 정신을 집중시킨다. 정신을 집중시키다 보면, 어떤 현상이 올라와도 탐심이나 진심이 일어나지 않는다. 그냥 지켜만 보고 있으면 상온이 힘을 잃고 저절로 소멸해 버린다. 수행의 힘이 커지면 번뇌에 묶인 생사의 힘이 약해져 간다고 한다. 자기 소유를 키워 가던 분별력이 점점 약해지면서 상온과 행온 사이에 일어나고 있는 '나와 나의 것'이라는 분별력이 약해진다. 정신집중이 되는 순간 그런 마음이 사라진다. 이렇게 수행의 힘을 얻게 되면 '나와 나의 것'에 대한 탐심과 진심이 일어날 때마다 바로 고요한 흐름으로 바뀌어 간다.

구생기란 한 생각이 수상으로 떠오른 순간으로서, 바로 그전 찰나까지의 종자가 현행한 것이다. 하나의 생을 놓고 보면, 태어나기 전까지의 과정이 구생기이며, 현생을 놓고 보면, 어떤 일에 기분 나빠하거나 좋아하도록 결정되어 있는 것이 구생기이다. 이러한 것이 일어나는 순간 거기에 따르면 분별기이면서 구생기의 연속이 되는 것이고, 거기서 분별을 명확히 살펴서 분별하지 않게 되면 마음을 지켜 수행이 되는 것이다. 분별기란 수상으로 떠오른 후에 마음이 작용하는 것으로, 수상이 어떤 느낌이 오고, 이에 따라서 하는 행은 분별기의 의지작용이다.

초월한 열반의 세계에서는 윤회란 이미 존재할 수가 없다. 윤회에서는 고정적인 자아가 존재하지 않고, 자기의 업력에 의해 결과가 존재한다고 본다. 번뇌란 무명을 근본으로 하는 갖가지의 정신적인 오염으로, 업은 그러한 정신적인 오염에서 비롯된 정신적·신체적·언어적인 행위이며, 이 정신적인 오염과 그에 근거한 행위가 현재와 미래의 존재를 형성하는 원인 내지 힘(세력)이 되는 것이다. 그런데 이것은 어디까지나 자기존재의 형성에 관여하는 동력인이지, 윤회의 주체가 되는 질료인은 아니다. 윤회의 당체는 오취온, 곧 오온(물질=요소=색, 감수작용=수, 표상작용=상, 유지형성작용=행, 식별작용=식)으로 본다. 불교에서 말하는 오온은 고정적이고 실재적인 자아가 아니라, 찰나마다 관계되고 상속하는 연속체이다. 항상 주재하는 자아는 존재하지 않는다. 번뇌와 업을 동력인(활동의 근원이 되는 힘)으로 하고, 찰나마다 변하고 상속하는 오온을 질료인(나아가는 길)으로 하여 계속해서 새로운 윤회를 형성해 간다고 생각한다.

아뢰야식은 중유(中有: 사람이 죽어서 다음 생을 받을 때까지의 머무는 동안인 49일간)에서 생유生有로 전환하는 매개체이며 동시에 새로운 신체를 발동시키는 힘이다. 십이연기의 세 번째인 식이 바로 아뢰야식이다. 이 아뢰야식은 단지 생리적으로 생명을 발생시키는 기능만 갖고 있는 것이 아니라, 널리 현재와 미래에 걸치는 모든 업을 발생시키는 근원체이다.

아뢰야식의 인식 대상

내면적으로 집수인 종자와 유근신有根身을 대상으로 한다는 것은, 아뢰야식이 종자와 신체를 생리적으로 유지하면서 동시에 그것들을 인식의 대상으로 한다는 의미이다. 내적으로 유기적인 사물(종자, 유근신)만을 대상으로 하는 것이 아니라, 외적으로 무기적인 정신적 인식의 대상까지도 그 대상으로 한다.

아뢰야식의 인식 대상을 크게 나누면 물질과 정신이다. 신체와 자연은 항상 활동하는 아뢰야식에서 생긴 것이며, 동시에 아뢰야식은 인식 대상으로 존재한다고 보아 왔다. 아뢰야식은 살아 있는 동안, 내면적으로 신체를 유지시키는 동시에 그것을 인식하며, 외적으로는 자연을 유지시키며 동시에 그것을 인식한다. 아뢰야식의 대상은 종자와 신체(유근신)와 자연계이다. 이 중에 신체와 자연계는 구체적인 현상으로 지각할 수 있다. 이에 대해 종자는 물질과 정신으로 발생하는데 잠재적인 세력으로 구체적인 현상의 지각되는 대상은 아니다. 그러나 구체적인 형상 이상으로 중요시되어야 하는 것은 심적 영역이다. 모든 존재는 바로 아뢰야식이라는 의미이다.

아뢰야식이 종자를 대상으로 하고 있다 함은 그것에 의지해서 그것에 의존하며, 그리고 그것에 구속되어 있다는 뜻이다. 더욱이 자기도 모르는 사이에 깊은 마음의 밑바닥에서 그리 되어 있는 것이다. 즉 자기의 영향을 믿는다는 것이다. 자기가 쌓아 올린 것, 겪어온 경험, 자기가 걸어온 길, 그것만이 자기다. 그러니까 과거의 축적에 의지할 수밖에 없다. 과거의 축적이 오늘의 자기를 규정하고 있다. 미래를 향해서도 현재가 토대가 되는 것이며, 또한 과거가 현재를 규정하며, 현재가 미래를 창조해 간다. 그것이 인간 존재의 본질이라고 말하는 것이며, 아뢰야식은 종자를 소연으로 한다는 교설일 것이다.

아뢰야식의 또 다른 대상은 기계器界이다.

기계란 기물, 물질을 말하는 것으로, 그것은 나라는 존재의 대상으로서 '나'의 세계 속에서 떠오른다는 것이다. 즉 나의 대상으로 나타난다는 말이다. 오늘까지의 과거를 쌓아올린 나, 그 내가 살고 있는 세계는 나의 아뢰야식 속에 조성된 것이며, 조성되지 않은 것은 인식의 대상에 지나지 않는다. '과거의 집착의 자기'라는 것은 자기의 독특한 경험을 가지며, 독특하게 생각하는 방법과 느끼는 방법을 가지며, 흥미·관심·기호 등을 총합하여 감추고 있는 것으로, 그것이 구체적인 오늘날의 자기이다. 자기존재의 가장 밑바닥에서 과거의 모든 것이 집결하여 무의식중에 대상으로서 골라잡는 것, 그것만이 자기 대상으로서의 전5식에 의해서 인식된다. 같은 책을 읽어도 사람에 따라 남는 인상이 달라진다. 그것은 그 사람의 아뢰야식의 차이 때문이라 하겠다. 자기가 사는 객관적인 사물의 세계를 자기가 주관적으로 변경하며 만들어·가고 있는 것이다. 저절로 그렇게 되어 가기 때문에 더욱 두렵다.

삼능변

마음을 제1안식으로부터 제8아뢰야식까지 내성적으로 깊이 파고 들어가는 것, 그것이 마음 탐구의 하나의 방향이다.

전5식은 외계를 받아들인다. 제6식은 그것에 판단을 내린다. 지금껏 제8아뢰야식은 '그것들의 행위를 훈습한다'라는 수동적인 흐름의 면을 중심적으로 보아왔다. 그러나 우리 마음의 작용은 한 방향으로만 잡을 수 없다. 수동 속에 능동이 있으며, 능동 속에서 수동도 작용하고 있다.

자기가 쌓아올린 과거에 의해서 오늘의 자기와 인식의 영역이 정해져 있다고 하는 것이 초능변初能變이다. 심층의 자기의 능동성이 인식을 규제한다 함은, 그 사람이 있는 그대로의 존재를 넘어선 인식을 인간은 할 수 없다는 입장이다. 초능변은 아뢰야식이며 심층의 자기이다. 과거의 집적으로서의 자기, 그러한 자기가 자기나 자기의 인식을 제약하고 한정하며 변경하여 가는 그것이 초능변이라는 각도로 표현되는 인간의 실태이다. 자기가 어떻게 과거를 쌓아왔는가는 그 사람의 보고 듣는 세계를 결정한다.

'경(경계)은 마음에 의해서 변해 간다'라는 수동성의 측면인 소변所變과 함께, '마음은 능동적으로 변경하며 간다'라는 능동성으로 파악되고 있는 것이다.

우리의 마음은 능동적으로 세계를 변화시켜 가고 있다. 자기 존재의 모습에 의하여 객관세계가 결정되고 있는 것이다. 그것이 능동으로서의 인간 파악이며 초능변의 뜻이다. 아뢰야식의 차이에 따라서 세계가 변한다. 곰보가 보조개로 보이는 것은 대상의 변화가 아니며, 보는 쪽인 마음의 변화에서 오는 것이라 말하지 않을 수 없다.

자기의 의식을 넘어선 또 하나의 깊은 마음의 차이에 의해서 저절로 그렇게 되는 것이다. 그것은 아뢰야식이 다름으로 해서 세계가 변한다는 것을 말해주고 있다. 아뢰야식에 쌓인 것이 풍부하면 그 사람의 세계는 풍부하게 부풀어진다. 그런 점에서 아뢰야식은 개체의 원점이라고 할 수 있겠다. 물론 그것은 개체만의 원점은 아니다. 인간의 공통점이라는 점도 가지고 있는 것이 당연하다. 부처님의 교설이 현대인에게도 뜻이 있는 것은 인간의 삶의 본뜻은 언제나 같다는 보편적인 사실이 있기 때문이다. 유식은 인식의 구조를 파헤치면서 인식의 심층 존재의 상태가 결정적인 힘을 가지고 있음을 지적한다. 초능변이란 그런 것을 표시하는 것이다. 아뢰야식에 무엇이 쌓이며 어떻게 존재하고 있는가에 따라서 대상세계의 양상(모습, 상태)이 변하는 것이다.

아뢰야식은 종자를 훈습한다고 하였다. 곧 경험이 쌓인 것이다. 이는 과거와의 관계 위의 이해였다고 말할 수 있으며, 이는 수동적인 한 면이다. 곰보가 보조개로 보인다는 이 면은 미래를 향한 능동적인 또 다른 한 면이다. 그러한 면을 종자식이라 한다. 훈습되어 있는 종자가 능동적, 적극적으로 작용한다는 면을 강조한 것이고, 종자가 현행을 낳는다는 것이다. 마음속에 숨어 있는 대상으로 나타나며 그것을 마음이 본다고 말할 수 있다. 아뢰야식은 과거의 집적으로서 오늘의 자기이고, 과거를 등에 업은 오늘의 자기 존재다. 그 사람이 무엇을 보고 무엇을 들으며 무엇을 생각하며 살고 있는

가, 거기에 그 사람의 모든 것이 선명하게 나타나고 있다고 말하겠다. 아뢰야식은 보이는 세계를 변하게 하는 것만이 아니다. 곰보와 보조개의 예에서 보듯이 거기에 없는 것까지도 자기의 형편에 맞도록 만들어 버리는 그러한 성질까지도 가지고 있다. 인간의 마음이 한번 의심이 일면, 혼자서 허상을 크게 부풀리기도 하고 분노에 떨게도 된다. 하나의 방향으로 나가는 타력을 박차는 힘, 그것을 어디서 찾는가? 유식은 그것을 본유종자에서 찾는다. 선천적·선험적으로 갖추어져 있는 인간의 가능성이다. 그런 능력을 인간은 본래 가지고 있다. 그러한 각도에서 무시(시작을 알 수 없는 아주 먼 과거)의 때부터 쌓아올린 하나의 방향을 바꾸는 능력을 탐구하려고 했던 것이다.

제이능변第二能變은 그 위에 존재하는 이기성, 자기중심성, 자아의식이다.

불교에서 말하는 '아我'에 대한 얽매임이 더욱 인식의 범위를 좁히기도 하고 왜곡하기도 하며, 행동을 국한하고 있다는 것이다. 이는 제7말나식이 하는 작용이다. 그 사람이 축적한 과거에 의해서 우선 한정되고, 그 위에 자기중심적인 제이능변에 의해서 한 번 더 왜곡되어 나간다. 이러한 이중의 왜곡이 우리들의 세계다. 자기에 유리하도록 자기를 중심으로 해서 자기의 입장에서 사물을 보고 생각하며 판단을 내린다. 그러한 작용을 하는 마음이다. 그것이 바로 말나식이다.

자아의식이나 자기를 앞에 내세우는 경우에는 상당히 강한 능동성을 가지며 상대에게도 강력한 인상을 주는 것인데, 말나식의 곤란한 점은, 아주 적은 작용이고, 눈에 띄지 않는 깊은 곳에서 언제나 작용하고 있다는 점이다. 그것을 항심사량恒審思量이라고 한다. 아의 의식이기 때문에 자아 주장이 된다든지, 거만하게 또는 교만하게 되는 것이지만, 언제나 작용한다는 것이다. 항상 은밀히 작용하고 있다. 나라는 의식에 의해서 대상을 자기에게 유리하게 고쳐간다. 그러한 작용이 곧 말나식이라는 것이다. 우리들의 행위나 정신이 좀처럼 깨끗하고 아름답게 되지 않는 것은 이 말나식이 숨어 있기 때문이다. 착한 생각의 바닥에도 말나식이 있어서 나라는 의식으로서 선의를 더럽히며, 그것을 중심으로 하여 사물을 생각하며 행동을 일으킨다. 이것이 제이능변이다. 초능변으로 국한된 인식체계가 여기에서 또 다시 자기중심적으로 시야를 좁혀 가는 것이다. 하지만 악처럼 강하지는 않다. 그러나 모르는 사이에 사람을 더럽히면서 간다. 그것을 유부무기有覆無記라 한다. 말나식은 밖에서 들어오는 정보도 그대로 통과시키지 않는다. 부처와 보살과 중생의 가장 큰 근본적인 차이는 이 말나식(제이능변)의 차이라고 볼 수 있다.

전5식에서 제6의식으로 받아들인 정보는 여기서 일단 '아'의 자기조작의 망을 거쳐서 '아'의 색깔이 칠해진다. 이러한 점이 수동적인 작용을 할 때에도 능동적인 성격이 매우 강하다고 지적되는 곳이다. 자기중심적 색깔을 칠하며 왜곡하는 것이, 말하자면 내 뜻에 유리하게 고친 것을 밑바닥 아뢰야식에 훈습하여 가는 것이다.

유식은 마음을 주체적인 심왕(마음작용의 근본이 되는 것)과 그 작용면인 심소(마음의 움직임, 정신작용)로 나눈다. 말나식, 제이능변에 관해서는 관계가 아주 깊은 다섯 개의 심소를 무시할 수 없다. 다섯 개의 심소란, 네 가지 번뇌인 아치·아견·아만·아애와 혜慧이다. 아치란 자기의 실태를 알지 못하는 것이다. 불교의 표현으로 하면, 공·무아의 자기, 여러 인연이 얽혀서 이루어진 자기라는 것을 깨닫지 못하는 것으로, 진정한 자기를 알지 못하는 것이다. 그것이 근본에 있기 때문에 자기의 견식을 고집하며, 자기 위주의 주장만을 절대적인 것이라 하며, 겸손하게 남의 주장을 듣지 않는 '아견'이 생기며, 남에게 대해서 거만해지거나 교만해지는 '아만'이 생겨나게 된다. 그리고 자기가 마음대로 만들어낸 허상의 자아상을 한결같이 사랑하는 '아애'가 그 밑바탕에 언제나 있는 것이다. 4번뇌에 공통되는 것이 아애이다. 자기 스스로를 묶어 버리는 구속이다.

그리고 4번뇌와 함께 또 중요한 것은 혜의 심소이다. 혜란 골라서 분별한다는 뜻이며, 대상을 선택하며 나누는 마음의 작용이다. 사물을 분석하고 분류하는 과학적인 연구의 분야에도, 선악과 정사正邪를 판단하는 윤리적 가치관에도 기본적으로 쓰는 것은 '혜'라는 마음의 작용이다. 그런데 그 혜가 말나식과 함께 한 몸이 되어 작용한다는 것이다. 자기와 다른 이를 분명하게 골라서 분별하는 것이다. 마음속에서 자기 자신을 잣대로 하여 차례차례로 선택하면서 나가는 작용이다. 이것은 심층에 있으며 또 언제나 작용을 한다. 비록 정의감에 불타 있을 때에도 제이능변은 보이지 않는 곳에서 작용하며 자기의 이익을 계산하고 있다는 것이다. 이기적 인간성을 끄집어내는 것이 제이능변이다. 무의식중에 있는 자기 자신만을 사랑하는 마음, 그것이 말나식의 능변의 작용이다. 자기를 중심으로 하여 세상을 보는 것이다. 말나가 작용하지 않는 것은 아라한위, 멸진정, 출세도에서다. 아라한위에서는 근본무명과 아상이 없어진다고 한다.

멸진정은 욕계·색계·무색계의 선정 체험을 넘어선 위치다. 출세도는 세간의 중생을 넘어 성인의 길로 들어선 자리다. 수행을 해서 아라한이 되면 아뢰야라는 이름이 없어진다.(아뢰야식은 종자를 함장하고 있다는 의미) 아뢰야식이 없어지면 본연의 삶 자체만 남게 된다. 제6의식은 일체 제법을 대상으로 하고, 말나식이 대상으로 하는 것은 아뢰야식이다. 참으로 말나식이 소연(인식의 대상)으로 하는 것은 바로 자기뿐이다. 자기만을 대상으로 한다. 다만 한결같이 '자기'에만 집중하는 마음이다. 말나식의 자기 집중은 투철한 눈으로 보는 것이 아니며 이기성이라는 필터에 의해서 마음대로 색깔을 칠하며, 그 잘못된 인식을 자각하지 못한다고 말할 수 있다. 말나식의 소연은 정확히는 아뢰야식의 견분이다. 가장 밑바닥에서 사나운 물줄기처럼 계속 작용하는 그 자기를 사랑하며, 실체적 자기라고 잘못 인식하면서 행한다. 그 사나운 물결 같은 자기를 있는 그대로 솔직하게 보지 않는다. 솔직한 것을 보고 싶어 하지 않는다고 할 수 있다. 인간은 안정을 구하기 때문에 사나운 물결 같은 자기에 불안을 느끼며 항상 변하지 않는 자아상을 만들어 세우고, 그 허상에 애착을 품으며 마음을 두고 있는 것이다.

제이능변, 말나식의 훌륭한 점은 이 이기적인 에너지가 활짝 변해서 자애(자비)의 근원이 될 수 있다는 점이다. 즉 악이 그대로 선하게 된다는 데 있다. 이기성이라는 것이 악한 것에만 움직이는 게 아니라, 자기 자신의 향상에 있어서나 문화발전에 있어서 뜻밖에도 이러한 이기성에 근원이 되어 있는 일이 많이 있다. 그 에너지를 크게 전환시켜 가는 모습이라 하겠다. 말나식이 '수행에 의해서' 진리와 존재의 평등성과 무아인 진실한 자기의 진상에 각성하는 것이다. 그 순간에 자기에게만 좁게 쏠리던 눈이 크게 회전하며 모든 것에 대한 평등한 눈이 열린다. 이기성이 자애로 변하는 것이다. 자아라는 한 점을 중심으로 해서 크게 '넓은 자아'로 넓어져 간다. 이기가 남을 사랑하는 것으로 변하는 것이다.

제삼능변第三能變에서는 자기의 전부가 나타난다. 제삼능변은 전5식과 제6의식이다. 제삼능변인 전5식과 제6의식은 표층의 마음이다. 초능변과 제이능변은 심층의 마음의 작용이다. 가장 능동적인 성격이 제6의식일 것이다.

'이것은 붉은 꽃이다'라고 판단하는 작용 자체가 벌써 능동적인 성격인 것처럼, 이 마음은 매우 능동성이 강한 작용을 한다. 판단하고 취사선택을 하면서 행동을 결정하면서 간다. 어떤 때는 밖에서 들어오는 정보를 박차고 거부하는 적극적인 작용까지도 하는 것이다. 정신력으로 이긴다든지 마음을 단련하는 경우처럼 우리들 마음의 기력 등이라 부르는 것을 제6의식이라고 하면 틀림이 없다.

수동이 되느냐, 능동이 되느냐, 거기에는 큰 차이가 있다. 돌아가는 중심이 180도 확 변한다. 거기에 제삼능변의, 특히 제6의식의 특징이 있는 것이다. 실지로 인생을 어리석게 사느냐, 현명하게 사느냐에 있어 그 중심이 되는 것은 제6의식이다. 자기의 인생을 어떻게 전환하여 가는가에 있어서도 그것을 결정하는 것은 이 마음이다.

아뢰야식은 모든 현상, 모든 경험적인 결과를 만들어낸다. 신체와 자연계와 7식은 아뢰야식에서 변화되는 것이지만, 그 변화의 방법에는 큰 차이가 있다. 7식, 그중에서도 정신이라 부르는 것은 종자로서의 아뢰야식에서 구체적으로 발달한 정신작용이다. 이에 대해 신체, 종자, 자연계는 구체적으로 활동하는 아뢰야식이 주관과 객관으로 변화했을 때의 객관에 상당하며, 아뢰야식에 인식되는 대상이다.

'감지하기 어려운 요별'은 아뢰야식의 작용이 매우 미세하며 어려운 것을 말한다. '감지하기 어려운 종자' 신체는 집수가 매우 미세하기 때문에 감지하기가 어렵고, '감지하기 어려운 자연계'는 너무 광대하여 측량하기 매우 어렵다고 한다.

요가 수행자는 불가지의 표층적인 심리를 고요히 가라앉힌다. 그리고 자기심리의 안으로 안으로 침잠해 들어간다. 최후에는 아뢰야식이라는 의식의 영역에 떠오르지 않는 심층심리를 발견한다. 멸진정 등의 무심정에서도 여전히 신체를 떠나지 않는 식, 그것도 그 대상작용을 지각할 수 없을 정도로 미세한 식이 활동하고 있다는 체험이다. 그리고 이 식이 감각기관과 목숨과 체온을 유지하며, 멸진정에 든 사람의 생명을 보존한다고 본다.

아뢰야식의 여러 가지 성질

① 과거와의 관계에서 아뢰야식

과거를 원인으로 하면 현재는 그 결과가 되고(과상), 현재와 미래의 관계를 보면, 그것은 미래나 현재의 원인이 되기 때문에 인상이 된다.

무기無記란 불교의 독특한 가치기준으로서 선도 악도 아닌 경우를 말한다.

유부무기란 선도 악도 아닌, 무기임에는 틀림없으나 맑고 깨끗한 마음을 덮어서 숨기는 성격이 있다. 악처럼 청정심을 깨트릴 만큼의 강한 힘은 없어도 청정하기가 어렵도록 하는 작용을 한다. 수행에 방해가 되는 성질로 제7말나식이다.

식 중에서 아뢰야식은 무부무기(순수하게 무기로 더렵혀지지 않는 것, 성도를 덮거나 방해하는 일이 없는 무기)라 한다. 완전한 비선비악이며, 무색투명이다.

무부무기라는 것은 행주좌와의 자각이 없는 행동(위의무기), 사물을 만드는 기술적인 행동(공교무기), 신통력으로 변화한 화인의 행동(신통무기), 지금 현재의 생존 그 자체를 뜻하는 이숙무기를 말한다.

인간이 자각적으로 선택하며 나가는 데서는 거기에 따라오는 결과를 피할 수 없다. 그것은 선악의 업으로 나타나며, 그러한 자각적인 행위에 의해서만 인간은 형성되어 간다는 것도 진실이다. '보다 좋은 쪽으로 발전해 가는 힘'을 기르는 것은 역시 자각적인 선의 행위의 축적해 가는 힘이 꼭 필요하다. 사람은 선악 어느 것도 아니다. 그냥 무색의 존재이다. 그런 뜻에서 아뢰야식을 무부무기라 함은 매우 뛰어난 인간 관찰이라 하겠다. 대개 가치판단이라는 것은 어떤 것을 기준으로 하여 내려지는 사유이며, 기준도 사유도 대개는 편의를 위해 만들어지는 것이므로 진리가 될 수는 없다. 존재를 있는 그대로 보기 위해서는 기존의 틀에 박힌 사유는 버릴 필요가 있으니, 아무런 전제가 없는 그것이 바로 무부무기이다. 인간을 보는 데 있어 먼저 선악 같은 가치관을 가지지 않으며 존재 그 자체를 그대로 파악하는 것이다.

'아뢰야식은 무부무기다'라는 것은, 과거의 악의 행위는 용서된다는 것이지 사라진다는 것은 아니다. 이미 행한 행위는 선이건 악이건 간에 사라지지는 않는다. 선악 어느 것이건 그렇다. 악의 행위의 자취는 사라지지 않지만, 무기라는 것은 현재의 존재는 과거의 행위 때문에 절대적으로 구속되어 있는 것이 아님을 뜻한다. 다만 지금 자기의 행위에 의해서 과거의 악이 용서되며, 오늘의 자기에서 전환의 가능성이 주어져 있다는 것이다. '무기'라는 인간 이해는 자기변혁의 길이 허용되는 하나의 창구를 열어주는 것이다. 또한 아무리 착한 행위를 하여도, 존재 그 자체는 무부무기이므로 언제라도 악으로 변할 수 있는 가능성이 숨겨져 있다는 것이다. 물론 수행을 많이 쌓아온 사람은 그 가능성이 점점 작아지지만, '무기'라는 가능성이 제로가 되지는 않는다는 것이다.

인간은 끝없이 향상할 수 있는 가능성과 함께 끝없이 전락하고 후퇴할 가능성도 있으며, 그러한 인간의 현실 체험이 이 '무기'의 인간관을 만드는 것이다. 인간은 언제나 전락의 가능성을 가지고 있기 때문에 항상 눈 똑바로 뜨고 절대 마음을 가볍게 가지면 안 된다는 것이다.

② 미래와의 관계에서 아뢰야식을 볼 때는 종자식

종자란 과거의 경험의 자취이지만 그것이 미래를 창조해 가는 힘이며, 종자가 없다면 현재의 자기도 미래의 자기도 있을 수 없다. 그러한 관점에서 잡은 것이 종자식이다. 제8식은 종자를 저장하고 있을 뿐만 아니라, 유근신이나 기세계의 생명현상을 유지시키는 힘도 있다. 견분과 상분이 생명력을 가지고 유지하도록 하는 힘을 언제나 지니고 있다는 데에 아뢰야식의 중요한 의미가 있다. 아뢰야식은 종자를 잃지 않고 지속적으로 저장하는 힘과 더불어 기세계나 유근신도 유지하는 힘이 있다. 몸이 죽어서 부서지기 전까지는 그대로 유지시켜 가는 힘이 아뢰야식에 있다. 생각을 잃지 않고 유지시키는 힘도 아뢰야식에 있다. 생명을 유지시켜 가는 아뢰야식의 총체적인 힘이란 우리의 삶을 여러 가지로 제 모습을 갖추어 가면서 흘러가게 하는 힘이다. 우리는 원래가 공이고 무아이다. 여러 가지 조건의 경향에 의해서 지금 이 모습으로 여기에 존재하는 것에 불과하다. 그러므로 시시각각으로 그 모습이 변해 간다. 무상의 존재이다. 당연히 우리의 중심인 아뢰야식도 마찬가지다. 잠시도 멈추는 때가 없으며 계속 움직이고 있다. 변하고 있다. 산다는 것은 그러한 것이다. 격심한 흐름 같은 자기, 그것이 아뢰야식의 정체이며, 그것이 자기의 실체이다.

③ 생명 유지의 성질, 아타나식(뜻, 유지 보존)

아뢰야식에는 사람의 생명을 유지 보존하며 지탱해 가는 면이 있으며, 그것을 아타나식이라 한다. 사람의 생존을 유지 보존하며 지탱해 간다는 것은 바로 생명이다.

아뢰야식은 인격성을 유지하며 형성해 가지만, 그와 함께 사람의 생존을 유지해 가는 생명이기도 하다. 그것이 아타나식이라고 불리는 한 면이다. 아뢰야식의 대상과 인식작용은 지각되지 않을 정도로 미세하다.

오온으로 말하면, 색이 육체이고 수상행식은 정신이다. 이것은 일상적인 의식으로 지각되는 현상이다. 아뢰야식은 그 안에 모든 종자(법)를 습기의 형태로 저장하고 있는 것이다. 습기는 과거의 업의 인상이므로 모든 법의 결과로서 저장되어 있는 것이다. 즉 아뢰야식은 모든 법을 결과로서 저장하며, 동시에 모든 법을 원인으로 저장하고 있다. 사실에 있어서 '생명'이라는 실체는 없다. 변하지 않는 실아實我도 없는 것이다. 그러나 아뢰야식의 밑바탕에는 그러한 의문에 충분히 응답할 수 있는 것이 있다고 유식 불교는 말하고 있다.

④ 아뢰야식의 기능

아뢰야식은 감각기관의 실체를 유지하고 있다. 모든 존재물을 기능태, 잠재태로 유지한다. 윤회의 주체로서 잇달아 살아온 생존 상태를 형성해 간다. 자기를 둘러싸고 있는 기세간(자연계)과의 관계를 유지하고 있다.

⑤ 말나식과의 관계

전생의 업으로서의 신체와 이 세상에서 발달된 신체를 유지하는 것은 마음, 심리 작용이고 식이다. 즉 정신과 신체는 생리적·유기적으로 결합하며, 신체는 정신에 의해 생리적으로 유지된다. 아뢰야식의 마음과 심리작용의 힘에 의해 신체가 부패하지 않고 그 기능을 유지해 가는 것이다. 신체에 해로움이 있으면, 마음과 심리 작용에도 해로움이 있다. 죽을 때까지 한 생애에 걸쳐 항상 활동하는 아뢰야식을 아타나식이라고도 부르는 것은, 목숨이 있는 한 이 식은 다섯 가지 유색근(오근)을 파괴시키지 않고 유지시키기 때문이다. 아뢰야식은 신체 속의 저장고로 그것을 유지하는 근원체이다. '삶의 바탕인 동시에 삶을 유지하는 힘'으로서 만남의 관계 속에서 매순간 변하는 흐름이다. 삶의 장으로서 순간순간 계속하여 가며 변화 하는 전체이고 또 상속되어 가는 것이다. 일체 중생의 가지각색의 모든 법은 여기에 저장되어 '과성'이 되고 원인의 '인성'이 된다. 삶이란 전6식, 제7식, 제8식이 동시에 작용하면서 변화하는 현재 이 순간에 있는 것이다. 또한 그 흐름의 힘이 가장 강한 현실의 작용 위에 있는 지금 바로 나의 마음의 눈을 반짝 뜨고서 좋은 쪽으로 이끌어 가는 수행으로, 잘못되어 온 오랜 버릇인 훈습된 것들을 제대로 보아 나의 업을 바르게 고쳐 나가자는 뜻이 우리가 수행을 하는 목적이다.

경험이 축축하게 인격 속에 침투해 들어가는 것을 훈습이라 한다. 언제 어떻게 변하는지도 모르게 자기가 쌓아올린 경험에 의해서 어떤 하나의 향기와 같은 것을 인격에 갖추어 가는 것이다. 그러한 경험 축적의 구조, 그것이 훈습이다. 적극적으로 기억하려고 하지 않아도 모르는 사이에 훈습되어 가는 것, 기억하고 싶지 않다 하는 것까지도 분명하게 저장되어 버린다. 인간의 행위라는 것은 시시각각 결단에 의해서 성취되는 것이며, 그 점에서 자각적인 참다운 인생의 창조가 있는 것도 사실이다. 그러나 훈습은 자각적이 아닌 인간의 행위까지도 인격 형성에 크게 참여하고 있음을 말한다. 착한 일을 하면 착한 업이 훈습되고, 악한 일을 하면 악한 업이 훈습된다. 뉘우치면 뉘우치는 훈습이 있고, 감추려고 하면 감추려고 한 행위가 훈습된다. 그러한 훈습이 쌓인 것이 오늘날의 자기의 모습이다. 깊숙한 나의 밑바닥에, 나의 일거수일투족 모두가 마치 향이 의복에 스며들듯이 훈습되어 가는 것이다. 하여간에 사람이 경험한 것은 자각이 있고 없음을 막론하고 모두 훈습되어 있다는 그 사실은 인간의 진실로서 부정할 수 없는 일이다. 생각하면 참으로 두려운 일이다.

종자는 훈습됨으로써 우리들의 경험을 넓히고 내용을 풍부하게 하는 것이다. 종자란 씨알 같은 것이 아니라 하나의 힘이라고 하겠다. 자기의 행위가 자기의 힘이 되어 축적되어 간다. 그것을 종자라고 부르는 것이다. 아뢰야식이란 종자의 직접 통일 그 자체이다. 본질적으로는 아뢰야식, 기능적으로는 종자라는 것이며, 아뢰야식과 종자는 한 몸이며 떨어지지 않는 것이라 하겠다. 종자는 훈습된다고 말할 수 있는 것이다. 아뢰야식 가운데, 결국 인격성의 밑바닥에서 종자가 훈습되는 까닭이다. 따라서 모양을 바꾸어 가는 힘이 자기의식 속에 숨어 있다.

고요한 힘이 강해질수록 삶을 총체적으로 보게 되며, 실상으로 흐르는 힘이 강해질수록 연기의 흐름 속에 살아 있는 '나의 참 모습'을 보게 된다. 인간이 갖는 능력이라든가 소질 같은 것은 환경에서 얻는 것일까, 선천적으로 가지고 있는 것일까?

인간의 소질이나 능력은 선천적으로 결정되어 있는 면이 있는 것도 사실이다. 기억력, 판단력 같은 것도 물론 그러하지만, 억센 성질, 약한 성질, 적극성, 소극성, 외향성, 내향성 등 부모로부터 얻은 각각 다른 기질을 가지고 있는 것이며, 그런 것은 선천적으로 가지고 태어난 것처럼 보인다. 사람에게는 각각 다른 그릇이 있다. 그것은 사람의 힘으로는 어쩔 수 없는 크기이며 한계이기도 하다. 주어진 능력 가운데서 살지 않으면 안 되는 것, 그러한 것을 말한 것이 본유설이다.

또 인간의 능력도 소질도 경험을 통해서 얻은 것인 훈습에 의해서 획득되는 것이라 한다. 더욱이 그것은 한 인간의 한 생애만을 말하는 것이 아니고, 부모의 것, 조상들의 경험, 오래고 오랜 인류의 경험, 그러한 것들의 축적에 의해서 오늘 지금의 우리들의 생존이 있다고 말한다. 이것은 신훈설이다.

전자가 인간 소질의 한계에 주목한 것이라면, 후자는 인간이 애써 쌓아올린 역사의 발전이나 인간의 가능성에 빛을 준 것이라 하겠다. 인간에게는 선천적으로 갖추고 있는 일면과 생활을 통해서 획득하여 가는 일면도 있다. 이 두 면이 갖추어진 것이 현실의 인간이라는 인간관을 확립한 것이 호법이다.

본래부터 가지고 있는 종자를 본유종자, 경험에서 쌓인 것을 신훈종자라 한다면, 인간은 그 두 면의 합이다. 하늘이 준 그릇도 있지만, 그 사람 스스로가 닦고 만들어 올린 인간의 한 면도 있다. 인간은 삶을 이어가며 환경에서 많은 것을 흡수하여 자기의 것으로 성숙하였으며, 그리고 하나의 인격을 만들어 쌓아 올린 것이다. 수행이나 정진이 불교를 배우는 중요한 요소임은 이 신훈종자의 현실에 기초를 둔 것이라 하겠다.

'무루종자'란 것은 부처의 가능성, 여래와 같은 맑고 깨끗한 성질을 말한다. 번뇌가 자아의 맹목적인 집착, 자기 이외의 것에는 생각을 두지 않는 이기성이라면, 그 이기성이 없는 것이 무루이다. 종자는 아뢰야식에 쌓여 있는 잠재적인 힘이기 때문에 무루종자는 잠재하는 청정성이라고 말할 수 있다.

유식에 의하면, 인간이란 것은 현실적으로는 좀처럼 청정할 수가 없으며, 끈질긴 이기성을 품고 있다고 한다. 그것은 유식의 인간 인식의 하나의 특징이며, 말나식이라는 일곱 번째의 마음이 그 요점이 된다. 따라서 이러한 이기적인 행동이 신훈종자로서 훈습되어 가기 때문에 인간적으로는 더러운 것이 점점 불어나는 것이다. 그러나 그러한 인간이 어떠한 계기가 인연이 되어 부처의 진리에 눈을 뜨는 일이 있다. 각각의 인간은 각각의 그릇과 능력을 갖고 있다. 그러한 존재의 한계성을 본유종자는 말한다. 그러나 무엇보다도 본유종자의 가장 큰 문제는 맑고 깨끗한 무루종자를 본래부터 갖고 있는가 하는 점이다. 더러운 인간이 깨끗한 인간으로 변해 가는 것, 그것은 '본유에 무루종자'가 있기 때문이라는 것이 본유종자의 가장 적실한 대답이 되겠다. 인간이 불교에 접하며 진리를 듣고 변해 가는 것은 속으로부터 그것에 호응하면서 일어서는 무엇이 있어야 할 것이다. 받으면서 일어서는 무엇이 없으면 어려운 것이다. 그것이 무루종자이며, 경험에 의해서 훈습된 것이 아니라 선천적으로 보유한 것으로서 갖추어져 있다고 본 것이다. 기왓장을 무조건 갈고 닦는다고 거울이 되지는 않는다. 본유종자는 이렇게 하나의 한계를 보여주며, 또한 하나의 가능성을 보여주는 것이라 하겠다. 신훈종자가 그 본유의 가능성을 더 크게 강하게 하는 힘이라면, 인간은 이 두 면을 다 가지고 있다는 것이다.

우리 인간은 좋고 올바른 가르침의 말도 제멋대로 들으며 적당히 제게 편한 대로 해석하는 버릇을 갖고 있다. 도대체 왜 그러는가?

이것은 제7말나식이라는 이기적 성질에 의해서 사물을 바르게 받아들이지 않기 때문이다. 그렇다면 우리들은 도대체 부처님의 설법을 얼마나 올바르게 받아들일 수 있는 것일까?

부처님의 가르침을 두 개로 나누어서 하나는 이기성에 알맞게 수용되어 가고, 다른 것은 맑고 깨끗한 그대로 훈습되어 간다고 한다. 전자는 이기심에 맞추어 왜곡되어 있기 때문에 부처님의 가르침이라는 점에서 맑고 깨끗하기는 하나 완전하지는 않다. 그러므로 그것은 맑고 깨끗하게 하는 힘을 가지면서도 마지막에는 사라지고 없어지는 그런 성질이다. 후자는 맑고 깨끗하고 변하지 않는 진리의 소리가 그대로 똑바로 내면의 본유무루종자에게 울리기 때문에 궁극적인 정화의 힘을 갖는다. 성스러운 마음으로 배우고 듣고 거기에 맞추어 가노라면 비록 한쪽에서는 왜곡되어 가는 것이 있을지라도 반드시 그 일부는 부처님의 진리 그대로를 훈습해 가므로 법을 가까이하고 거듭하여 꾸준히 수행해 나가야 한다는 이 점에 나는 매달린다.

반면에 근원적인 자각이니 하는 것에 전혀 상관없이 생애를 보내는 사람이 결코 적지 않다. 명성이니 이익이니 자기 생각의 충족이니, 그러한 것에만 가치를 찾으려고 하는 사람들도 많이 있다. 이런 종류의 사람은 흔히 세상에서 출세하는 사람일는지는 모른다. 바로 '무성유정'의 인간류이다. 이러한 사람은 세상의 도덕으로 제도한다. 적어도 도덕적으로는 훌륭하게 살아야 한다고 가르치는 것이다. 도덕적 윤리적 가치기준의 영역은 불교의 근본적 진실과는 다른 차원의 것임을 시사하는 것이다.

무성유정설은 인간 유형의 분류로만 받아들이는 것이 아니며, 내성의 깊이의 발로로서 받아들이지 않으면 안 된다. 무루종자를 가지고 있는 상근의 사람이나 가지고 있지 않은 무성유정도 모두 같이 여래의 손바닥 안에 있는 것이다. 미리 겁내고 실망하고 주저할 필요가 없다. 그냥 곰처럼 머리 디밀고 뛰어드는 것이다.

보살정성, 독각정성, 성문정성, 부정종성의 사람들은 언젠가는 개현되는 불타성을 모두 가지고 있다. 이에 비해 무성유정은 가능성으로서 자리 잡은 불타성을 아직은 가지고 있지 않다. 명성이나 이익에만 온 마음을 쏟고 있으며, 자기의 근원이나 자기 존재의 '공·무'의 근본 같은 것은 대수롭지 않아서 생각해볼 마음조차도 없는 사람들이다. 이는 바로 현실의 인간상이다. 무성유정은 무아·공 등의 인간의 진상에는 개안이 되지 않는다 하더라도, 적어도 도덕적으로는 훌륭하게 살아야 한다고 가르치는 것이다. 즉 세간의 도덕으로 제도하는 층이다.

행불성行佛性: 실천에 의해서 개발이 되어 가는 잠재적인 성스러운 힘이다.(무루종자의 한 표현) 아무리 훌륭한 소질이 있어도 그것이 행위로 나타나지 않는 동안은 없는 것과 같다고 말할 수 있다.

이불성理佛性: 유식에는 행불성과 함께 이불성이 있다.(이론, 이치) 여기서 무성유정에게 구원의 길이 주어진다. 존재의 이법, 모든 존재를 포섭하고 있는 진리이다. 이론과 이치를 배우고 익히고 깨우쳐 가면서 닦는 그 힘은 스스로가 일으키는 것이고 스스로가 깨우쳐 가는 것이다. 우리들 평범한 중생들이 불교를 배우고 공부하고 익히고 수행해 나가는 바로 그것이라 하겠다.

행불성이 있건 없건, 헤매건 깨닫건, 죽건 살건 간에 일체를 싸고 있는 변하지 않는 진리, 전체로서의 존재 그 자체, 그것이 부증불감(늘어나는 것도 없고 줄어드는 것도 없다)이다. 즉 모두가 여래의 손바닥 안에 있는 것이다.

이런 생각도 해 본다.

무루종자를 가지고 있는 상근의 사람들은 과거 무시 적부터 선업에 선업이 훈습되어 쌓여진 것이 넘치고 넘치는 동안에 무루종자로 된 것이라면, 무성유정은 훨씬 뒤에 다른 중생으로부터 인간이 된 존재들로 아직은 한참 더 많은 경험을 하고 선업을 쌓아야 하는 기간이랄까 하는 수없이 많은 생들을 거쳐야 하는 과정이 필요하겠다고. 이렇게 여러 생을 거쳐 가는 동안에 그들도 역시 쌓여지는 선업의 경험들에 의해서 언젠가는 그들의 선배(?)들처럼 될 수도 있지 않겠는가 하는 마음으로 오늘도 내일도 앞만 보고 열심히 정진해 나가려는 것이다.

앞선 자와 뒤에 따라오는 자 사이(그 사이란 우리들의 계산으로는 따를 수도 없을 정도로 큰 것이지만)의 시간적·경험적인 차이라고 본다. 대단히 건방진 소리 같지만, 이렇게라도 생각을 하지 못한다면 그 사이가 너무도 까마득해서 감히 이 공부에 뛰어들 수가 없겠다.

우리는 모두 여래의 손바닥 안에 있다고 하지 않는가?

또한 일체 중생은 모두 불성을 가지고 있다고 하였다. 이러한 배짱으로, 어쩌면 내가 무성유정일지도 모른다는 두려움에서 눈을 돌린다. 비록 무성유정이어서 상상도 못할 만큼 뒤떨어져 있다 해도 조급해 할 것 없이 겸손히, 그리고 꾸준하게 미련할 정도로 '열심히 수행을 이어 나가는 것이 중요하다'가 나를 위한 나의 결론이다.

나는 나를 만들어 가고, 내가 만든 그대로에 따라서 살아 나가야 하는 것이다. 그러니까 내가 살아가야 할 나의 삶이란 전적으로 내가 만든 나의 작품이다. 전생의 내가 만든 내 업의 상벌에 따라서 지금 현재 내가 사는 것이다. 경험에 의해서 사람은 풍부해져 간다. 그리고 풍부한 자기에 의해서 또 자기가 풍부해져 간다. 훈습이란 인간의 풍요한 작업을 가능케 하며, 우리들의 행동은 모두 아뢰야식 속에 훈습되어 간다고 한다.

중요한 것은 부처님의 설법을 듣는 일이다. 부처님의 설법을 직접 들을 수 없는 오늘날의 우리로서는 불교 교리의 공부라든지, 혹은 진리에 접하는 수행을 한다고 말하여도 좋을 것이다. 더 없이 맑고 깨끗한 가르침에 접한다는 행위의 훈습을 위해서…….

우리 인간은 제7말나식이라는 이기적 성질에 의해서 사물을 왜곡하는 근성을 갖고 있다. 그래서 우리는 더욱 맑고 깨끗한 부처님의 가르침을 듣고 훈습하는 버릇이 필요하다. 정성스러운 마음으로 들으며, 비록 한쪽으로 왜곡되는 것이 있을지라도 반드시 그 일부는 부처님의 맑고 깨끗한 진리대로 훈습하여 가므로 항상 법을 들으면 좋은 자량이 알게 모르게 쌓여갈 것이다.

유식 불교에서 중요한 것은 현실의 자기의 자각이다. 자기의 존재와 인식과 청정성의 면에서 현실의 자기의 진상을 아는 것, 그것에 의해서 자기를 초월하는 것이다. 의타기성으로서의 자기를 그대로 안다. 그대로 앎으로서 자기를 전환하여 간다. 그것이 유식의 수행이다. 이를 유식과 함께 사는 방법이라고 하겠다. 자기의 사는 방법을 깊이 찾아 들어가 보는 것, 그것이 유식의 수행이라고 할 수 있겠다.

어떠한 사람이,

어떠한 단계에 의해서,

어떻게 구원을 찾아 가는가.

유식은 이러한 세 가지의 각도에서 조명하고 있다. 이념적으로는 일체 존재는 평등하며, 사람은 누구나 영원한 진리 속에 살고 있는 것이므로 그런 점에서는 일체중생실유불성이며 일체개불성이다. 그러나 유식은 현실적으로 인간을 다섯 종류로 본다.

①보살정성, ②독각정성, ③성문정성, ④부정종성, ⑤무성유정이다.

불교를 중심으로 한 자질의 차이다.

독각정성은 좀 고고한 존재이지만, 스스로 경지를 높여 가는 사람이다. 성문정성은 진실하게 착실히 부처님의 가르침을 들으며 수행하는 사람이다. 다만 독각정성과 성문정성 둘 다 자기의 수행에 온 정성을 쏟고 있으며, 남을 돕거나 걱정까지 하는 마음의 여유가 없다. 부정종성은 처음에는 자기의 수행에 열심이던 독각, 성문등의 사람이 다른 존재에 대한 생각을 넓혀, 보살의 수행을 향해서전환해 가는 자질의 사람이다. 무성유정은 불교에 흥미도 관심도없으며 이해도 없는 사람이다. 이들은 악인이 아니고 훌륭한 사회인이며, 오히려 성공자라고도 할 수 있는 사람들이지만, 다만 불법에 인연이 없는 중생 정도이다.

| 제9식 청정식

제8식 가운데 명언종자와 업종자가 없어진 아라한의 앎의 '청정' 세계, 그것은 가장 평범한 삶을 살아가는 사람들의모습 속에서 볼 수 있다.

해탈이란 너와 나의 대립으로 일어나는 갈등으로부터 벗어나는것이며, 나를 칭찬할 때나 욕할 때나 언제나 마음의 동요가 없는 것이다. 그것은 우리가 말하고 듣는 가운데 법계등류의 청정함이 같이 흘러가고 있기 때문이다. 제8식인 총체적인 삶의 흐름에서 청정함만을 떼어서 제9식 청정식이라 한다.

제9식을 아마라식이라고도 한다. 아마라식은 흔히 진여, 진심,여래, 불성, 보리, 열반, 총지, 원각, 법신, 여여, 심지 등으로 불리기도 한다. 이것은 만물의 존재의 근본 본성인 우주심으로서 세속의연기와 무관한 원초적 마음으로 우리의 육신에 들어 있다. 불교에서 인간이 궁극적으로 얻고자 하는 것은 바로 청정한 근본심의 발현이다.

| 아들에게 ③

유식에 너무 중점을 두고 있음을 느낀다. 물론 나도 불교 공부를 처음 시작할 때는 사성제를, 팔정도와 육바라밀을, 그리고 십이인연을 배우고 해석하여 익힘으로써, 그때 이미 나의 마음과 영혼은 불교 속으로 들어가고 있었다. 그리고 어느 날 유식에 대한 책을 만나게 되었는데, 이 책은 읽어 들어 갈수록 가슴이 뛰고 눈물이 막 나오는 것을 참을 수가 없었단다. '그동안 내가 해온 그 진하게도 무겁고 지겨웠던 고생이 이유 없이 그냥 억울한 것만이 아니었구나! 그것이 오히려 나를 훈련시켜 온 것이었구나!' 하는 것을 느끼면서, 나도 모르게 이 공부의 밑바닥을 다져온 그 어려웠던 시절에, 그것들을 훌륭하게 열심히 잘 지내온 나 자신에게 감사의 마음까지 느끼게 해주는 것이었단다.

내가 유식학에 대해서 깊이 아는 것은 아니다. 다만 유식의 가르침 가운데 사람 마음의 움직임에 대한 분석이나 설명이 내 마음속에 그대로 속속 들어왔단다. 특히 심의식을 해설한 부분을 읽어 가노라면 교리의 이해와 수행의 원리를 특별히 따로 찾을 필요 없이 모두가 나와 함께 생활 속에 뛰어들어 퐁당 하고 빠져드는 것처럼 즐거워진다. 거기서 자연스레 나의 마음의 훈련이 자리 잡아 간다고 말하면, 내가 너에게 그 짧은 지식으로 왜 이렇게 열심히 유식에 대해 정성을 기울이는지를 이해해 줄 수 있으리라 본다.

그래서 나는 내 마음을 들여다보거나, 혹은 내 마음속에 떠오르는 여러 생각들을 한 발짝 뒤로 물러선 상태에서 전혀 내 것이 아닌 양 '너는 그렇구나, 재는 그게 저렇고' 하면서 관찰해보면, '아 이렇게 되어 가야겠다' 하는 생각이 떠오르는 거야. 그러다가 불교 책을 펴들면 그 속에서 거기에 맞는 답이 나타날 때가 많았단다.

부처님을 그려내면서도 생각하고, 텔레비전 연속극을 보다가도 생각하고……. 그렇게 마음의 흐름을 따라가면서 또 생각해 본다. 너무 엉터리 같지?

그런데 모든 일을 공부와 접해서 생각하고 찾아보고 하다 보면, 외출이 자유롭지 못한 병자이지만 마음이 편하고 고요해져 가고, 또 내 옆에는 항상 부처님의 가르침을 담은 불교 책들이 있고, 그러면서 부처님의 모습을 그려내 가고……. 그래서인지, 내게는 여기가 그냥 곧바로 절간도 되고 수도장도 되는 거야.

유식 불교는 아주 멋쟁이야. 너무도 환하게 빛나는 멋쟁이. 속이 툭 터지는 것 같은…… 나는 수행에 있어서 유식의 수행오위의 단계를 아주 좋아한단다. 그러나 수행에는 우선 불교에 대한 지식이 꼭 필요하다고 본다. 먼저 이해를 하고 난 다음에 또 닦음을 이어 가고. 반드시 이 두 가지는 함께 이루어 가야 한다는 점을 기억해 다오.

우선 이론적으로 교리를 어느 정도로라도 이해를 하게 되면 저절로 수줍은 듯이 자신의 마음을 살짝 들여다보게 되고 그러고는 며칠 지난 후에 또 살짝 들여다보고, 그렇게 하다가 가르침의 뜻이 이해가 될수록, 이해가 되니까 저절로 마음이 가까이 가져서 또 들여다보고, 이 공부는 그렇게 재미가 붙어간다고 할까? 하도 요상한 세상이라 마냥 초조하고 바쁘고 불안했었는데, 어느새 마음이 조용히 안정이 되어 가는 것 같고 마음에 여유가 생기는 것 같아지면서 '위로를 받거나 희망을 걸어 볼 데가 이곳뿐이구나' 하고 느끼게 된단다. 너도 공부를 하다 보면 아마 그렇게 느껴질 거야. 그 가르침의 맛이 하면 할수록 참말로 묘미이다. 또아리부터 틀고 앉지 말고, 반드시 먼저 이론을 이해할 수 있을 만큼은 알고 나서, 그리고 실행을 함께 할 것을 권한다.

,

넷

어떻게 수행할 것인가

깨달음에는 점오와 돈오라는 구별이 있다.

돈오는 깨달음이 일순간에 온다. '아, 그러한가!'라는 긍정의 순간이다. 마치 연꽃이 피듯이, 잠에서 깨어나듯이 그 한 순간에 온다는 것이다. 그러나 유식은 수행오위의 단계를 따라서 수행의 진보를 포착하면서 간다. 차츰차츰 익어가듯이 깨달아 가는 것을 점오라 한다. 점차로 진행하는 면을 유식은 중요시하는 것이다. 거기에는 두 가지 뜻이 있다. 그 하나는 본래의 순간적인 것이라도 이해를 확실히 하기 위해서 길게 늘여서 설명을 한다는 뜻이다. 또 다른 하나는 수행 자체에 천천히 지그시 숙성해 간다는 일면이 있다는 점이다. 시간을 끌면서 닦고 닦은 것의 아름다움에는 급하고 빠른 것에서는 절대로 찾아볼 수 없는 바닥의 빛이 있다.

이 수행법의 특징은, 모든 생각이 일어나고 사라지는 것을 한 발짝 뒤로 물러선 상태에서 주시만 하는 것이다. 수행은 삶의 논리적 근거를 명확하게 제시하여 우리를 자유롭게 해준다. 그리하여 분별을 떠난 청정한 삶을 살 수 있게 하는 것이다. 따라서 특별한 현상이 일어나도 이에 집착하지 말고 이제까지의 현상을 보듯이 객관적으로 보아야 하며, 현행하는 이 순간의 힘이 제일 강하기 때문에, 현행하는 힘을 잘 관찰하면 고요함으로 흐르게 된다.

수행은 모든 생활 속에서 이어져 가는 생각과 선택과 행동 과정의 균형을 맞추는 것이 중요한데, 균형을 맞추기 위해 움직이거나 앉아서 수행을 이어 간다. 마음을 고요하게 가라앉혀 평정하게 하여 삶의 흐름을 분명히 알고 나면 일상생활의 움직임 속에서도 고요함을 놓치지 않는 것이 불교 수행의 특징이다. 이때의 수행은 특별한 형태로만 나타나는 것이 아니라 삶의 모습, 거기에서 수행이 그냥 이루어져 간다.

수행은 고요한 큰 바다에 제 모습을 비추듯이 자신의 마음 흐름을 분명히 집중하여 알아차리는 것으로, 즉 집중력과 관찰력을 길러서 마음이 일어나는 순간으로 가는 것이다. 우리가 경험하는 세계란 만남의 조건에 따라 '매순간 변하는 연기 관계의 세계'라는 것이 분명해진다. 나만의 세계를 고집할 이유가 없어지면서 나와 대상이 항상 어우러져 있는 전체인 그 속에서 창조적인 마음을 키워간다. 수행하는 중에도 자기 자신이 생각하는 바가 나타나는데. 그것에 현혹되면 현행이 선악의 업종자와 명언종자로 흘러간다. 그러하니 이런 것에 대해 항상 제삼자적인 위치를 유지해 가면서 고요함을 유지시켜 그 흐름의 특성을 알아내는 것이 불교 관觀 수행의 특징이다.

삶 가운데서 한 생각이 일어나는 것을 명확히 지켜보는 염처 수행을 하지 않으면 삶의 제 모습을 회복시키는 힘이 길러지지 않는다. 번뇌에서 깨어남이 지혜이고, 지혜의 열린 세계가 자비이다. 마음이 일어나는 처음의 모습을 보기만 하면 행의 흐름이 바뀐다. 그러다가 관찰력이 깊어져서 처음 일어나는 순간을 보게 되면, 연속적으로 보이는 것이 생각에 의한 허상일 뿐 실체가 없다는 것을 확실하게 알게 된다.

사심사관四尋伺觀을 하기 전에 반드시 먼저 자기 자신을 떠올려서 축원을 하라.(이미 앞에서 예를 들었음…… '그대는 오늘도 관대하고 평온하고……'를 참고 바람)

머릿속에 한 글자 한 글자 새기면서 부드럽고 따뜻하고 인자한 마음으로 자기 자신을 바꾸어 가는 것을 연상한다. 반드시 스스로를 높여 떠받들 듯이 올려주고 기도하는 이것이 약 중에도 명약이다. 다소 유치한 듯하나, 알고 보면 우리들 인간들은 실로 거의가 유치한 존재들이 아닌가…….

마음을 집중한다. 수행을 한다는 것은 의지의 흐름을 닦는다는 뜻이다.

내가 내 마음을 똑바로 지켜보고 있음을 놓치지 않는다면, 내 마음이 잘못되는 쪽으로 흘러가는 것을 원하는 사람은 하나도 없다. 그렇게 함으로써 나는 실수로 흘러가는 나 자신을 그 실수 바로 직전에서 구해낼 수 있게 되는 것이다. 이렇게 계속해 가면 나의 아뢰야식으로 저장되어 가는 힘은 어떻게 되겠는가?

바로 관찰한 만큼 번뇌의 힘이 약해진다. 문제는 번뇌에서 깨달음으로 이끄는 행온의 흐름을 명확히 보는 것, 즉 관찰을 얼마나 철저히 하고 있느냐이다.

석존은 자신을 잘 닦아 스스로 통제할 수 있을 때 자유를 얻을 수 있다고 보았다. 모든 깨달음은 나를 아는 것으로부터 시작되며, 따라서 모든 수행은 나를 알아가는 과정이다.

보통 우리의 생활 중에서 일어나는 삶의 현장을 놓치지 않고 잘 관찰하면 자비와 지혜의 열린 세계로 가게 된다. 자기를 조용히 주시해 간다는 것은 숨김없이 솔직하게 자기 마음의 흐름이나 행동을 파헤쳐 보는 것이다. 남에게 보이는 것도 아니고 혼자서 스스로를 반성하고 비판해 가는 것이라 잘잘못이 환하게 들여다보이니, 어느 누가 잘못하는 쪽으로 자기를 밀겠는가, 자동적으로 바른 방향으로 키를 잡게 되는 것도 뻔한 노릇이다. 인간이란 그렇게 나쁜 종자들이 아니며, 태어날 때 누구나 똑같이 심장과 함께 양심이란 것도 가지고 태어났음을 알아야 한다.

어느 때나 있는 그대로 그 자리에서 수행을 하면 된다. 이러한 수행을 계속하여 삶을 여실히 지켜보는 힘이 생기면서 분별하는 힘이 약해지면, 이를 분청정分淸淨이라 한다. 분청정이 완성되어 언제 어느 곳에서나 앎이 청정한 상태로 바뀐 것을 만청정滿淸淨이라 한다. 만청정은 부처님의 경지이다.

삶은 무엇을 근거로 하여 일어나는가?

이 문제를 관찰하는 것이 수행의 중심이다. 이처럼 수행을 계속해 가면, 나와 나의 소유로부터 자유로워져서 보시가 완전하게 이루어져 간다.

첫째는 재물의 소유로부터 자유로워져서 이웃과 재물을 나누게 되고,

둘째는 자기의 독단적인 견해로부터 자유로워져서 지혜의 말을 나누게 되고,

셋째는 닫힌 마음을 버려서 누구라도 포옹할 수 있는 포근한 마음을 나누게 된다.

이와 같은 관 수행으로 삶의 흐름을 명확히 보아, 무아·무상·고에 대해서 확실히 아는 것을 정견이라 한다. 올바른 이해로서 누구라도 넉넉히 받아들일 수 있는 공간이 생긴 것이 정견이다. 거듭 말하지만 불교는 자기 삶에 대한 절대긍정이다.

자기 자신의 삶을 문득 뒤돌아보면서 '이것이 아닌데, 무엇인가 삶이 보다 넉넉하고 부드럽고 모두 함께할 수 있는 것이 있을 텐데……'라는 생각을 일으켜 참된 삶으로 되돌아가고자 하는 의지가 일어나서 팔정도 육바라밀을 닦아 나가기 시작한다. 수행을 하면 마음이 평정해져서 어떤 변화에도 고요해지는데, 이런 고요함은 우리의 삶에서 몸과 마음이 가벼워지면서 평온함과 즐거움과 기쁨과 환희를 불러일으키는 특성이 생겨난다.

수행은 각자가 직접 체험을 통해서 스스로가 자기에게 맞는 결정을 하여야 한다.

모든 괴로움의 원인은 육체가 아닌 마음에서 비롯되는데, 생각하고 원하는 마음이 온갖 괴로움과 고통을 만드는 것이니, 한 발짝 뒤로 물러서서 자기 자신을 바라볼 수 있는 습관을 키워보는 것이다. 이처럼 제삼자의 입장에 서서 자기 자신을 바라보노라면 나만을 보는 것이 아니라 나의 둘레까지도 함께 보게 되는데, 자기의 주위를 함께 보게 되면 당연히 나만의 생각에만 있을 수가 없게 되고, 또한 나 아닌 다른 것을 같이 생각한다는 것은 그만큼 마음자리가 넓어진 것이다. 바르게 볼 수 있는 눈을 길러야 하고 욕심을 버리면서 객관적인 견해를 가질 수 있도록 노력하는 것, 그렇게 해 나가려면 우리는 매일 매일 반성을 하면서 그 반성을 통해서 마음을 깨끗하게 유지해 주어야 하며, 그럴 때 마음이 빛을 발할 수 있는 것이다.

영혼이란 개성을 지닌 의식을 말하는 것이며, 수면은 영혼과 육체를 분리시킨다고 한다. 생각은 육체가 하는 것이 아니고 영혼을 형성하고 있는 에너지의 작용에 의한 것이며, 기도는 감사의 마음을 표하는 것이다. 건강하고 편안하게 삶을 누릴 수 있는 것에 대해 감사하는 마음이 진심으로 우러나올 때 우리는 기도를 해야 한다. 감사하는 마음의 기도가 기도의 참 모습이지 소원을 청하는 것은 참다운 뜻에서 기도라고 할 수 없겠다. 염원이나 기도는 개성을 지닌 영혼에 의해서 이루어지는 것이다. 염원은 목적의식이며 창조 활동의 원천인 데 비해, 기도는 생명에 대한 감사와 보은의 마음이고 더 나아가서는 신과의 대화라 하겠다.

선(명상, 마음의 통일과 안정에 관한 한 표현)의 근본은 무엇보다도 자기 반성에 있다. 반성을 하기 위해서는 우선 마음을 안정하고 자신의 몸에 맞는 편안한 자세를 취하는 것이 좋다. 그런데 반드시 중도라는 척도를 가지고 있지 않으면 방향을 잘못 택할 수도 있다. 중도의 마음은 일상생활에서 겪었던 생각이나 행동을 반성하고 그 반성한 것을 실천함으로써 얻어진다. 여기엔 물론 많은 노력과 용기가 필요하다. 그러나 이렇게 해 나감으로써 우리가 지혜를 쌓아 그것을 실천에 옮기면 업의 수정을 빨리 이룰 수 있다는 점도 기억하길 바란다.

중도에 머문다는 것은 자신을 아는 가장 빠른 지름길에 들어선 것이라고 한다. 항상 자신이 처한 일에 대해 제삼자의 입장에서 관찰하고 판단하는 마음을 길러 가는 것이다.

마음의 편안을 얻으려면, 먼저 작은 것에 만족할 줄을 아는 생활, 집착에서 벗어난 생활, 인간으로서 진리에 따르는 생활을 하겠다는 자각이 필요하다.

남에게 바른 말을 할지라도 정도가 지나치면 이기적인 자아와 다를 바가 없다. 일반 대화를 나눌 때에도 자기 생각을 그대로 확 쏟아 버리면 상대방은 당황한다. 상대방의 입장을 살피고 생각할 여유를 주면서 말을 해야 뜻을 이해할 수 있는 것이니, 작은 일에도 신중히 생각한 후에 결정해야 한다. 매사에 조급한 마음을 버려야 하고 절대 서두르면 안 된다. 일이 되어 가는 과정을 사심 없이 즐길 수 있는 자세와 천천히 되어 나가는 것을 지그시 지켜볼 수 있는 습성을 기르는 것이 절대로 필요하고, 또한 그렇게 해 가면 매사가 편안하게 이어져 간다.

아무리 바른 생각이라도 이것을 행동으로 옮기지 않으면 깨달음은 얻을 수 없다. 바른 것을 알고 있지만 실천을 하지 않는다면 그 앎은 아무런 소용이 없는 것이다. 정법은 믿음과 실행이라는 두 개의 수레바퀴 위에서 흘러가야 한다. 반드시 실천이 함께해야 하고, 그리고 마음과 몸이 조화로워야 한다.

그러기 위해서는 먼저 자신의 마음과 행동을 잘 다스릴 줄 알아야 하고, 바르게 살고 바른 자세로 중도에 정진하며 바른 결정을 해 가야 하는 것이다. 그러면서 수시로 자신이 걸어온 길이 과연 옳은

가를 돌아보아야 한다. 혹시나 기울어진 쪽으로 발길을 내디딘 것은 아닌지? 반성을 수시로 하면서 혹시라도 인간의 삶을 살아가는 동안에 흔히 갖기 쉬운 잘못을 비켜 가는 일에 소홀히 하고 있지는 않은가? 자신을 돌아보고 살펴가며 철저하게 자신과 많은 대화를 해 나가야 하는 것이다. 반성은 어둡고 보이지 않는 길을 홀로 걷는 수행자에게 부여된 신의 자비이다. 석가모니 부처님의 위대함은 그 완벽함에 있는 것이라기보다 평생 동안 자신에 대한 성찰을 조금도 게을리 하지 않았다는 점에 있다고 하겠다.

그동안 나의 언어나 행동에 어떤 잘못은 없었던가? 만일 조금이라도 그런 것을 보고 들은 사람이 있다면, 벗들이여! 부디 나를 가엾이 여겨 지적해 달라.(『잡아함경』, 상응부경전)

군자는 스스로에게 엄하게 정죄할 것을 마음에 두고, 소인은 스스로에게 관대한 은혜를 베풀 것에 마음을 둔다.(『논어』)

자신에 대한 반성과 성찰이 없고서도 인간이 도덕적으로 될 수 있는 방법은 없다. 반성과 성찰은 사람을 도덕적으로 될 수 있게 하는 유일하고도 가장 효과적인 방법이라 하겠다.

수행은, 인식 대상을 늘 같은 것으로 하는 화두를 잡는 것과 같은 방법이 있고, 변화에 초점을 두는 관 수행과 같은 방법이 있다. 관대해지기를 반복하는 것도 늘 대상을 같이 하면 지止요, 그것을 통해서 마음의 변화에 초점을 두었다면 관觀이다. 지와 관 어느 쪽이

든 고요함 속에서 알아차림이 순간적으로 또는 지속적으로 일어날 때 팔정도와 육바라밀이 반드시 함께해야 한다.

염처 수행은 팔정도 수행 중에 정념 수행이다. 육바라밀 중에는 반야바라밀에 해당한다. 이를 위빠사나라고 한다. 수행의 특징은 흐름에 대한 관찰로서 무상·무아·고를 볼 수 있는 방법, 일상생활 가운데 고요히 앉아 있을 때는 호흡을, 걸을 때는 발의 감각을, 생각이 일어날 때는 생각을 주된 대상으로 한다. 즉 수행의 순간이 바로 삶의 활동 순간으로서 '순간의 활동에 명철하게 깨어 있는 것'이 염처 수행의 특징이다. 염처 수행을 계속하면 생성과 소멸을 동시에 보며, 타자와의 관계 속에서 자기의 삶을 열어가게 된다.

우리가 마음 집중을 한다, 즉 수행을 한다는 말은 의지의 흐름을 닦는다는 의미다. 상까지 떠오른 상태에서 상의 흐름을 지켜보기만 할 뿐, 탐심이나 진심의 분별을 일으키지 않는 것이 떠오르는 생각과 그것을 행동으로 옮기는 사이의 마음 집중이다. 물론 지속적인 번뇌의 흐름은 있지만 오로지 마음 집중만 유지시켜 나간다.

행온의 흐름을 어떻게 하느냐에 따라 선이나 악으로 결정이 되는 것이다. 행온의 흐름이 번뇌심소로 작용하면 악의 흐름이라 하고, 선심소로 작용하면 선이라 한다. 이와 같이 의식이 일어난 상태에서 행온의 흐름이 수행으로 가느냐, 분별로 가느냐에 따라 선과 악이 결정되는 것인데, 바로 이러한 상과 행의 흐름에 의해서 전생과 후생이 결정되는 것이다. 즉 상과 행온 사이에 일어나는 선악의 작용이 생사를 이끌어 내면서 다음 생의 업을 만든다고 한다.

유식의 수행오위에는 자량위, 가행위, 통달위, 수습위, 그리고 구경위가 있다.

1. 자량위

수행의 출발이다. 여러 가지 각도에서 몸과 마음의 준비가 진행되는 단계다. 불교를 하나씩 배우면서 한 발짝씩 따라가는 것이다. 이 과정에서 중요한 것은 다음과 같다.

① 착한 친구: 인생에서 착한 친구의 중요성을 부처님은 여러 면으로 설명하셨다. 여기에서의 착한 친구란 나이 들어서도 항상 진리의 대화를 나눌 수 있는 친구이다. 늙어서도 법의 이야기를 나눌수 있는 친구를 부처님은 "아난다여, 선한 벗을 사귀고 선한 친구들과 함께 있는 비구들은 성스러운 팔정도를 마침내 이루게 될 것이다"(『잡아함경』)라고 하셨다.

② 작의: 스스로 마음이 일어서는 것.

③ 자량: 모든 선행을 뜻한다. 하나의 진실한 생각이 하나의 진실한 행위를 낳는 것이며, 하나의 연민이 하나의 자애를 낳는다.

④ 믿음: 이 단계에서 가장 중요한 것은 불교에의 신해이다. 석존의 가르침에 대한 신뢰와 이해를 깊게 하는 것이다. 무조건의 믿음이 아니다. 불교의 밑바닥에는 인생의 진실을 투철한 눈으로 간파한다는 지적인 일면이 있다. 이 자량위의 신해도 이와 같다. 감정적이고 맹목적인 것이 아니라 이해가 우선 따라야 한다. 석존의 가르

침을 이해하려고 하고 알려고 하고 납득하려고 해야 한다. 이것이 불도에 들어서는 첫걸음이다.

불법을 듣는다는 것은 해解의 길이다. 자기가 어떠한 존재인가, 어떠한 관점을 가지고 있는가, 어떤 깊은 이기심을 품고 있는가, 그리고 얼마나 맑고 깨끗한 여래의 자비 속에 있는가, 그것을 들으며 이해해 가는 것, 이것이 자량위의 가장 중요한 수행 과목이다. 불교 수행의 근본은 지혜 수행이며, 지혜를 벗어난 불교는 없다. 동시에 반드시 함께 해내야 하는 것이 복덕행이다. 자량위란 인간의 그러한 가장 기초적인, 그러면서도 대단히 중요한 수행을 쌓아 올리는 단계이며, 생활의 모든 것에 수행의 자량이 있다고 한다.

자기의 삶을 문득 뒤돌아보면서 '이것이 아닌데, 무언가 삶이 보다 넉넉하게 되고, 부드럽게 되고, 모두 함께할 수 있는 것이 있을 텐데……'라는 생각을 일으켜 참된 삶으로 돌아가려는 의지가 일어나서 팔정도, 육바라밀을 닦아 나가기 시작하는 것이며, 아직 그 힘이 약해서 남과 더불어 일치하는 느낌이 지속되지는 않지만 때때로라도 유식성에서 사는 만큼 그 힘이 축적되어 가는데 이때를 자량위라고 한다. 이때는 아직 나와 너의 이중구조가 있다. 자량위는 가행위나 통달위로 가는 자량을 쌓는 단계이다. 수행이 잘 되어가지 않는 것은 자량이 부족하기 때문이다. 제일 좋은 방법으로는 사무량심 수행이 한 예이다. 일상생활 중에서 매사에 '관대해지기를, 평온해지기를' 생각하면서 모든 현상에 늘 그것을 대입시켜 가는 것이다. 인간은 각자가 처한 입장과 환경이 다르기 때문에 자기에게 맞는 특성을 찾아 거기에 맞추어 수행해 가면 된다. 이렇게 관

수행이 잘 이루어져 가면, 바로 생각의 처음으로 들어가 일어난 그 순간을 보게 된다.

수행이란 마음의 흐름을 분명하게 집중하여 알아차리는 것, 즉 집중력과 관찰력을 길러서 '마음이 일어나는 순간'으로 가는 것이다. 보는 힘이 강해지면 생각이 처음 일어나는 것을 보는데, 처음과 끝을 여실히 보는 것이 반야지혜이다.

석존이 불교를 최초로 체계화하여 사람들에게 가르쳤다는 것은 인류 정신사에 대단한 사건임이 분명하다. 그러나 석존은 자기는 다만 '예부터 있어온 그 법을 조금 일찍 깨달은 자이자 벗으로서의 의무로 비구들을 가르치는 것'이라고 하였다. 그 법은 불교에만 있는 것이 아니라 삼라만상 이 우주에 보편적으로 항상 존재하는 것이라 하였다.

공자 역시 벗의 가치를 강조하여 "배우고 때때로 따라 익히니 또한 기쁘지 아니한가? 벗이 있어서 멀리서 찾아오니 또한 즐겁지 아니한가?"(『논어』)라고 하였다.

2. 가행위

사심사관의 수행법을 통해서 수행의 힘을 얻는다. 가행위의 수행은 유식관을 깊게 하는 것이다. 깊어 가는 수행, 폭넓은 수행이다. 가행위는 일체 제법이 마음의 표현임을 깊이 관찰하며, 그 자각을 깊게 하는 것이며, 그 한 점에 집중하는 단계이다. 이것은 난煖·정頂·인忍·세제일법世第一法의 네 가지 가르침에 따른다.

난·정·인·세제일법의 가르침은 다음과 같다.

'난'위에서는 '본다든지 듣는다든지 하는 대상은 마음이 나타난 것이며, 보이며 들리는 것처럼 대상이 존재하는 것은 아니다'라는 관법 관찰을 깊게 하는 것이다.

'정'위는 그것을 다시 반복하면서 깊게 하는 단계이며, '우리를 둘러싸고 있는 세계는 자기 마음의 그림자이다. 사물은 없다. 일체 제법이 마음의 표현이다'라는 이치는 여기에서 알아 갈 수 있다. 허나 그것은 어디까지나 지적으로, 대상적으로, 머리로만 알았다는 것이며, 자기 자신의 인식의 본질로서는 아직 알지 못한 것이다. 여기에서 다시 관법을 계속하여 수행을 이어 간다.

'인'위에서는 '보고 있는 것은 보고 있는 대로 존재하는 것이 아니며, 나타난 것은 마음의 표현이다'라는 것을 정말로 가슴으로 느낄 수 있게 된다. 그러한 수행의 반복이다. 여기에서 새로 첨가되는 것은, 인식 대상이 무인 것과 같이 그것을 대상으로 삼는 능취도 하나의 마음의 움직임에 불과하다는 것에 대한 자각이다. 보이는 것도 마음, 보는 것도 마음, 그것이 진실하게 이해되는 과정이다. 이것을 '세제일법'이라 한다. 소취(나타난 것)의 무는, 즉 대상은 결국 자기가 그린 대상에 불과하다는 것이 확립된 것이다. 능취의 무는 보는 쪽의 무가 이해되는 단계다.

보이는 것도 마음, 보는 것도 마음, 그것이 진실로 이해되었다.

대상의 무를 알고, 주체의 무를 안다. 불법에 대단히 가까이 접근이 된 것이다.

'가르침을 듣는다. 몇 번이고 듣는다. 거듭해서 사색하고, 몇 번이고 거듭해서 마음에 묻는다.' 이렇게 함으로써 점차로 자기의 것이 되는 것이다. 자량위와 가행위에서는 그런 면을 보여준다. 자량위에서 많은 선행을 쌓아 올리면, 가행위에서는 만법이 유식에서라는 지각을 깊게 한다. 통달위에 상당히 접근한 단계로서 사심사관의 수행법을 통해서 이름과 사물과 그 뜻의 관계를 명확하게 보면 눈과 색이 작용하여 일어나고 있는 관계, 그리고 뜻이 게재되어 있는 관계를 명확하게 알게 된다. 이때 전5식과의 관계에 있어 법화가 사라지면서 마음 집중과 관찰이 깊게 일어나, 삶 가운데서 사물의 참된 모습을 보게 된다. 그때가 통달위다. 깨달음은 일차적으로 머리로 이해하는 것이지만, 그 체화(그것 속에서 사는 것)는 끊임없는 노력과 정진을 통해서만 달성되고 유지될 수 있다. 한 번 깨달으면 깨달음의 경지에 계속 머무는 것이 아니며, 끊임없이 정진하지 않으면 언제라도 퇴보할 수 있다.

3. 통달위

가행위를 지나면 통달위로서, 비로소 식의 본성과 현상의 본성이 확연히 드러나 어떠한 현상도 저 혼자서는 있을 수 없다는 것을 알게 된다. 이러한 과정을 통해서 우리에게는 구원받아야 할 존재가 전혀 없다는 사실이 확실히 드러난다. 통달위에 이르러서 지혜가 열리게 되고 불교가 자기 것이 된다. 진실과 계합된 자기 길을 흔들림 없이 가게 된다는 말이다.

자량위에서는 불교의 진리를 진심으로 믿고 이해하였다.

가행위에서는 불교의 진리가 아직도 대상화되어서 이해되었다.

통달위에서는 공·무아의 진리가 그대로 자기 것이 된다. 지와 진리가 한 몸이 된다. 생각에서 이해로, 이해에서 증으로, 이렇게 하면서 불법과의 관련이 깊어져 간다.

반야수행과 사심사관을 통해서 내가 하는 행동 속에서 이해와 사랑과 자비가 계속되는, 세간을 벗어난 지혜의 삶, 이때부터 통달위로 번뇌가 사라진다. 통달위에서 비로소 식의 본성과 현상의 본성이 확연히 드러나 어떠한 것에서도 저 홀로서는 존재할 수 없다는 사실을 환하게 알게 된다. 통달위에 이르러서야 진실과 계합된 자기의 길을 흔들림 없이 가게 되는 것이다.

관 수행을 통해 우리 자신을 묶고 있는 관념의 벽, 즉 창조적인 사고를 가로막고 있는 벽을 허물면서 우리 본래의 능력을 회복하는 것이다. 통달위로서의 견도이다. 관이 깊어지면서 생각의 처음과 끝을 여실하게 보는 것이 '반야지혜'이다. 여래의 진리를 연모하는 것이 아니고, 아예 여래의 진리 속에서 사는 것이다. 통달위에서는 유식, 그 속에서 산다라는 데에 이르러야 한다고 본다. 그렇게 해서 공·무아가 자기 것이 되는 것이다. 머리로써만은 그 논리를 이해하고 해석하기가 거의 불가능하다. 공·무아의 자기로 돌아간다. 본래의 자기가 된다. 이때는 진리와 자기가 한 몸이 되기 때문에 그 지혜를 근본무분별지라 한다. 공·무아가 증득되기 때문에 그것을 방해하고 있던 한쪽의 번뇌는 그 순간에 사라져 버린다. 공·무아의 이치를 알게 되는 순간에는 분별기의 번뇌(후천적인 것)는 한꺼번에 없어져 버린다. 분별기의 번뇌는 지적인 것이기에, 여기서 지적인 미망은 사라져 없어진다. 순간적으로 깨쳐서 없어진다. 바로 불교의 가르침을 알게 되었다는 하나의 전환이다. 여기에서부터 진정한 불교의 수행, 불교 안에서 사는 방법이라 말할 수 있겠다. 질적으로 여기서부터는 인생의 깊이가 완전히 바뀐다고 말할 수 있다. 진실로 도리를 알게 되면, 그릇된 관찰이나 생각은 없어져 버린다.

부처님의 자리란 일체의 법이 공(sūnya), 바로 그것임을 설법해 주는 것이다. 즉 '자비의 마음'과 '모든 욕심으로부터 완전히 떠나 있는 화평한 마음'과 '공을 깨닫는 지혜'의 세 가지 마음가짐으로 법을 설해야만 된다.

여기에는 보이지 않는 커다란 힘, 즉 근원적인 생명, 우주의 대생명력이라는 것이 작용하고 있기 때문에 그로 인하여 '공'으로부터 모든 것이 이루어지고 있는 것이다. 또한 모든 것은 존재해야 할 필요가 있기 때문에 존재하는 것이고, 우리 인간들 역시 사람의 형상을 취하고서 이 세상에 태어난 이유가 있다. 동식물로 태어나지 않고 인간으로 태어난 뜻은, 우리도 닦으면 부처가 될 가능성이 있다는 뜻이 아니겠는가?

'공'을 이렇게 받아들이니 오늘 내가 여기에 이렇게 살아 있다는 것에 대해 감사함을 느끼지 않을 수 없다. 그리고 다른 사람들에 대해서도 역시 동일한 생명과 목적에 의해 살려지고 있는 동일한 무리라는 의식을 느끼게 된다. 이러한 인식을 갖게 되면 자연히 '공'의 사상을 바탕으로 삼아서 말해야 하는 그 뜻을 알 수 있겠다.

제6식은 묘관찰지로, 제7식은 평등성지로 작용하기 시작하는 곳도 통달위에서부터다. 완전하게 묘관찰지나 평등성지가 된 것은 아직 아니지만 여하튼 사람의 마음속에 깨끗한 지혜가 작용하기 시작한다. 제6식, 제7식이 변하기 시작하는 것이다.

통달위 이전을 범부라 말하고, 통달위 이후를 성자라고 부른다. 그러나 인간이라는 존재는 미련하다. 구생기는 요지부동이다. 여전히 사람의 마음을 어지럽게 한다. 종자를 모아 두고 있는 아뢰야식도 또한 변하지 않는다. 근본무분별지의 수행이 여기서도 여러 번 반복되지 않으면 안 된다. 구생기의 번뇌를 올바르게 하며, 습성을 고쳐 가는 수행이 계속될 뿐이다. 수행을 해서 통달위에 이르게 되면, 열 가지의 근본번뇌 가운데서 세 가지가 없어진다고 한다.

첫째, 아상이 없어져 무아임을 알게 된다.

둘째, 불변의 신심이 생겨서 불신이 없어진다.

셋째, 자기 내부에 구원받을 수 있는 어떤 존재는 없다는 것을 확실하게 알게 된다.

통달위에 이르면 본래 무아인 삶의 모습을 여실히 보게 되고, 아울러 부처님의 가르침을 확신하고 자기 자신의 본질이 무아임에 대한 확신도 자리 잡아진다. 식이라고 하는 말의 근본은 너와 내가 관계된 속에서 일어나는 하나된 앎의 장이다. 이 앎이 있기 전까지는 '내가 너를 안다. 나는 추움을 안다. 내가 더움을 안다……' 이런 식이다. 그런데 더울 때는 더위 그 자체가 되고 추울 때는 추위 그 자체가 되고 기쁠 때는 기쁨 그 자체가 되기 때문에 내가 없고(무아) 오직 앎이 있을 뿐이다. 나와 대상으로 세웠던 과거의 어떤 분별력에서 벗어나 '항상 현재인 삶의 흐름을 회복했다'는 것이다. 지속적으로 관찰하다 보면, 관찰하려고 하지 않아도 저절로 관찰이 되면서, 한 생각이 일어나고 한 동작이 일어나려고 할 때마다 바로 여기서 진실한 삶으로 가게 하는 힘이 생기게 된다. 이 순간에 분별을 떠나 하나된 앎의 장 속에 살아 있음을 '유식 속에 살고 있다'라고 하는 것이다.

4. 수습위

탐심 진심의 구생기의 번뇌가 수습위를 통해서 없어지면, 나머지 다섯 가지의 번뇌는 수습위가 다 끝날 때 없어지면서 구경위로 들어간다. 이때 근본무명이 없어지기 때문에, 총체적인 삶에서 자기 자신을 독립시키려는 사량과 요별의 힘이 완전히 사라져 버린다. 독립된 나, 독립된 삶으로 보던 힘이 없어져서 일법계 속으로 들어가게 되는 것이다. 일법계 속으로 들어가면 제8식이라고 하는 의미가 없어진다. 왜냐하면 그때는 '종자를 저장하고 있다'든지 '집착하고 있다'와는 관계가 전혀 없기 때문이다. 이때는 근본무명이 완전히 없어지므로 윤택하고 조화롭게 흐르는 참된 삶을 회복하게 된다. 그래서 아라한이 되면 참된 삶의 모습으로 바뀐다고 한다. 이 전환의 상태를 '원성실성'이라고 한다.

서로 나눌 수 없는 관계를 나누어서 자기화, 타자화시키는 세력 등을 무명이라고 하는데, '무명력'과 '의'는 같이 협력하여 소외작용을 한다. 나와 대상이 함께 어울려서 사는 삶인데도 불구하고 눈은 눈대로 색은 색대로, 그 가운데서 일어나는 인식은 인식대로 분리되어 있는 것을 경계라고 한다. 이렇게 경계를 확실히 구분 지으면 타자화가 되기 때문에 그 사이에 긴장 관계가 일어나 불안하게 되는 것이다. 긴장 관계 속에서 기분 좋은 것을 받아들이는 탐심,

싫은 것을 밀쳐내는 행위가 진심이다. 이리하여 잘 되건 못 되건 간에 그냥 만들어 가는 것을 업을 지어 간다고 한다.

긴장 관계 속에서 행위가 일어나는 것이 의식계이며, 의식계는 우리의 삶에 있어서 가장 타자화되고 소외되며 연기실상의 삶에서 이탈되어 그것이 사회현상으로 나타난다. 이처럼 왜곡되고 소외되어 있는 현상이 지속으로 흘러가면서 삶의 본모습을 잃는 것이다. 이처럼 타자화, 명자화, 개념화되는 것을 법화라 한다. 법화는 개념적으로 '이것과 저것이 다르다'라고 절대화되어 있는 것이다. 이와 같이 절대화시킨 것들을 구체화시킨 현상이 네 가지의 상이다. 아상, 인상, 중생상, 수자상이 그것이다.

나를 내세우는 아상이 없어야 '내가 누군데' 하는 우월감이 없어지는 것이고, 나는 이런 사람인데 하는 인상이 없어야 '나는 너희들과는 다른 사람인데' 하는 차별의식이 없어지며, '나는 중생에 불과하다' 하는 중생상이 없어야 열등의식이 없어져 버린다. '내게는 한 번의 생명만이 있다' 하는 수자상이 없어져야 '어차피 한 목숨……' 하는 한계 의식이 없어진다.

모든 사물들을 특성화시키지 않으면 삶 자체에서 긴장감이 사라지고 자비의 열린 세계라는 관계만이 남는다. 그런 관계 속에서는 타자화된 대상이 전혀 존재하지 않는 것이다. 마음을 편안히 비우고 대상을 보면, 나와 대상 사이의 긴장감이 사라지고 부드러움이 흘러서 이런 것이 우리의 몸을 원활하게 해간다. 긴장감이 생기면 몸의 한 부분이 차가워져서 그 부분이 아프게 된다. 긴장 관계가 사라지면 부드러움으로 바뀌게 되며, 그때 비로소 남의 자녀도 내 품 안에 들어오게 되고, 모든 관계가 하나로 융화되는 것이다. 법화하고 세력화하여 긴장시켜서 차갑게 만드는 힘들이 없어져 부드럽고 따뜻한 힘으로 흘러가는 상황이 '공'이다. 여기에서 번뇌를 끊는다 함은 남아 있는 번뇌의 힘이 작용할 때마다 그 흐름을 청정한 흐름으로 바꾸어 구생기의 번뇌에 연료를 제공하지 않는 과정이라는 말이다. 이와 같이 통달위의 견도와 수습위의 수도가 이루어지면, 궁극적으로 욕계·색계·무색계의 삼계를 벗어나게 되는 것이다.

수습위에 들면 구생기의 탐심과 진심은 일어나지만, 분별기의 탐심과 진심은 일어나지 않는다. 집중적인 수행을 할 때는 '삶의 흐름만을 보게 되지' 판단은 하지 않는 것이다. 수행은 '인'에 대해서 '연'의 작용을 바꾸는 것으로, 업인 인과 연의 만남에 따라서 과果가 달라지고, 그 다음에 올 인因이 달라지고, 그렇게 하면서 수행은 인연의 흐름을 일상적인 삶과는 다른 깨달음으로 흐르도록 하는 것이다.

구별해 내는 벽의 분별심이 없이 원만히 살아가는 모습은 전에는 생각할 수 없는 세계였던 것이다. 이처럼 그 어떤 것도 내가 갖겠다는 마음이 전혀 없을 때 일어나는 일체감 있는 삶의 내용은 생각으로 파악할 수 없는 세계이고, 이것이 출세간지이다. 출세간은 아와 법을 벗어나 생각으로는 가늠할 수 없는 앎의 세상이고, 그 세상은 반야 수행과 사심사관 수행 등을 통하여 나타나기 시작하는 것이다.

이해해 나가는 흐름을 팔정도에서는 정견이라 했으며, 그것은 바로 이해·사랑·자비다. 내가 하는 행동 속에서 이해와 사랑과 자비가 계속되는, 즉 세간을 벗어난 지혜의 삶이며, 이때부터 통달위로 분별기의 번뇌는 사라진다. 수습위로 들어가면 구생기의 번뇌가 또 이해·사랑·자비로 바뀌어진다. 수습위로 들어갈수록 이해가 확실해지며 사랑과 자비로 가득해져 간다. 따라서 그만큼 삶의 장이 넓어져 가는 것을 출세간지의 삶이라 한다. 수습위는 구생기의 번뇌를 다스려 가는 단계이다.

수행의 3분의 2를 수습위에서 하게 된다고 한다. 알게 된 후의 수행이 얼마나 중요한가를 짐작하게 한다. 안다는 것과 거기에 산다는 것과의 사이는 참으로 멀고도 멀다. 공·무아의 진리를 알게 되고, 자기의 진정한 모습을 알게 되었다고 해도 오랜 여러 생에서의 버릇이 갑자기 고쳐지지는 않는다. 몸에 스며 있는 번뇌는 현실의 생활에서 잠시라도 마음을 놓으면 언제라도 발딱 하고 다시 일어난다. 공·무아의 진리가 구체적인 생활 속에서 시험되지 않으면 안 될 것이다. 불교를 진실로 알게 된 연후에, 그때부터가 사실은 훨씬 더 어렵다고 한다. 머리로서만 아는 것이 아니라, 몸에 완전하게 갖추어져야 하기 때문이다. 일상생활에서 수행의 결과가 나타나지 않으면 안 되는 것이다.

수행이 진전됨에 따라서 자기가 변하여 간다. 알지 못하였던 자기가 알게 된 자기로 변해 간다. 존재의 진상이나 인식의 현실을 알게 된 자기로 변환해 가는 것, 바로 그것이 유식 수행의 뿌리이고 줄기이다.

수습위의 마지막에 백겁(지극히 긴 기간, 백 번의 삶)의 상여행이란 것이 있다. 상호를 정리하는 수행으로, 백겁을 요한다는 것이다. 모양이나 모습을 정리하는 수행이며, 이것이 끝남으로서 비로소 구경위에 들어간다. 불교의 수행이라 하면, 지혜의 수행이나 마음의 수행이나 내면적인 것만을 생각하게 되며, 실제로 또 수행의 근본에는 그것이 있다. 그러나 상여행은 그럴듯한 자세, 그럴듯한 풍모가 갖추어지지 않는 동안은 내면도 진정한 것일 수는 없다는 것이다.

왜냐하면 사람은 속에서 익은 만큼 그 그릇이 밖으로 나타나게 되어 있기 때문이다. 그래서 내면의 숙성은 외모에도 나타나며, 외모로 나타나지 않는다면 그것은 내면이 아직 덜 준비된 것이다.

5. 구경위

수습위가 완성되면 무루(추악함이 없는 것, 번뇌가 없는 것)의 청정세계인 복덕과 지혜를 원만히 갖춘 세계가 된다. 이 상태에서는 버릴 것이 하나도 없이 전체가 하나의 삶 속에서 흐른다. 그냥 아무런 갈등도 번뇌도 없는 무루의 세계이다. 모든 것이 원래의 제 모습대로 살아가는 청정세계인 것이다. 오안이 활짝 열린 세계, 하나됨 속에서 자신을 드러내는 것이 오안이 완성된 삶이고, 안락이고, 또한 해탈인 것이다. 이것이 계속되는 것을 대모니大牟尼라고 하니, 곧 대모니의 완성이다.

오안은 다음과 같다.

①혜안: 대립과 갈등의 소리가 없어지고 부드러운 소리가 나기 시작하는 것을 혜안을 얻어간다고 한다. 완전한 이해와 사랑과 자

비의 힘이 커지면 혜안이 성취된다.

②법안: 있는 그대로 전체를 이해할 수 있으며 자비로운 마음으로 자기 삶을 키워 간다. 이와 같이 낱낱의 삶을 자기 삶대로 충족시켜서 키워 가는 모습을 법안이라고 한다. 관계 속에서 자기 삶을 풍부하게 키워 가는 힘을 갖춘 것이 법안으로서 선(참선)상이다.

③불안: 삶 속에서 자기의 힘을 풍부하게 키워 나가고, 비교해서 좋고 나쁜 내용을 비운 것을 '불안'이라 한다.

④해탈신: 관계 속에서 따뜻한 흐름을 느끼는 것으로, 안락이며 해탈신이다.

⑤완성: 늘 깨어 있음을 완성이라 한다.

구경위에서는 이와 같은 오안을 갖춘 삶이 순간순간 계속된다.

수행의 마지막에 설명되는 것이 구경위로, 수행의 완전 원만한 완성이다. 구경위로 들어갈 때 근본무명이 없어지기 때문에 총체적인 삶에서 자기 자신을 독립시키려는 사량과 요별의 힘이 완전히 사라져 버린다. 일법계 속으로 들어가게 된 것이다. 일법계 속으로 들어가면 제8식이라고 하는 의미는 없어져 버린다. 이때는 근본무명이 완전히 없어졌으므로 윤택하고 조화롭게 흐르는 참된 삶을 회복하게 되고, 그렇게 해서 아라한이 된다. 이런 전환의 상태를 원성실성이라고 하는데, 이것은 돈오돈수의 입장이다. 이때의 깨달음은 곧 완성을 의미한다.

'저절로'라는 점에서 말한다면, 보살의 십지 중에서 후의 3지는 구경위와 거의 같은 지점에 도달하였다고 할 수 있다. 보살의 후3지는 내용적으로는 거의 구경위와 다르지 않지만, 다만 수행이란 결국 인에서 과에로라는 방향을 밟고 있다는 점이 다르다. 그에 비한다면 구경위 쪽은 과 그 자체의 경지를 똑바로 가리키고 있기 때문이다. 유연하고 자연스러운 삶의 방법, 거기에 스스로 불교가 갖추어져 있다. 저절로 불교의 구극에 합쳐진 상태인 것이다.

우리와 불교의 관계에는 단계가 셋이 있다.

제1은 신해하는 단계, 즉 믿으며 이해하는 단계요, 자량위와 가행위가 여기에 해당된다.

제2는 증득하는 통달위의 단계이다. 증의 단계에 이르기까지는 진정한 의미에서 불교를 알고 있다고는 할 수 없겠다. 단지 지적인 이해이기도 하며, 일종의 모방에 불과하다고 할 수도 있다. 증을 경험한 데서부터 비로소 신심의 결정이 참된 것이 되며, 소득 없는 좌선이나 수행이 가능하게 된다. 또한 기도의 형식을 취하거나 안 취하거나 언제나 그는 불교 속에서 살고 있다고 할 수 있다. 신해를 거치지 않고서 증에 도달할 수가 없기 때문에, 처음의 신의 일념이 큰 뜻을 갖는다는 것이다.

초발심변성정각: 최초의 시작이 수행의 극점이라는 것도 신(믿음)이라는 제일보가 얼마나 중요한 뜻을 갖고 있는가를 나타낸다.

신, 해는 모방의 단계이며, 증의 경험부터가 진정한 것이다.

증에 도달함으로서 비로소 불교의 세계에 들어갈 수 있는 것이며, 신심이 진정한 것이 되고 수행이 진정한 것이 된다. 이러한 증이 우리와 불교와의 제2의 단계이다. 이후에 곧 수습위로 들어가지만, 이것은 기본적으로 증의 연장이라고 볼 수 있다. 증을 확인하며 반복해서 증의 지를 닦고 증을 깊이 하면서 나간다. 그것이 수습위이므로 증의 연장이라고 하는 것이다.

제3의 단계는 구경위이다. 진리와 자기가 완전한 한 몸이 되는 것으로, 그 사람 그대로가 진리이며, 진리 그대로가 거기 서 있는 사람 그 자체이다. 부처가 우리이고 우리가 부처인 그러한 세계이다.

통달위를 불교를 아는 단계라 한다면, 구경위는 불교가 몸에 갖추어지는 구극의 지평이라고 말할 수 있겠다. 참으로 깨끗한 세계인 것이다.

만청정자滿淸淨者란 완전원만하고 청정무구한 사람이며, 구경위에 도달한 사람이며, 구체적으로는 부처이다. 분청정자分淸淨者란 통달위에 도달한 보살을 말한다. 공·무아의 진리를 알며, 제6의식과 제7말나식이 부분적이기는 하지만 청정하게 되기 때문이다. 여기서는 지적인 잘못은 넘어선다.

구경위에 도달하면, 전5식도 제8아뢰야식도 정말로 청정한 전환을 한다. 맑은 지혜가 열린다. 전5식은 성소작지로 변하고, 아뢰야식은 대원경지로 변한다. 제6의식과 제7말나식은 통달위에서 그 한 부분이 청정한 작용을 시작하고 있었으나, 구경위에서는 완전하게 전환을 끝낸다. 여덟 개의 식이 네 개의 지로 변하는 것이다. 사물의 진실한 모습이 보이며, 다른 존재에 대한 청정한 자비가 속에서부터 넘쳐흐른다. 식이 지로 완전하게 변한 것이다.

바로 수상受想이 일어남까지가 전생으로서, 이 순간에 구생기의 번뇌가 총체적으로 모두 함께 일어난다. 여기에서 행온의 분별로 가느냐, 고요한 수행으로 가느냐에 따라서 후생이 결정되는 것이다. 똑바로 보고 똑바로 생각하고 똑바른 방향을 택할 수 있는 힘은 지금의 나, 바로 이 순간이다.

'선불교'를 민중불교라 하고 생활불교라고도 한다. 선은 인도에서 들어온 불교 사상 위에 노장의 바탕을 둔 중국산 작품으로 자리를 잡았다. 그것도 중국의 소외된 변방에서 자생적으로 분출하는 민권사상과 평등사상 등을 흡수하여 인간의 존엄성과 자연 친화를 일깨운 그 당시의 신 사회학이라 할 수 있다. 선은 불만스러운 현실을 매일같이 행복한 삶으로 살아갈 수 있는 방법을 가르쳐준다. 그것은 바로 '어떻게 마음을 쓰느냐'를 닦아 나가는 마음공부이고 마음의 훈련이다. 선의 목표는, 우리의 마음속에 존재하는 이것저것을 가려내고 구별해 내는 잔꾀에 빠지지 않고 바른 의식으로 올바른 이성을 깨닫고자 하는 것이다.

선 수행이란 마음의 진정한 본질을 통찰해 마음이 자신의 주인이 되도록 마음 그 자체를 닦아 가는 작업이다. 이렇게 마음을 닦고 훈련해 나가노라면 결국엔 어떤 것에도 지배당하지 않는 '절대자유'를 획득하게 된다는 것이다. 선의 본질적 특색은 진리의 체험적 직관을 중시한다. 즉 마음을 통해 성찰하고 그 결과로 얻어지는 양심에 따르라는 것이다. 일상의 평범한 일들을 자연 그대로 하는 게 바로 도를 닦는 뜻이라 한다. 자연 그대로 한다는 뜻은 주어지고 흘러가는 그 위에 나의 개인적인 욕심이나 결정을 집어넣지 않는다는 것이 되겠다. 온갖 잡념과 구속을 벗어난 무심한 경지에서 행하는 그것이 곧 해탈이고 깨달음이다.

석존이 연꽃 한 송이를 들어 가섭에게 전해준(염화미소) 소식이란, 마음에서 마음으로 전하는 불법의 근본, 즉 진여, 자성, 도, 법을 말한 것이다.

근본 이치는 하나이고, 그 원리가 현상으로 드러나는 게 삼라만상이라는 사상은 노장 때부터 굳어져 있었다. 하나로서의 진리를 조금도 파손됨이 없이 전체적으로 포착할 수 있는 길은 오직 체험적 직관, 보고 느끼는 감수성을 통해서만 가능하다.

부처가 되는 길은 오직 자율성에 의해서이다.

선은 인간적 존엄성을 강조하고, 전광석화와 같은 직관성이 있어야 한다. 선에는 형식도 만트라도 존재하지 않는다. 희생을 강요하지도 않고 원칙을 내세우지도 않는다. 오직 스스로 길을 발견하는 데 도움이 될 방편을 제공할 뿐이다. 그래서 100% 자유의사다. 인간의 자유란, 자신이 처해 있는 입장을 확실하게 짚어 나갈 때, 분수를 알 때, 자신의 '주제'를 정확히 파악할 때에만 그에 상응하는 자유를 누릴 수 있는 것이다. 자유인이란 매일매일의 일상사에 시달리면서도 그것들에 미혹당하는 일이 없는 사람이다. 삶이란 지금 당장의 일을 순서대로 잘 처리해 나가는 것이다. 이것이 바로 무념무상(완전한 무아의 경지에 달한 상태)이다. 노자가 말하는 무위(함이 없음)도 일을 하지 않는 것이 아니라, 오히려 무위는 한없이 많은 일을 하는 것이다. 다만 도를 따라 자연에 모든 것을 맡기고 어떠한 인위적 조작도 하지 않는 것일 뿐이다. 순리대로 사는 것이다. 자연이란 순리의 또 다른 이름이다.

일체의 분별심을 버리고 있는 그대로를 받아들이는 것이 무심이다. 분별심만 없는 것이 아니라, 분별에 입각해서 분별심을 일으키지 않는 것, 즉 마음의 본바탕은 오직 깨끗하고 정의롭고 평화로움이 있을 뿐, 이러한 마음의 바탕을 유지하는 데는 철저한 지성적 인식과 판단이 늘 밑받침되어 있어야만 한다.

부처님이 태어날 때 한 말인 '천상천하 유아독존'은 자기와 우주와 부처가 하나가 되는 것을 체험하는 깨달음의 상태라는 말로 해석되고, 그 길로 가는 것도, 얻는 것도 오직 나 자신에 의지해서라는 뜻도 포함되어 있다고 본다.

도겐 선사의 「정법안장」에 보면 다음과 같이 말이 있다.

불도를 배우는 것은 자기(self)를 배우는 것.
자기를 배운다는 것은 자기(ego)를 잊는 것.
자기를 잊는다는 것은 모든 법(Dharma)에 의해 확증 받는 것.
Dharma에 의해 확증 받는다는 것은 자기의 몸과 마음을 탈락시키고 타자의 몸과 마음도 탈락시키는 것을 말한다.
깨달은 사람이란 바로 수행을 계속하는 사람이다. …… 의식을 내부로 돌려서 자기를 비추어 보는 뒷걸음질을 배우라. 그리하면 심신이 탈락되고 당신의 본래면목이 드러날 것이다. 진여를 이루고 싶으면 진여를 수행하라.

선의 가르침에서 무념무상은 깨달음의 경험을 예비하기 위해 에고ego의 의식 활동을 진정시킬 것을 요구한다. 선 수행은 에고를 침묵의 상태로 만들어 본질이 들어설 자리를 마련하며, 이러한 경험은 자기의 고집을 초래하지 않는다. 이러한 상태는 그 어떤 이상한 것이나 흥분 상태나 최면과는 근본적으로 다르다.

불성은 영원하고 모든 곳에 두루 있을 뿐만 아니라 순수하고 청정하다. 불성을 실재의 바탕이라거나 또는 실재 자체라고 이해하는 사람은 종교적 경건성을 가지고 사물을 대하지 않을 수가 없는 것이다.

불성의 종교적 측면은 깨달음에 관한 가르침에서 특히 분명하다.

깨친 눈으로 본다는 것은 무심하게 보는 것을 말하고, 알고 있다는 것은 무념의 상태에 있는 것을 말하고, 마음이란 무심함을 말한다.

불교에서 말하는 깨달음은 우주의 온갖 존재와 적극적인 연기 관계를 통해서 서로의 존재가치와 삶의 가치를 바르게 깨닫고 실천하는 데 있다. 깨달음은 근본심의 현현으로 번뇌의 씨앗인 유의적(인간의 의식적인) 행을 자제하며, 무위적(자연 그대로의) 연기 관계를 통하여 모두가 공동의 생명체로서 존재가치의 동등성을 인정하고 연속적인 연기 관계를 지속하면서 전체 속의 하나가 되는 이사무애(전 우주가 일심으로 통일되어 있다고 법계를 관할 때, 본체계와 현상계는 서로 융합되어 아무런 방해가 없음)와 사사무애(현상계의 모든 사상이 서로 융합하여 방해가 없는 것)의 화엄 세계를 이루며 함께 살아갈 수 있는 올바른 삶의 실현을 뜻한다.

불교는 근본 사상이 연기 사상이므로 연기를 통하여 깨달음이 이루어진다.

연속적 연기를 통하여 '계정혜'가 이루어지면서 자연스럽게 깨달음의 열반에 이르게 된다. 열반이라는 것도, 염오(물들어 더럽혀진다는 뜻)의 생동심(외부의 대상이나 마음속에서 들뜬 마음)이 없어져 가고, 근본심이 발현되면서 무위적이고 평등적이고 보편적인 상태에 이르게 되는 것으로, 만약 적극적인 연기 과정을 거치지 않고 깨달음을 얻었다면, 그것은 오래 지속될 수가 없다. 왜냐하면 깨달음을 이룬 후 새로운 집단 내에 들어와서 연기 과정을 거치게 되면 여기에 따르는 생소함에 자기 자신이 흡수되기가 쉽지 않기 때문이다.

그러므로 진정한 깨달음은 반드시 적극적이고 역동적인 연기 과정을 통해서 이루어져야 한다. 연기 과정에서는 이런저런 경우를 거치면서 거기서 또 새롭게 일어나는 각각의 사건에 따라 반복적으로 새로운 깨달음이 일어나므로 계속 수행을 쌓아 가야 하는 것이다. 항상 운동과 변화를 일으키는 연기 관계가 지속되는 한 삶에서 고요한 정지 상태란 있을 수가 없다. 고로 열반은 역동적 연기 관계에 따라서 변해 간다. 그러기 때문에 한 번 깨달음의 상태가 절대적인 경지로 지속되기는 어렵다. 이런 면에서 볼 때, 점수를 깨달음의 지속을 위한 실질적 수행법으로 볼 수 있는 것이다. 깨달음이란 상태는 계속 변해 가는 것이다. 비록 우주의 섭리를 깨달았다 하더라도 인간으로서 먹고 살아가는 삶을 유지해 가는 한 외부와의 연속적 에너지를 주고받는 과정인 연기의 고리, 즉 연기적 인드라망을 벗어날 수는 없다. 그래서 생동심을 완전히 여읜 상태를 지속시켜 가기가 어렵다는 말이다. 비록 미세하지만 아뢰야식의 본능적 생동심이 변하는 한 깨달음이란 것도 따라서 변하게 된다. 우주의 섭리를 알고 있다 하더라도 실제 행은 세속을 벗어날 수 없기 때문이다.

다섯

올바른 믿음

불교에서 지적인 깨달음과 깨침은 전혀 다른 차원이다.

지적인 깨달음이란 수행 중에 기운이나 의지가 꺾인 상태에서는 후퇴가 가능하다는 말인 반면에, 깨침은 절대 물러설 수 없는 불퇴전의 의지의 믿음이다. 지적인 깨달음이 업의 연장에 불과하다면, 깨침은 업이 깨지고 부서지는 일을 말한다. 깨짐이 없는 깨침은 없다.

'하나'이면서 '여럿'이고, '여럿'이면서 '하나'인 연기의 세계에서는 성질이 서로 다른 여럿의 동시 공존이 가능하다. 그러므로 불교의 깨침은 본래 연기적 존재인 인간이 잘못되어 비연기적으로 살다가 그 잘못됨이 송두리째 부서지고 깨지면서 동시에 다시 연기적인 삶으로 되살아나는 것을 의미한다. "지적인 깨달음은 아직 불교의 깨침이 아니다. 거기에는 깨짐이 없기 때문이다. 깨짐이 없는 깨침은 불교의 깨침이 아니다"라고 박성배 교수는 말한다.

그러나 우리들 재가 신자들에게는 지적인 깨달음도 대단히 중요하다. 지적인 깨달음이 있어서 불교의 가르침의 참뜻을 이해하게 되고 배우게 되며, 또한 깨침의 참뜻과 무게도 이해 가능하게 되는 것이다. 출가 수행자와 일반 재가 신자의 공부에는 분명히 방법의 차이가 있는 것이다. 물론 재가 신자로서도 그동안의 자량 축적이 넉넉한 사람이라면 당연히 시절인연을 만나서 불교의 깨침을 얻을 수 있을 것이겠고, 제2, 제3의 유마 거사 같은 보살도 나올 수 있겠지만, 하여간에 꾸준한 자기 관찰이나 마음 닦음의 노력도 그 바탕에 지적인 이해가 제대로 갖추어지는 것이 보다 단단한 방법이고 기초가 아닐까 한다. 지적인 바탕이 부실한 깨달음은 역시 단단하다고 하기는 어렵겠다. 모든 것은 거기에 필요로 하는 시간과 바탕 닦음이 함께해야 하는 것이 아닐까.

우리들 재가 신자들은 일반적인 가정생활, 사회생활을 하면서 불교 공부를 닦아가는 신자들일 뿐이다. 전문적인 용어나 방법에 너무 얽매이지 말고, 그냥 차분하게 하나하나 이해해 가면서 습관화해 가는 것이 보다 중요하다. 그러기 위해서 우리가 설법을 듣고 책을 읽는 등 지적인 공부부터 해가는 것은 너무도 당연한 순서이고 기초적인 바탕을 다지는 것이라 하겠다. 전문가들이 쾅쾅 하고 다져 가는 지나치게 거대한 소리에 신경을 쓰지 말고, 나의 수준이나 위치를 바로 알고 거기에 맞추어 꾸준하게 한 계단 한 계단씩 조용히 다져 가는 마음과 정신이 무엇보다도 중요한 것이다.

우리들 일반적인 불교 신자에게 가장 중요한 것은 다음 세 가지라고 생각한다.

①어떤 때 어느 경우에서도 부처님의 가르침과 항상 함께 삶을 살아가는 습관을 갖고 사는 것.

②한 발짝 뒤로 물러서서 자기 자신이나 사물을 제삼자의 자세에서 바라보고 생각할 수 있는 마음과 정신의 여유를 가질 것.

③오늘 하루 내가 한 것을, 혹은 자신의 수행의 과정이나 방법에 작은 잘못이라도 없는가 살펴보고 뒤돌아보는 반성을 매일 점검하는 것.

우리들 일반 신자들에게서는 전문적인 교신(敎信: '나도 부처가 될 수 있다'라는 믿음)이니 조신(祖信: '나는 이미 부처다'라는 믿음)이니 하는 구별과 해석보다는, 그냥 믿고 이해하고 실천하고 확증하는 과정을 따라 점차 닦아 나가면 누구나 부처가 될 가능성을 갖고 있다는 믿음이 사실은 더 가깝게 다가설 수 있는 길이다. 그러나 우리도 항상 같은 자리에만 머물러 있을 수는 없다. 조신이 교신보다 훨씬 더 효과적인 믿음으로 닦음과 깨침에서 중요한 결과를 낳을 수 있다는 점을 몰라서도 안 된다.

올바른 믿음의 기준으로 대개 불퇴를 내세운다. 뒤로 물러서지 않는 믿음이라야 올바른 믿음이라는 것이다. 이것은 오직 조신, 즉 '나는 부처'임을 확인함으로써만 가능하다. '나는 이미 부처이다'라는 믿음은 작거나 크거나 이미 일단은 깨달은 자들의 믿음이다. '중생은 부처가 될 수 있다'는 믿음은 아직은 못 깨친 중생들의 믿음이다. 이러한 교신의 믿음은 관념적 이해를 통해서 불교를 파악하려고 하는 반면, 조신은 키르케고르의 말을 빌리자면 '신앙의 도약'을 통해 실존적인 차원에서 불교로 들어가는 것이다.

불교의 믿음

혼히 말하기를 불교를 명상의 종교, 깨달음의 종교라고 한다. 그러나 불교는 또한 믿음의 종교이다. 올바른 믿음이 없으면 수행으로 나갈 수가 없고 깨달음에 이르지 못한다. 대승불교의 사상은 몸과 몸짓을 둘로 나누어서 보지 않는 것을 바탕으로 한다. 여기에서는 믿음이라고 해서 꼭 바깥의 어떤 대상을 신앙한다는 뜻은 아니다. 그보다는 체(몸)로서의 자기 마음이 발휘하는 용(몸짓)이 곧 믿음이라고 한다. 『화엄경』을 소의경전으로 하는 화엄종은 불교 사상에 대해 가장 고도의 철학적 체계화를 이룩했다는 평가를 받는다. 『화엄경』 「입법계품」에 선재동자가 여러 선지식을 차례로 찾아다니며 구도하는 이야기가 나온다. 이를 보살이 수행하는 52단계의 역정을 말하는 것으로 보았고, 이것은 화엄종의 전통적인 견해가 되었다.

믿음과 구제 사이의 관련을 살펴보면, 불교는 단순히 삶의 철학이 아니라 구제의 문제를 중심으로 하는 종교임을 알 수 있다. 믿음을 일으킴으로서 여래의 가르침을 단순히 지적으로만 이해하던 차원에서 실천과 구제의 차원으로 나아갈 수 있다는 것이다. 그러므로 처음에 믿음을 일으키는 일이야말로 가장 중요하고 또 어려운 일이다. 여기에서 논하는 믿음을 보통 신자들로서는 이해하기가 쉽지 않다.

우리들 보통 신자들이란 머리를 깎고 승복을 입은 사람들이 아니다. 종교를 갖고 싶은 마음에 겨우 교리책을 들여다보고 있는 수

준일 뿐이다.

　전문적이고 고차원의 가르침의 말은 정말로 상대방을 보아 가면서 해야 할 말이 아닐까 한다. 마치 유치원생에게 박사학위 논문을 이해시키려 함과 같은 것이어서는 안 되겠다. 그래서 부처님의 대기설법은 더욱 더 빛을 발하고, 그 사려 깊음은 세월이 가고 시대가 바뀌고 환경이 달라져도 설법자에게는 언제나 따라야 할 가장 근본적인 방법이라고 생각된다.

　나는 점오점수를 이렇게 받아들인다.

　첫째로 불교 학자들이 말하는 '나도 부처가 될 수 있다'에 따르는 점오점수는 우리들 보통 신자들이 불교를 받아들여 그에 따르며 자신들의 삶을 올바르게 닦아 나가는 가르침으로서 절대 필요한 교재라고 본다. 신자들은 이에 따라 자신들의 마음을 들여다보면서 부처님의 가르침의 길로 한 발짝씩 다가서게 되는 것이다.

　우리들 평범한 신자들은 이것저것 얽혀 있는 가정과 사회생활이라는 일반적인 생활을 하면서 불교 공부로 자신을 닦아 가는 사람들일 뿐이다. 다시 말해서 이것저것 얽혀 있는 재가의 생활을 떠난 상태가 아니다. 이들이 알아들을 수 있는 방법을 제쳐 놓는다면 불교가 일반을 위한 구제의 실천을 앞세운다는 것하고는 다소 거리감이 생긴다. 이런 의미에서 재가 신자들에게는 '나는 부처가 될 수 있다'가 절대로 필요하다. 신자들이 이해 가능한 가르침이 따뜻한 것이고 또한 신자들이 가까이 다가올 수 있는 가르침인 것이다. 너무 높아 신자들이 가까이 가기를 꺼리는 종교라면 그것이 아무리 훌륭해도 인간생활에 별로 도움이 되어줄 수가 없다. 신자들이 쉽게 가까이 다가갈 수 있는 길, 신자들이 편하게 알아들을 수 있는 가르침이 우리에게는 필요한 것이다.

부처님께서 여러 층의 사람들을 대하면서 같은 뜻을 여러 가지의 풀이로, 그것도 일반인들이 쉽게 사용하는 말로 설명해 주셨던 뜻은 무엇인가?

소승과 대승, 자력신앙과 타력신앙, 돈오와 점오라고 하지만, 공부해 가는 사람은 나 자신이다. 다소곳한 마음과 올바른 정신으로 내가 이해 가능하고 받아들이기 편한 쪽을 찾아서 꾸준하고 성실하게 닦아 나가면 되는 것이다. 그렇게 자량을 꾸준히 쌓아 가다가 때가 되면 확 뜨이는 날이 반드시 오게 되어 있다. 사실 세존은 열반을 하시는 날까지 돈오돈수니 점오점수니 하는 말을 하신 적이 없다.

우리 불교 신자들은 일상생활 가운데서 조금씩이라도 자기 마음을 잡아 가면서 꾸준하게 부처님의 가르침 곁으로 가까이 다가설 수 있어야 한다. 항상 우리들의 생활 속에 부처님의 가르침과 함께 살아가는 습관을 익혀 가는 것이 무엇보다도 중요한 것이라는 사실을 기억해두길 바란다.

둘째로, 일단 깨우침을 얻은 사람들이 하는 점수는 통달위에서부터 이어지는 수습기간이라고 보는데, 처음의 작은 깨우침으로 머리를 반짝 들고 '나는 이미 부처가 되었다'고 하기에는 여러 면에서 아직은 덜 익은 상태이고, 그렇게 나가다 보면 본인의 공부도 거기서 꺾이게 된다. 인간이기 때문에 할딱거리는 마음의 장난이 이어지고 있는 상태에서 깨우침이 완전하다고는 할 수 없는 것이다. 거기다가 우리는 밥을 먹고 잠을 자야 하는 인간적인 삶을 이어 가고 있는 현실에서 살고 있다. 그래서 처음의 작은 깨달음을 얻은 그때부터 실은 더욱 철저한 자기 관리가 필요한 것이다. 여기에서 이렇게 점차적으로 닦는 점수가 다져져 갈 때 정말로 참다운 수행이고 닦음이라고 본다. 점수는 여기에서 더욱 절실하고 철저하고 깊이 있게 이어져 갈 수 있어야 최종의 목적에 도달할 수 있는 것이다. 그래서 점수란 이 말이 어느 쪽으로 어떻게 보건 간에 불자들에게는 대단히 깊은 매력이 있고 무게가 있다.

'조신이다, 교신이다, 몰록 깨침이다'라는 것은 이미 첫 깨달음을 본 사람들이 알아들을 수 있는 이야기이며, 그들은 바로 초발심시변정각을 충분히 이해 가능한 사람들이다. 경전의 가르침을 통해서 모든 중생이 똑같이 참된 불성을 가지고 있다는 깊은 믿음을 일으킬 수 있다는 데는 벌써 불교 공부가 꽤나 깊이 들어가 있는 경지다. 이 단계의 수준이라면 그 믿음의 내용이 깨침의 내용과 그리 멀지 않다고 볼 수 있다. 이 수준에서는 당연히 교신의 마음을 접어두고 위로 올라앉아서 공부를 해야 한다. 중학생이 되었는데도 계속해서 초등학교 때의 교재로 공부할 수는 없는 것이다. 조신과 교신의 범위가 딱 잘라져 있는 것도 아니다.

이쯤 되어서 말하는 믿음의 뜻은, 흔히 우리들이 보통 쉽게 말하는 그런 수준의 믿음은 아니다. 보통 쉽게 말하는 그런 정도의 믿음으로는 수행과 실천의 믿음의 행을 제대로 이어갈 수 없다. 그러니까 얼마든지 도중하차를 할 수 있는 것이다. 여기서 말하는 믿음이란 작고 크건 간에 벌써 일차적인 깨침을 이루고 난 사람들의 믿음이라 이미 도중하차를 한다는 것은 아예 잊어버리는 불퇴전의 믿음이고, 그런 상태에서는 종교 수행과 실천을 계속하여 이어갈 수가 있는 것이고, 그렇게 볼 때에 몰록 깨침의 '나는 부처이다'의 뜻을 제대로 받아들일 수 있으며, 그래서 참 믿음의 길로 곧바로 연결이 될 수 있는 그런 믿음이다. 이러한 믿음으로부터는 수행과 실천이 계속 나오게 되고, 거기에서 또 이해와 깨침이 나온다든지, 삼매·보시·자비 등을 비롯해서 불교의 모든 수행과 실천이 믿음으로부터 나온다는 그 뜻을 이해 가능하게 되는 것이다. 최초의 몰록 깨침이 비록 작은 것이라도 바로 그 몰록 깨침 위에서 최초의 참 믿음이 생기고 거기서부터 진정한 불퇴전의 공부와 수행과 실천이 이어져 간다고 본다. 이러한 참 믿음은 단순히 그 출발점에서 그치는 것이 아니라 마지막의 묘한 깨침에 이를 때까지, 그 중간 단계에서 계속 이어져 가는 서원과 실천과 수행을 붙잡아 주고 밀어 주는 역할을 한다. 그 마지막의 묘한 깨침이란 바로 '믿음의 완성'인 것이다.

조신, 교신을 논하면서 말하는 믿음이란 마지막 깨침을 가능하게 하며, 그 믿음은 곧 부처의 경지로 들어가게 해주는 문이다. 그러므로 돈오가 있고, 그리고 또 점수가 철저하게 완전히 이어져 가야 참다운 돈오가 되는 것이라고 본다.

순간적으로 번쩍 하고 깨칠 수 있는 것은 중생과 부처가 하나라고 하는 조신의 믿음을 바탕으로 해서 가능하다. 모든 현상과 존재는 연기로서 일어나는 것이며 따라서 공이다. 그렇다면 모든 존재와 현상은 곧 부처님이다. 바로 이것이 '나는 부처이다'라는 조신을 존재론적으로 뒷받침하는 근거가 된다.

기독교에서는 믿음을 이성과 의지의 기능으로 본다. 이성은 그릇된 것을 인정하는 실수를 저지를 수도 있다. 의지도 언제나 허물어질 가능성을 가지고 있다. 또 기독교에서는 믿음을 두고 신의 전능한 은총이 내리는 선물이라고도 한다. 그렇다면 자기의 믿음이 과연 물러서지 않는 믿음인지 어떤지를 확인할 길이 없다.

그런 믿음은 밖에서 주어진 믿음이기 때문이다.

불교에서도 의지와 이성으로 일으키는 믿음이 있다. 교신의 믿음이다. 인간의 판단과 의지와 노력으로 점차 닦아 나가는 것이 교신의 믿음이다. 교신이건 조신이건 불교의 믿음이 갖는 특징 가운데 하나는 그것이 반드시 닦음으로 나타나야 한다는 것이다. 닦음에는 명상과 내면의 정신 수련뿐만 아니라 자비와 보시 등 도덕적 실천도 포함되어야 한다.

인간은 자라온 과정이 다르고 교육의 차이가 있고 생활방법이 다르니 생각도 서로 제각각이다. 우리가 일반적으로 매일 살아가면서 겪는 많은 일처리들도 일종의 수행 과정 중의 하나이다. 따라서 깨달음의 깊이도 서로 다를 수 있는 것이 수행의 경지 차이에서 오는 것이라 하겠다. 수행자는 이 경지의 발전을 밟아 나가는 데 주력해야 한다. 믿음이 없는 앎은 수행과 실천으로 이어지지 못하며, 잘못된 앎은 진정한 앎이 아니기 때문이다. 믿음이 없으면 기껏해야 지적인 논의를 하는 데 머물고 말며, 그것은 그릇된 생각을 낳게 마련이어서 올바른 수행과 이해, 그리고 깨달음으로 나아가지 못하는 것이다.

믿음과 이해

성 아우구스티누스는 신앙을 최우선으로 하는 전통을 확립하였다. 그것을 가장 잘 나타내는 것이 '이해하기 위해서 믿는다'는 말일 것이다. 그는 기독교를 '이해를 구하는 신앙'이라고 하며, 따라서 철학은 신앙의 시녀라고 한다. "신앙은 이성에 선행한다. 신앙이 마음을 정화함으로써 보다 큰 이성의 빛을 지닐 수 있다. 그래서 예언자의 말씀에 '믿지 않으면 이해하지 못한다'고 하였다." 아우구스티누스에 의하면 먼저 믿음을 일으키지 않으면 결코 이해할 수 없다. 또한 그는 신앙과 이해 사이에 심오한 상호 작용이 있음을 간파하고 있다. 그것을 '신앙을 긍정적 사고'로 받아들이는 마음이라 정의한다. 그러니까 이해해야 믿을 수 있고 또한 믿어야 이해될 수 있다. 한마디로 하나님의 말씀을 믿으면 다 이해될 수 있다는 것이다.

지눌 선사도 이와 비슷하게, 믿음과 함께하는 이해를 '반조', 즉 '돌이켜 비춤'이라고 부르는데, 그 반조를 통하여 참마음을 깨닫는다고 한다. 하지만 이 두 사람의 사상에는 커다란 차이가 있다. 아우구스티누스에게는 '빛의 비춤'이라는 큰 이성에 비추어서 영원한 진리를 보고 그 빛은 곧 하나님으로부터 오는 것임을 깨닫는다는 뜻이다. 한편 지눌의 사상에는 그런 유신론적 체계를 적용할 수 없다. 영원불변의 신성이라는 개념도 없다. 그 대신에 우리 자신의 본성, 즉 참마음을 직접적으로 깨닫는 방법을 논하였다.

올바른 수행을 하고 올바른 깨침을 이루기 위한 출발점은 올바른 믿음을 일으키는 데 있다. 확고한 신념을 가지고 깨끗하고 평온하며 자유로운 상태에 머무는 것을 뜻한다. 믿음은 누구에게나 깨침이 가능하게 하며, 따라서 믿음은 곧 부처의 경지로 들어가는 문이다.

용수는 『중론』에서 연기를 공으로 정의한다. "인연으로 생기는 모든 법을 일컬어서 공이라고 한다." 그러니까 '나는 부처'임을 확인한다는 것은 바로 모든 사물의 공성, 즉 연기성을 깨닫는 것이다. 조신을 일으킨다는 것은 사실상 반야, 즉 '공·연기를 깨닫는 지혜'를 성취한다는 뜻이다. 다시 말해, 조신을 일으킨다 함은 모든 법이 공하며 연기에 의해 일어남을 몰록 깨치는 것이다. 바로 이 점에서 불교의 믿음은 유신론적 신앙과 다르다. 즉 모든 현상의 공성을 직접 체득하는 것을 뜻하기 때문이다. 조신의 특징은 공과 연기의 깨침이 단박에 이루어진다고 하는 데 있다. 모든 법은 연기로 생겨나며, 바로 그런 의미에서 모든 법이 원래 부처와 다르지 않기 때문에 돈오가 가능하다고 한다. 돈오의 근거, 나는 부처라는 조신의 근거는 바로 거기에, 즉 모든 법은 원래 부처라는 데 있다.

깨친 사람의 의식은 깨치지 못한 사람의 의식과 다르기 때문에, 같은 세상인데도 깨친 사람이 보면 부처님의 세상이요, 못 깨친 사람이 보면 사바세계가 된다. 즉 우리의 의식이 바뀌면 우리의 세상도 다른 세상이 된다는 것을 알아야 한다. 사람이란 태어날 때부터 다 되어서 나온 존재가 아니고, 태어난 후에야 비로소 '되어 가는 존재'인 것이다.

지눌 선사의 돈오점수설에 의하면 처음 믿음을 일으키는 깨달음, 즉 초발신심이 궁극적 깨침, 즉 구경각이라는 것이다.

진정한 수행은 어느 순간에 그 '처음의 깨달음'을 얻은 뒤에야 비로소 시작된다. '돈오점수'라는 말에서 돈오는 처음의 깨달음을 가리키고, 점수는 그 처음의 깨달음을 바탕으로 해서 점차로 닦아 나간다는 것을 가리킨다. 점차 닦을 필요가 없다는 것은 궁극의 깨침을 이룬 후에야 할 수 있는 말이고, 비로소 믿는 마음을 제대로 일으키는 그 처음의 깨달음 뒤에는 차근차근 부지런히 닦아 나가야 한다는 주장이다.

지눌은 첫 번째 깨달음, 즉 초발신심은 곧 조신을 일으키는 것이라고 하였다. 조신의 맥락에서 보면, 닦는다는 것은 깨침을 얻기 위해서 하는 일이 아니다. 깨침을 새롭게 하기 위해서 닦는 일이다. 자기 자신이 부처임을 순간마다 재확인하는 것이 수행이다. 일단 자신의 불성을 본 이상 그 통찰을 갈수록 더욱 깊이 닦아 나가는 것이 수행이다. 이러한 돈오점수설은 아마도 '삼매' 개념을 통해서 가장 잘 설명될 수 있을 것이다. 삼매란 불교에서 대개 몰아의 깊은 집중상태라는 뜻으로 쓰인다. 이는 차별을 일으키지 않는 상태, 이를테면 좋다든지 싫다든지, 즐거움과 괴로움 등의 모든 극단을 여읜 상태를 말한다.

돈오점수론에 의하면, 첫 번째 깨달음을 일으켰다 함은 곧 삼매에 들었다는 뜻이다. 바로 여기에서 조신이 갖고 있는 매우 중요한 특성을 볼 수 있다. 이는 종교생활의 시작이다. 삼매에도 여러 수준이 있다. 그 첫 번째는 처음의 깨달음이다. 다음에는 끊임없이 닦아 깊이를 더해 나가고, 마지막에는 구경각에 이른다. 즉 믿음과 삼매의 본질 및 내용은 불변이지만 초보와 정점의 차이는 엄연히 존재한다. 누구나 부처님이라는 진상은 변함이 없지만 깨침의 사건을 실재로 겪은 이의 경지와 그렇지 못한 이의 경지는 엄연히 다르다.

돈오점수론의 핵심 취지는 돈오 뒤에 반드시 점진적인 닦음이 이어져야 한다는 데 있다. 종밀과 지눌은 무작정 점차 닦아 나가는 데에만 몰두하는 점수의 병패를 돈오론으로 치유하고, 돈오만 하면 된다고 하여 점차 닦아 나가는 데 소홀한 병패를 점수론으로 치유하려 했다고 볼 수 있다.

화엄 사상에서 말하는 수행의 52단계들이 서로 융통하는 구조라는 점을 수증론으로 체계화 해낸 데에 종밀과 지눌이 제기한 돈오점수론의 공헌이 대단하다.

보리달마의 벽관

'벽관'을 단순히 선승의 좌선자세로만 여겨서는 안 된다. 선승이 참선할 때에는 흔히 벽을 마주하고 앉곤 한다. 그러나 벽관이라는 말과 실제로 벽을 마주하고 앉아서 참선하는 것 사이에는 아무런 논리적 연관이 없다.

보리달마의 「이입사행론」에 다음과 같은 글이 있다.

"도에 들어가는 길은 여러 가지가 있지만, 간략히 말하자면 두 가지뿐이다. 그 두 가지는 이입, 즉 이치로써 들어가는 길과 행입, 즉 수행으로써 들어가는 길이다. 이입이란 경전의 가르침에 의거해서 종지(진리)를 깨닫고, 보통 사람과 성인이 똑같이 하나의 참된 성품을 가지고 있다는 깊은 믿음을 일으키는 것을 말한다. 그 성품은 다만 대상에 대해 일으키는 그릇된 생각에 가려서 드러나지 못했을 뿐이다. 그릇된 성품을 버리고 참된 성품으로 되돌아가면 나와 남, 범부와 성인이 하나임을 깨달으며, 그 경지에 굳게 머물러 흔들리지 않고 다시는 문자의 가르침을 따르지 않게 된다. 이로써 이치에 완전히 부합하여 분별을 일으키지 않고 고요히 무위의 경지에 들어가니, 이를 일컬어 이입이라고 한다. 행입이라는 것은 네 가지 닦음을 가리킨다. 첫째 원한을 극복하는 것이고, 둘째 인연에 따르는 것이고, 셋째는 아무것도 구하지 않는 것이고, 넷째로는 법에 부합하는 것이다."

보리달마의 『이입사행론』은 조신과 그것을 바탕으로 하는 닦음 사이의 관계를 설명하는 글이라고 할 수 있다. 이입은 곧 조신으로서 몸이 되고, 행입은 그 몸에서 나오는 몸짓으로서 닦음의 실천이다. 그런 믿음과 닦음이 벽관이라는 행위에서 불가분으로 통합되는 것이다.

'문자의 가르침에 따르지 말라'는 말은 '피안을 건너가면 타고 온 뗏목은 미련없이 떠나라'는 것과 같은 뜻이라고 본다. 그러나 피안을 건너갈 때까지는 뗏목이 절대로 필요한 것이다. 벽관이라는 말은 응주관凝住觀을 비유로 표현한 것이다. 응주벽관이란 확고하기가 벽과 같은 관이라는 뜻이다. 자타가 하나요, 성과 속이 하나이고, 언어문자에 끌려들지 않는 경지를 가리킨다. 응주라는 말은 그런 본연이 경지를 찾은 사람의 놀라워하는 심경을 묘사한다. 생사존폐를 넘어선 진리를 보게 된 사람의 감격이 '응주'라는 말에 담겨 있다. 불교문헌에서 '응'이란 말은 대개 '불이不二'의 경지를 표현하는 말로 쓰인다. 그러한 뜻의 믿음을 가리키는 말이다.

결국 응주벽관이란 불이의 명상을 통해 벽처럼 확고부동하게 믿음의 경지에 머문다는 뜻이다. 바로 모든 것의 공성, 나와 너를 포함한 모든 것이 공하다는 진상이다. 그러므로 벽과 같이 확고한 마음으로 행하는 명상이라면 자세와 장소에 상관없이 모두 벽관일수 있다. 즉 보리달마의 벽관이란 올바른 명상수련과 올바른 닦음의 기준이었던 것이다.

우리들 평범한 신자들의 입장에서는 매일 조그마한 것이라도 자기 일을 반성하고 좋은 쪽으로 고쳐 나가고 하는 그런 과정이 대단히 중요하다고 생각한다. 이것은 일반적인 생활을 해가는 데서도 중요한 것이지만, 불교 공부를 처음 시작하는 상황에서는 더욱 중요하다고 본다. 이러한 과정이 계속 이어져 가는 것이 불교 공부의 시작이고, 그렇게 느끼면서 반성하고 고쳐 나가는 생활이 계속해서 이어질 때 그것을 점오점수라고 표현할 수 있지 않을까 생각한다. 그러다 어느 순간에 확 달아오르듯이 '아' 하고 느끼며 알아지는 것, 혹은 '그것이었구나!' 하고 무릎을 칠 듯이, 혹은 가슴이 평열리듯이 느껴지는 것이 오면 더 이상 그 공부에서 물러설 수 없어진다. 그때부터는 저절로 돈오점수요, 불퇴전이다! 불퇴전이 될 수밖에 없는 것이다. 드디어 조신의 믿음을 제대로 이해 가능하게 된것이다. 여기서 말하는 조신의 초신이란 것은 '아' 하고 느끼기 이전이 아니라 '아' 하는 느낌을 가진 그 이후, 아니 거의 그와 함께 일어나는 기쁨에 찬 믿음이 바로 초신이라고 본다. 대륙성의 호인들이 '뻥뻥'거리는 호언장담과 같은 표현의 가르침보다는, 차분하고 하나하나 점검하듯이 이어가는 종밀과 지눌의 돈오점수론에 그대로 마음이 편하게 다가온다. 아마 내가 공부의 중심을 부처님의 직접적인 교설에서 잡는 것도 그러한 이유에서인 듯하다.

『반야심경』을 다시 한 번 더 살펴보자. 『심경』은 행심반야로서 먼저 자신을 깨닫고 지혜를 깨닫는 수행을 말한다. 오온개공이라 함은 인간 그 자체가 텅 빈 것이고, 그 심신을 조립하고 있는 오대 요소인 색수상행식도 저마다 비어 있다는 뜻이다. 오온개공이라는 공의 도리를 알게 되면 살아 있음이 당연한 것이 아니고, 살아 있음은 살아 있게끔 만든 많은 인연에 의함을 알게 된다. 존재하는 것이 아니고 생성된 것이다. Been이 아니고, 일종의 Becoming인 것이다.

고무풍선은 모두의 힘으로 떠 있는 것(공관)이다. 그러므로 공이란 아무것도 없다가 아니며 부정도 아니다. 모든 인연의 일시적인 화합상태가 공이다. 즉 공이란 무가 아니라 있는 것을 있도록 한 일체의 힘 위에 방하(放下; 그냥 놓아두다)하는 것이다. 부정도 아니고 신비주의 쪽도 아니다. 일체의 법을 관(고요하고 청정한 경지 로 우주 만상의 존재를 바르게 관찰하는 것)하면 모두가 인연으로부터 생긴다는 것을 안다. 그러므로 곧 자성이 없는 것이며 무자성인 까닭에 필경공이다. '필경공'을 반야바라밀(절대완전의 지혜)이라 한다. 한번 온이 공임을 보면 입법은 모두 멸하고 '업을 짓는 자도 없고 보를 받을 자도 없다'라는 마음의 경지, 이렇게 유유한 마음의 경지에 들어가는 것이 심경(반야바라밀다)의 급소이며 불교가 바라는 바이며 여래가 계시하는 점일 것이다. 어떤 것에도 구애되지 않고 유유한 인생을 보내는 곳에 관자재보살의 조견오온개공의 본뜻이 있다.

공관(모든 존재는 그 자체의 본성이 없고 고정적으로 실재하는 것이 아니라는 진리를 생각에 집중하는 방법)을 마음으로 삼고 내가 나라는 것을 이 세상에서 보지 않으면, 오온에 의한 임시의 내가 존재함을 감사히 생각하게 된다. '나라는 자성이 따로 없고', '우주 만물은 모두가 서로 얽혀져서 존재되는 공'이라는 것을 깨닫고 깊이 체관하여 마음도 몸도 그대로 받아들였을 때 그것을 '행심반야바라밀다시 조견오온개공'이라 하겠다. 불도 수행 시에는 반드시 행심반야가 함께해야 한다.

'위빠사나'는 반야바라밀이며 삼법인이며, 혜 수행을 통해서 체득한다. 혜 수행으로 계정혜의 삼학이 살아나면 이것은 진정한 삶이다. 유식이란 바로 진정한 삶에 이르는 하나의 방편이며 동시에 삶 자체이고, 지혜 개발이다. 불교란 매사를 깨어 있음으로 살아가는 길이고, 나를 버리는 것이 또한 깨어 있음으로 살아가는 길이 된다. '심반야바라밀다에서 행을 행할 때'라는 표현의 함축성은 지혜를 깨닫는 것만이 아니라, 지혜를 행하는 것이고 보살의 운동까지 가는 것이다. 행이라 함은 육바라밀 전체요, 십바라밀 전체를 가리킨다. 행이라 함은 자기의 깨달음을 향해 은밀히 수연행(겸손하게 이끌어감)하는 것이요, 불교의 도리에 눈 떠가는 데서 생기는 강한 인상의 실천까지 포함된다. 행하는 것도 보지 않고, 행하지 않는 것도 보지 않고, 자성이 공함을 관하니 색즉시공이고 공즉시색인 것이다. 행한다 해도 행을 보지 않고, 그렇다고 행하지 않는 것도 아니다. 바로 심경의 참뜻이다. 행심반야는 모든 생활태가 행이지만 하나도 집착하지 않고서 이른다는 뜻이다. 이런 것이 자칫하면 행의 열정을 잃거나, 그 의미가 애매모호해지거나, 또는 고행이 되어 버릴 위험이 있기 때문에, '평상의 마음이 곧 심경'이라 알고 법인 그대로, 인연이 움직이는 대로, 흐린 것도 좋고, 맑은 하늘은 맑은 대로 순순히 그리고 힘차게 살아가자는 것이다.

심경은 무슨 일에도 얽매이지 않은 채로 순수하고 꾸준하게 수행하는 정신과 자세로 항상 반짝 깨어서 열심히 사는 것이다. '절대 운운' 하지 않는 것이 심경의 공이다.

공이라는 글자를 명사적으로 보지 말고 동사라든가 형용사로 받아들이면 좋을 것이다. 심경의 참 목적은 인간의 생활 태도, 인간의 자세, 인생의 방식에 편견이 없고 고정된 선입견이 없는 중도적 생활에 있다.

문득 일어나는 삶의 지혜는 생각으로 파악할 수 없는 부사의不思議의 세계다. 그 세상은 반야 수행과 사심사관을 통해서 나타나기 시작한다. 이것을 출세간지라 한다. 보통 수행을 통해 나타난 결과를 지혜라 하는데, 삶의 흐름에 대한 마음을 옳게 챙겨 나아가는 것이 반야(지혜)이다. 수행의 결과만이 반야가 아니라 수행의 모든 과정이 반야이다.

'조견오온개공'이란, 어리석은 사람은 애당초 우리 몸이 다섯 개의 요소가 모여지고 뭉쳐져서 생긴 것이라는 것을 깨닫지 못하는데, 이것을 바르게 알고 살자는 뜻이다.

색(물질)·수(감각, 감정)·상(지각, 대비되는 것)·행(행하는 것)·식(마음)이 인연의 움직임에 따라 생기고 멸한다. 조건과 환경에 따라 오늘의 모습이 나타나는 것에 불과하다.

마음에 한 생각이 떠오를 때마다 업이 생긴다. 불교에서는 착한 생각도 하나의 업으로 보는데 이것은 선업이다. 그래서 불교 집안에서는 십악업을 금하고 십선업을 쌓으라고 한다. 악업을 금함은 소극적인 수도 방법이고, 선업을 행함은 적극적인 수도 방법이다. 무엇보다도 부처님의 가르침을 생활화하는 정신이 가장 필요하다.

불교 사상은 단순한 이론이 아니라 실천적인 종교이다. 백 번을 말해도 실천이 앞서야 한다는 가르침이다. 진리를 이론적으로만 해명하는 것이 아니라 자기의 주체적인 존재를 변혁시키며 또한 향상시켜 가는 것이다.

어느 프랑스 불교 신자가 자기의 종교를 "Le Bouddhisme n'est pas un acte de foi aveugle"라고 하는 소리를 들었다. 즉 불교는 권하고 유도하는 그대로 무조건 믿고 빌고 따르는 종교가 절대 아니라는 것이다. 불교는 자신의 맑은 이성과 지성으로 충분히 연구하고 이해하고 납득하고, 그리고 가슴에 와 닿을 때부터 받아들이는 종교이다. 자기 자신의 반듯한 정신과 자세로 독립적인 성품을 갖고 있는 사람이라면, 그 스스로가 알고 이해하고 찾으며 체계적으로 가르침의 본뜻을 이해하고 해석해 가다 보면 어느새 그 속에 묻혀 버리게 된다. 앞의 프랑스 불자의 말처럼 불교는 절대로 눈감고 장님처럼 무조건 따라가는 종교가 아니다.

자기 자신이 정신 바짝 차리고 두 눈을 반짝 뜨고 하나하나 묻고 해석하고 이해한 후에 마음에 크게 와 닿는 것이 있을 때 스스로가 받아들이는 수행과 실천의 종교다.

그리고 그 가운데서 스스로가 깨닫게 되는 것이다.

계의 향을 올리면서 계의 부처님을 보고, 정의 향을 올리면서 정의 부처님을 보고, 혜의 향을 올리면서 혜의 부처님을 보고, 해탈의 향을 올리면서 해탈의 부처님을 보고, 해탈지견의 향을 올리면서 해탈지견의 부처님을 본다.

이상의 다섯 가지의 향기가 서로 오고가야 부처님께 참다운 예배를 올리는 것이다.

부처님의 형상에 엎드려 절을 하는 것은 우상 숭배를 위해서가 아니다. 부처님 자신도 "죽으면 썩어버리는 육신을 향해 예배가 무슨 소용이 있느냐?"라고 하셨다. 따라서 우리가 하는 예배, 절을 올리는 참뜻은, 나 자신이 부처님의 모습을 닮아가기 위한 준비 자세라고 할까, 스스로 겸손해지고자 하는 자기 자신과의 약속이라 함이 더욱 가까운 표현이 되겠다.

부처님께서는 "형태에 의해서 나를 보고, 소리에 의해서 나를 찾는 자는 잘못된 노력에 빠져 있는 자로서 나를 보지 못하는 자이다"라고 하셨다.

계의 향에서는 청정을 배우고, 정의 향에서는 고요함을 배우고, 혜의 향에서는 열린 마음을 배우고, 해탈과 해탈지견의 향에서는 지혜와 자비를 배우려는 마음으로 자신의 결심을 다짐하는 뜻의 절을 하는 것이다.

이러한 배움을 통해 자신의 삶 자체가 다섯 가지 깨어 있음의 진정한 삶이 된다. 우리가 우리 삶의 처함을 근본적으로 바꾸지 못하면 그러한 예배가 안 된다.

여기, 부처님이 마지막에 남겨주신 네 가지의 의지법이 있다.

① 대의를 의지하고 문자에 의지하지 말라.

② 지혜에 의지하고 식에 의지하지 말라.(세상 지혜가 아닌 반야 지혜)

③ 법에만 의지하고 사람에 의지하지 말라.(법은 진리를 말함)

④ 요의경(가르침을 완전히 나타내고 있는 경전)만 의지하고 불요의 경에 의지하지 말라. 항상 집중력과 관찰력을 바탕으로 해야 한다.

| 아라한과 대승의 보살 |

대승불교에서의 보살과 대비하여 아라한은 자신의 깨달음만을 추구하는 이기적인 수행자라는 의미로 통용되어 오는데, 초기불교의 경전들을 보면 아라한의 이념이 대승의 보살의 개념과 다르지 않고, 더구나 비교하여 구별될 수도 없다. 만약 이것이 자신들의 입장과 삶을 돋보이고자 하는 뜻에서 사용된 것이라면 이러한 생각은 '무아' 정신과도 배치되는 것이고, 비불교적이며 반불교적인 사용이라고 할 수 있다. 초기불교의 이상적 인간상인 '아라한'은 탐진치를 지멸한 성품으로 자비의 삶을 살 수밖에 없는 성품의 완성자이다. 그 성품의 완성으로 인하여 의도적인 노력을 기울이지 않고도 자연히 도덕적이면서 행복한 인간인 것이다. 인간이라면 누구라도 달성할 수 있는 '열린 윤리적 목표인 탐진치를 없애 버린 상태'에 도달한 사람이다. 그런데 그것은 우리들 보통의 인간이 스스로의 노력, 그것도 점진적인 노력에 의해서만 달성할 수 있다.

아라한이 갖는 특징 중에서도 무엇보다 중요한 것은, 늘 '탐진치를 없애 버림이라는 도덕적' 상태에 머무르면서 내적인 욕구나 충동, 혹은 성향과 전혀 갈등하지 않는다는 것이다. 그의 도덕은 이미 욕구와 갈등이 없이 잘 조절된 상태에 도착된 것이지, 욕구와 갈등하는 억제 상태에 있는 것이 아니다. 이 경지에 이르면 이미 그의 삶 자체가 곧 도덕을 의미하며, 이는 곧 행복 그 자체라 하겠다.

아리스토텔레스의 '성품 형성'에서 말하는 '억제적인 사람과 절제적인 사람'의 구별을 살펴보면, 억제적인 사람이 쾌락 때문에 이치에 어긋나는 행위를 하지 않는다는 점에서는 절제적인 사람과 외부로 나타나는 면에서 도덕적으로 같은 것처럼 보일지 몰라도, 억제적인 사람은 쾌락에 대한 욕구가 자기 속에 살아 있어서 자신의 이러한 욕망과 끊임없이 투쟁을 해야만 하는 것이다. 허나 절제적인 사람은 도덕적이고 올바른 욕망만을 가지고 있으므로 내적인 갈등이 전혀 없다. 후자는 내면의 갈등이 없이 이치에 합당한 마음 상태 속에서 올바른 행동만 자연적으로 나타낸다는 점에서 전자의 갈등하는 마음과는 전혀 다르다. 억제적인 사람은 이치적으로 어긋난 것으로부터의 즐거움을 느끼면서 여기에 끌려가지 않으려고 많은 노력을 하여야 하고, 자신 속에 올바르지 못한 욕구와 끊임없이 투쟁을 하지만, 절제적인 사람은 그러한 것이 없다. 이러한 절제적인 사람과 마찬가지로 불교에서 '탐진치'를 벗어난 성품을 가진 사람인 '아라한' 역시 도덕과 비도덕, 절제와 욕구 사이에서 갈등하지 않는다. 그의 성품 자체가 그대로 도덕이기 때문이다.

아라한은 자기 자신의 해탈만을 추구하는 이기적인 수행자가 아니다. 아라한의 이념은 자비의 삶을 이상으로 하고 있다는 점에서 대승의 보살과 동일한 삶을 지향하고 있다. 그 차이점을 찾아본다면, 첫째로 아라한은 깨달음을 얻음으로써 더 이상 태어남이 없는 상태를 지향하기 때문에 자리이타적인 자비의 삶 속에서 열반을 성취하여 다시는 윤회하지 않는 삶을 택한다. 대승의 보살은 아라한과 마찬가지로 깨달음을 지향하고 이타적인 자비의 삶인 '상구보리 하화중생(위로는 깨달음을 구하고 아래로는 중생을 교화하는 것)'의 삶을 살지만, 늘 자신의 깨달음의 성취를 뒤로 미루고 윤회를 거듭하는데 이는 오직 이타행을 위해서이다. 대승의 보살은 윤회하는 삶을 스스로 적극적으로 선택하여 보살행(이타행)의 기회로 삼는 것이고, 또한 이런 보살행은 그에게 자신의 깨달음을 달성해 가는 방편으로도 간주된다. 둘째로, 자비를 실천하는 데 있어서도 아라한은 '자리'로부터 '이타'를 이어가게 해주는 '자리이타'의 자비를 실천하지만, 대승의 보살은 '이타'로부터 '자리'를 이끌어내는 '이타자리'를 실천한다. '자리이타'나 '이타자리'를 달성해 가는 과정에 있어서는 차이가 있을 수 있다. 그리고 아라한 역시 방법은 다소 다르지만 이타행의 삶을 이상으로 한다. 초기경전에서 수행자들에게 "사람들의 행복을 위해 돌아다니며 법을 전파하라" 혹은 "무엇을 하든지 타인의 복지를 위해 자비심으로 하라"라고 반복하여 말하는 것도 이러한 맥박에서 고려할 점이다. 초기불교 경전에서 '보살'이라는 말은 '아직 깨닫지는 못하였지만 깨달음을 위해 노력하는 수행자'의 의미로서 수행 중일 때의 젊은 붓다 자신을 지칭하는 경우가 많지만, 동시에 이타행의 이념을 실천히는 보살의 의미로도 쓰인다. 요컨대 대승보살의 자비의 정신과 삶은 초기불교의 아라한의 이념에서도 강조되므로 아라한을 소승적이라고 함은 초기불교를 소승불교라고 하는 것과 마찬가지로 그리 옳은 뜻이라고 보기는 어렵다. 특히 '탐진치를 없애고서 하는 자비의 성품 형성'이라는 개념은 아라한의 자비의 삶이라는 이상을 잘 드러내고 있다.

아라한의 성품을 가진 자는 윤리적으로 완성된 성품의 소유자로 그의 어떠한 행동이든지 모두가 덕행이다. 자신이 욕구하는 대로 행동하더라도 도덕에 반대되지 않는다. 그의 성품은 지극히 순화되어 청정하고 윤리적일 수밖에 없으므로 그 성품 속에서 비롯되는 어떠한 욕구도 덕 있는 행위로부터 이탈할 수 없는 것이다. 성냄, 미워함, 어리석음에 의해 속박된 상태를 완전히 벗어나 전환된 성향을 갖게 되면 다시는 그 전의 악한 상태로 되돌아가지 않는다는 것을 석존께서는 분명히 하고 있다. 마음이 악한 상태에서 벗어나 다시는 이 상태로 돌아가지 않는다는 사실은 고통으로부터 영원히 떠나 있다는 것을 의미한다.

덕을 몸에 지닌 성품의 완성자로서 아라한은 더 이상 덕을 닦을 필요가 없이 '바로 이 세계에서' 니르바나에 도달한 자라고 할 수 있다. 니르바나에 도달했다는 것은 더 이상 닦을 것이 없도록 몸·마음·말의 영역에 있어서 도덕적일 수밖에 없는 성품을 완성한 것이라고 하겠다. 이는 또한 수행에 의해서 모든 불건전한 상태를 떠난 후에도 여러 전생에서 훈습되어 온 많은 잘못들로 인한 구습에서도 벗어나 새로운 습관을 형성한 것을 말하는 것이다. '뱀의 허물을 벗어 던진다'는 비유나 '이 편 언덕에서 저 편 언덕으로 건너간다'는 의미도 구습을 벗어 던지고 새로운 습관 속에 머무른다는 뜻이다. 지난 생에서 지어온 악업으로부터 해방하여 새로운 삶을 맞게 된 것이다. 이러한 경지에 오른 사람이 행하는 일이란 어떠하겠는가?

자비와 평온과 바른 길, 그 밖에 또 다른 어떤 일이 있을 수 있겠는가?

진실로 자비와 평온과 바른 길을 살아가는 사람이라면 그를 아라한이라 부르든지 대승의 보살이라고 부르든지 거기에 어떤 차이도 있을 수 없는 것이다.

무집착은 몸에 배인 습관화와 탐진치를 아예 없애버릴 수 있음에 있다. 무집착이나 탐진치를 없애버림은 적극적 행동이나 실질적 삶 자체를 떠나야 함이 아니다. 무집착과 탐진치를 없애버린다 함은 감각을 일으키는 대상들과 함께하면서 그 속에서 느끼게 된 감각을 느껴 가는 중에서도 도덕적 의미를 갖고 대하라는 것이다. 말하자면 각 감각을 일으키는 상황에 있으면서도 여기에서부터 생겨나는 감각을 느끼면서 탐진치를 갖지 않고 자신의 감각에 대하여 마치 제삼자처럼 주의 집중하면서 깨어 있는 것이다. 무집착과 탐진치의 지멸은 특별히 다른 것이 아니다. 감각에 대해 집착하지 않는다는 것은 감각에 대한 탐진치를 떠나 있을 때 가능하며, 탐진치를 없애 버린다는 것은 무집착 상태에 있을 때 가능하기 때문이다.

비구들이여, 그대들이 자비로운 마음을 수행하고 그것을 반복하여 몸에 배게 한다면 자비심이 밑바탕에 자리 잡으며, 그 자비심에 안 주하게 되면 어느새 아무것도 두려워하지 않는 경지에 이를 것이 다.(『장아함경』, 상응부경전)

탐진치라는 나쁜 성향을 없애버리는 데 있어서 가장 좋은 수행 방법은 선정이다. 선정의 각 단계들을 거치면서 탐진치는 점차적 으로 없어져 가다가 멸진정의 단계에서 완전히 없어지게 되는 것 이다.

모든 깨달음은 나를 아는 것으로부터 시작되며, 모든 수행의 과 정은 바로 나를 알아가는 과정인 것이다. 나는 모든 수행의 출발점 이고 그 과정이고 그 결과이다.

석존은 방해꾼이 우리의 밖에 있는 것이 아니라 우리의 안에 있 다고 말하였다.

라다여, 우리의 몸이 우리를 방해하고 교란시키고 불안하게 하니 그것이 곧 악마이다.(『잡아함경』, 상응부경전)

색에 집착할 때 악마에 붙잡힌다. 집착하지 않는다면 악마로부 터 풀려난다. 자신의 몸에 집착하지 않을 때 인간은 나쁜 마음으로부터 벗어나게 된다. 석존은 그것이 곧 악마에게서 벗어나는 길이라 하였다. 인간은 누구나 악한 마음과 선한 마음을 가졌으며 그것은 시시때때로 유동한다. 끝없는 정진이 필요한 것은 적이 자신의 밖에 있는 것이 아니라 자신의 안에 있는 것이기 때문이다. 인간다운 인간을 형성해 가는 길은 정진이고 점오라 하겠다.

올바른 수행자는 육체적으로 괴로운 감각을 겪더라도 좌절하거나 슬퍼하지 않고, 육체적인 감각은 느끼지만 심리적·정신적인 감각은 느끼지 않는다.

석존이 윤리적인 기본으로서, 그리고 깨달은 자의 성품을 이루는 하나의 필수적 요소로서 강조하는 감각기관의 제어는 감각기관의 억압이나 감각기관에 대한 무감각을 의미하는 것은 아니다. 감관의 제어는 감각에 대한 억압이나 무시함을 피하면서 감관을 통한 탐닉 행위 모두를 떨쳐내는 것을 의미한다.

인간은 수시로 새로운 것이 생기고 변화하는 상황에서 매순간마다 윤리적 판단을 내리고 행위의 방법이나 방향을 결정해야 한다. 중도는 매순간 변할 수 있는 상황 속의 존재인 인간이 상황에 민감하게 반응하며 올바른 판단을 내리고 올바른 행동양식을 결정하는 하나의 원리가 되어야 한다. 중도는 상황에 민감하게 반응하는 특징을 가지므로 윤리적으로 판단하고 행동하는 데 있어서 융통성을 가질 수밖에 없는데, 초기불교 윤리의 특징은 석존이 승가의 생활 규범을 제정하는 원칙에서 잘 드러난다. 규범은 어떤 경우에도 상황과 인간을 떠나 그 자체로 절대적인 것이 될 수는 없다고 하였다.

"진실로 나는 비구들이 재가자들이나 사문들과 교류하는 것을 칭찬하지 않는다. 소리나 소음이 없으며, 고적하고 사람들에게 방해받지 않고 혼자 지내는 적합한 주처에서 그와 같이 머무는 것을 나는 칭찬한다."

무리 짓는 것을 즐기지 말며 사회와 친하지 말라고 하여 결속이나 교류 등에 대하여 조심할 것을 권유한다. 석존은 출가자들에게 교류뿐 아니라 특정인과의 우정이나 친구에 몰입하는 것을 권유하지 않는다.

석존은 수행을 실패로 이끌 수 있는 예를 들고 있는데,

①친구에 몰입하는 것, ②사회와 너무 친하게 지내는 것, ③동료에게서 즐거움을 얻는 것, ④말과 수면과 함께 사교는 몰입하지 말고 경계해야 할 대상이다.

그러나 출가자들 간에 좋은 도반이나 선지식을 만나면 함께 갈 수 있다. 궁극적으로 혼자 가는 길이지만 현명한 친구나 덕 있는 동반자는 좋은 대상임을 인정한다. 선인과의 교류는 더할 나위 없는 즐거움을 이루는 것이라고 말한다.

더할 나위 없는 즐거움을 얻은 자는 적합한 장소에 거주하는 것, 선인과의 교류, 완전한 자기 제어, 그리고 이전에 행한 공덕을 갖춘 자이다.

불교와 환경 문제

우리는 매순간 연기적 구조 안에서 숨 쉬고 생각하고 활동한다. 자아의 이러한 존재 실상에 대한 인식은 자비심을 키워 가는 중에 스스로 깨달아 가게 되는 것이다.

연기적 구조 안에서는, 자연계의 모든 존재의 안녕을 위한 자비심을 넓혀 가는 작용이 없는, 온전한 자아만의 보존은 불가능하기 때문이다. 따라서 많은 학자들이 자연보호의 요건으로서 생명의 연관성 혹은 연기에 대한 자각을 강조해 온 것은 당연한 일이다. 환경과 인간관계 사이에 존재하는 다양한 인연에 관한 이해 부족과 독선이 오늘날 환경파괴라는 결과로 나타나는 것이다. 인간 생명에 관한 발달 과정을 탐구하는 현대과학에 의하면 인간과 동물, 동물과 식물, 생물과 무생물 사이에 명확한 경계선 설정은 가능하지 않다고 한다. 나라는 존재는 인간이라는 종족뿐만 아니라 많은 다른 종류의 동물 및 식물들, 그리고 무생물들과 본질적으로 다르지 않으며 이것들과 하나라는 것이다.

불교에서 환경윤리학은 환경 문제의 근본 원인을 탐진치라고 본다. 따라서 환경 문제를 해결하는 요점은 탐진치를 완전하게 없애버린 성품 형성을 통한 인간 변혁에 있다. 즉 자비의 성품 형성과 이에 따르는 자비심의 무한한 확산이 바로 불교 환경윤리학의 핵심을 이룬다. 그리고 자비심의 무한한 확대의 이론적 근거가 바로 연기설이다.

현대인들은 자연을 자기로부터 너무 멀리 떨어져서 보아 왔다.

환경과 나는 떨어져서 존재할 수 없는 하나라는 것을 알게 될 때 오늘날 인류에게 가장 큰 공포인 환경오염 문제는 생겨날 수 없는 것이다.

그리스 철학이 '자연에서부터 인간으로'라면, 인도 철학은 '자기 자신으로부터 시작해서 자아와의 관계, 그리고 자연으로'의 순이다. 자연이란 절대 마음을 떠나서는 존재하지 않는다. 자연은 아뢰야식에서 생겨난 것이며, 동시에 아뢰야식의 인식 대상이다. 아뢰야식은 어디까지나 식이다. 모든 존재는 아뢰야식에 의해서 나타난다.

인간의 욕심이 만들어 놓은 오늘날의 지구는 상상하기가 무서울 정도로 파괴된 상태이다. 그런데 문제는 우리들 인간이 자연을 떠나서는 잠시도 존재할 수가 없다는 점이다. 이렇게 중요하고 필요한 자연을 우리가 보호하고, 건강하게 그 속에서 함께 살아가기 위해서는 우리들 자신이 발 벗고 앞장을 서야 하는 것이다. 우리가 살아가기 위해서 첫째로 해야 할 것이 자연보호이고, 자연을 보호하기 위해서는 우리들 각자가 욕심부터 줄여가야 나무도, 자연수도, 공기도 보호되고, 그 속에서 나와 나의 아이들이 모두 건강하게 살아갈 수 있는 것이다. 그러기 위해서는 모두 함께하는 자비행 운동을 펼쳐 나가야 하겠다. 욕심이 조금씩만 줄어들면 아껴 쓰고 함께 나누며 사는 마음을 키워갈 수 있는 그런 세상이 될 테니, 굳이 무기를 만들고 네 나라 내 나라 하면서 죽이고 빼앗을 것이 없을 것이다. 인간에게는 원자탄 백 개보다 감자 1킬로가 더 중요한 것이다. 작은 것에서부터 매일 꾸준하게 우리의 마음과 생각을 넓혀 가는 마음수행을 하여 우리 자신이 스스로 검소해지고 따뜻해지고 함께 하는 마음씀씀이가 스스로 우러나오는 그런 성품의 소유자가 된 때를 상상해보라. 얼마나 흐뭇한가.

불교의 분석은 모든 고통에 대한 답변이므로 이것은 보편적인 적용성을 가지며, 모든 유형의 고통과 문제 상황에 대해서도 적용할 수 있다. 환경 문제도 마찬가지다. 환경 문제가 탐진치를 다스리는 문제라는 것을 직접 예시한 대표적 경전인 『아간냐숫타』에 의하면, 환경의 문제가 인간의 덕성, 도덕성의 타락에서 비롯되었음을 분명히 지적하고 있다. 이 경전에 의하면, 대지가 원래의 상태를 상실하고 피폐하게 되어 자원이 고갈된 것, 제한된 자원으로 다투게 된 상황, 이러한 상황에서 인간을 통제하기 위한 제도의 출현 등은 인간의 도덕적 타락에서 시작되었다고 한다.

탐진치를 다스리는 문제는 탐진치를 절대로 일으키지 않는 성품 형성의 문제이다. 이런 성품이 자연스럽게 탐진치라는 속박으로부터 자유로운 성품을 형성해 낸다. 이렇게 볼 때 오늘날 우주의 환경 파괴에 대한 회복의 길도, 그 근본이 되는 방법은 우리가 성실하고 꾸준하게 탐진치가 일어날 수 없는 성품으로 바꾸어 가는 것에서부터라 하겠다. 성품 형성의 의미를 불교 환경윤리학에 적용할 때, 탐진치를 전부 없애 버린 성품을 형성한다는 것은, 꾸준한 노력에 의해서 탐진치를 소멸함으로써 언제나 자연을 사랑하고 보호하여 환경보호적으로 행동할 수밖에 없는 성품을 기르는 것을 의미하는 것이다.

환경 위기에 대한 불교의 해결 방법은 깨달음이라는 불교의 기본 목표에서 조금도 떨어져 있지 않다. 그것은 상상할 수도 없을 만큼 멀고도 높은 목표로 보일지도 모르지만, 그것은 현재 우리들이 무엇보다도 우선적으로 먼저 들고 나시시 이루어 가야 할 근본적이고 전면적이며 가장 다급한 목표이다.

만물의 탄생은 바로 천상천하 유아독존으로, 고귀한 것이다. 삶은 고귀한 실현이고, 죽음은 다시 천상천하 유아독존의 고별로서 다음 세대의 천상천하 유아독존을 잉태시키는 것이다.

인간의 삶을 100년이라고 하면 하루살이는 하루나 이틀의 삶이고, 태양과 같은 큰 별들의 삶은 100억 년 이상이 된다. 만약에 태양의 삶을 100년으로 친다면 인간의 삶은 태양의 1억분의 1로서 겨우 1분 정도 사는 것이다. 이렇게 보면 하루살이만도 못한 생명을 갖고 있는 인간들이 만물의 영장이라고 자연을 마구 제멋대로 정복하고 파괴할 수 있겠는가?

이러한 과대망상증에서 제대로 깨어나기 위해서라도 인간은 불교의 가르침을 조금이라도 이해할 수 있어야겠다.

일반적으로 과학자들은 진리 탐구라는 목적에서 강한 집착심과 경쟁심, 이기심을 가진다. 아무리 유명한 과학자라도 대체로 편협한 아집을 지녀 현자들과는 거리가 멀고, 그들의 연구 결과는 물질문명의 방향을 뜻밖에 위험한 쪽으로 몰고 가는 수가 종종 있게 된다. 전자 정보 및 통신 산업의 발달이 인간의 사고력을 단순화시키고 정신문화를 반도체의 효용성으로 바꾸어 가면서, 결국은 인류의 능력과 문화를 말살해 가고 있는 것을 느끼게 된다.

오늘날처럼 황폐화되어 가고 있는 지구를 살리고, 또 물질문명이 앗아간 정신세계를 되찾는 길은 바로 화엄세계에 대한 올바른 이해와 만물에 대한 생명 존중의 정신을 찾아내는 것이다.

우주 만물의 존재 가치를 동등하게 인정하고, 또한 존재 가능한 것은 반드시 존재한다는 우주론적 원리를 받아들여야 한다.

눈을 크게 뜨고 마음을 활짝 열어서 인간 중심으로만 걸어온 생명력을 우주질서를 살리는 우주관으로 바꾸어 자비의 마음으로 키워 나가야 하는 것이 무엇보다도 급한 오늘날 인간들의 의무이다. 현재의 자연은 우리의 과거 성품의 산물이라는 점에서는 결정적이지만, 동시에 이것이 우리의 현재와 미래의 성품의 반영이라는 점에서는 아직은 결정적이 아니다. 즉 미래의 모습이 아직은 결정된 것이 아니라는 것이다. 그러니까 희망이 있고, 그래서 우리는 마음을 다시 잡아갈 수가 있는 것이다. 다시 말해서 지구의 내일이랄까, 인류의 희망이랄까, 아니면 우주의 운명이랄까, 이 모두가 우리가 오늘부터 마음을 어떻게 갖고 어떻게 이루어 가는가에 달린 것이다.

불교는 만유의 섭리를 이해하고 따르도록 하는 우주철학이기도 하다.

불법에 따라 모든 생명에 대한 존중사상을 가질 때 비로소 인간이 지상에서 자연과 더불어 안정된 상태로 생존을 이어갈 수 있는 것이다. 지구가 병들면 내가 병드는 것이고, 그러한 상황에서는 너도 나도 살아나는 방법이 없는 것이다.

불교의 '업의 개념' 속에 함축된 자연과 인간의 관계에 대한 이상과 같은 내용은 성품 변혁에 의한 자연 회복이라는 목표와 일치한다. 모든 것은 우리가 마음 가지기에 달려 있고 또한 그것은 충분한 가능성을 우리에게 던져주고 있는 것이다.

$$\mathcal{G}$$

나의 불교 공부는 특별히 스승도, 어울려서 같이 진리의 이야기를 나눌 도반도 없이, 그냥 주어진 생활의 얽힘과 악업으로부터 받아야 하는 형벌같이 사방이 꽉 막혀 있던 환경 속에서 기를 쓰며 부대껴 나오는 과정에서 저절로 이루어 온 것이다. 더해서 내게 매달려 있는 몇 가지의 병들, 병원에도 갈 수 없었던 가난과 눈앞의 어린 자식, 일가친척 없는 외국 땅에서 죽음과 삶 사이를 몇 차례씩 오가면서, 나는 죽더라도 어린 자식에게는 올바른 엄마의 기억을 남겨 주겠다는 정신력으로 헤쳐 온 과정에서 다지고 다져진 그것일 뿐이다. 내가 믿고 사랑하고 따르는 불교는 올바른 삶의 가르침이고, 생활의 철학이고, 인간의 철학이고, 우주의 철학이다.

| 아들에게 ④

오늘날 여기까지 나를 이끌어왔고 살게 해준 나의 중심, 나의 아들아.

이 에미의 글을 여기까지 읽었다면, 불교에 대한 이해가 어느 정도는 늘어났을 것이라고 생각한다. 너와 나의 실생활 속에서 일어났던 일들에 관한 경험과 이해와 알아감이 바탕이어서, 불교 공부가 그렇게 멀게만 느껴지지는 않았을 것이다. 막연한 신비 속의 받아들임이 아니고, 어려운 수학문제를 시원하게 풀어내듯이 보다 분명하게 보이는 것도 알 수 있을 것이다. 첫 번째의 읽음에서는 어렴풋이 보이듯 하더라도, 언젠가 마음이 다시 일어나거나 혹은 나에 대한 그리움이 생길 때 또 한 번 더 읽어 보면, 그때는 '불교가 이렇구나' 하고 보다 크고 시원하게 느낄 것이고, 만약 세 번째로 더 읽어 나가게 된다면 그때엔 무언가 눈에 환하게 들어오는 것이 분명히 있게 될 것이다.

이것은 네 앞에서 당당하게 말할 수 있다!!

글재간이 별로라 잘 쓰지는 못했으나 십여 년 간을 끙끙거리면서 여기까지 올 수 있었던 것도, 이것이 너의 부탁이었기 때문이라고 생각한다. 그동안 나는 비록 금방 다 잊어버릴지언정, 이 글을 쓰기 위해 부처님의 가르침을 정중하게 그리고 정심으로 하게 되었단다. 그러니 또 너에게 고마움을 금할 수가 없구나. 환자의 몸이라고 그냥 멍청히 누워만 보냈을 시간과 정신을 잡아 일으켜 가며 이 글과 함께해 왔으니, 비록 선생님의 강의를 받아쓰는 노트 정리같이 되었으나, 너에게 아무것도 남겨주지 못하는 나로서는 너를 위해, 너를 위한 공부이기에 나의 모든 사랑과 정성을 다 쏟은 것이란다.

무엇보다도 이 공부와 함께 살아가노라면 어떤 일이 네 앞에 닥쳐오더라도 너의 늘그막의 삶을 비교적 평온하게 보낼 수 있을 것이다.

❧

사랑하는 나의 아들아.

너의 기억 속에는 항상 앓고 누워 지내던 엄마, 정신적으로는 분수없이 도도했던 엄마, 실질적으로는 지질하게도 가난했던 엄마가 너의 에미로서 남은 내 생명의 모든 정성과 명예를 다 걸고서 이 글을 남긴다.

서기 2013년 파리에서
너의 어머니가 이 글을 남긴다.

| 맺는 말

마음공부란 이 세상에서도 천국의 살림을 꾸려갈 수 있다는 가르침이다. 내 마음을 어떻게 쓰느냐에 따라서 지옥과 천당이 결정되는 것이라고 본다.

나는 오늘도 부처님의 온화한 표정을 찾아 붓을 들었다.

불경을 매일 읽는다. 익혀 나간다. 정성들여서 이 글을 읽고 수정하고 고쳐 써 나간다. 이것이 바로 내 마음과 정신을 닦아 가는 공부요 훈련이다.

내가 한 마음, 한 정신으로 꾸준히 이 길을 닦아 가는 한 알게 모르게 편안과 안정 속에서 살 것이며, 또한 내 마음이 좋은 일 궂은 일 가리지 않고 내게 오는 것은 모두 함께 받아들여 살아갈 준비가 되어 있는 한, 이생도 그냥 그대로 살 만한 곳이요, 극락도 되고 천국도 되겠다 하면서……

나무석가모니불!

나무석가모니불!

나무시아본사석가모니불!

2014년 2월 파리에서 죽림형 최혜자

죽림형竹林馨 최혜자

1938년생.

돈암초등학교와 경기여중·고, 고려대학교 법과대학을 졸업하였다.

1973년 태국으로 이주했으며, 마하짜끄리시린톤 공주의 법구경 해설 시집『불교 격언에 따른 시』를 번역·출판(86년)하면서 불교와 인연을 맺었다.

1988년 프랑스 파리로 이주해서 현재까지 살고 있다. 30대 말부터 질병으로 정상적인 사회생활을 할 수 없어 불교 공부와 그림 작업에 매진하고 있으며, 2011년에는 작품을 모아『마음의 평온을 찾아』(화보집)를 펴내기도 했다.

아들에게 남기는 어머니의 마음공부

초판 1쇄 발행 2014년 4월 3일 | **초판 2쇄 발행** 2023년 12월 6일
지은이 최혜자 | **펴낸이** 김시열
펴낸곳 도서출판 운주사

(136-034) 서울시 성북구 동소문로 67-1 성심빌딩 3층
전화 (02) 926-8361 | **팩스** 0505-115-8361
ISBN 978-89-5746-371-0 03220 값 19,800원
http://cafe.daum.net/unjubooks 〈다음카페: 도서출판 운주사〉